찬찬히 체계적·과학적으로 배우는

읽기 & 쓰기 교육

김영숙(그레이스) 저

학지사

서 문

1~2 이 숫자는 2012년 국제성취도 평가인 PISA에서 15세 한국 학생의 읽기 실력을 35개 OECD(경제개발기구) 국가들과 비교했을 때의 순위다. 저자는 아동의 언어, 읽기, 쓰기 능력의 발달을 영어뿐 아니라 한국 아동들을 대상으로 꾸준히 연구해 왔다. 그런데 특히 한국에서 자주 접하는 말이 "한글 다들 쉽게 배우지 않습니까?"라는 말이다.

PISA 결과는 한국에서의 이런 통념을 뒷받침해 준다. 만 15세 한국 학생의 읽기 실력은 35개국 OECD 국가 중 최상위권인 1~2위였고, 전체 65개 국가 중에서는 3~5위를 차지했다. 그러나 조금만 더 깊숙이 들어가 살펴보면 이 낙관적인 순위가 이야기의 전부는 아니라는 것을 발견한다. 가령, 실질 문해력—일상생활에서 접하는 문서들, 즉 구직 원서, 약 처방전, 약품 설명서 등의 문서를 읽고 이해하는 능력—은 한국이 OECD 국가 중 하위권이었다. 또 한 가지 PISA 2012년 결과에서 두드러지는 한 가지 현상은 2008년 평가 결과와 비교해 볼 때 상위권과 하위권 수준의 학생들 비율이 증가했다는 것이다. 즉, 평균적으로 보았을 때 한국 학생들의 수준은 상위권을 유지했으나 학생들 간의 읽기 수준 편차는 더욱 커졌으며, 특히 문해력이 부진한 하위권의 비율이 증가하였다는 것이다.

20,000 이 숫자는 2002년부터 2007년까지의 서울특별시 교육청에 보고된, 서울의 초 · 중 · 고 학생 중에서 기초학습부진아의 평균 숫자다. 기초학습이란 초등학교 3학년 수준의 읽기, 쓰기, 기초 수학 능력을 일컫는다. 따라서 이 숫자는 20,000명의 서울 초 · 중 · 고 학생이 초등학교 3학년 수준의 읽기와 쓰기, 수학 능력에 미치지 못한다는 것이다. 어쩌면 20,000명의 숫자는 120만 명이라는 전체 수를 따지고 보면 그리 나쁘지 않은 수치로, 심각해 보이지 않을 수도 있다. 그러나 기초학습부진이 예방 가능한 것이라면 이 수치는 너무나 높은 것이다. 특히 어려움을 겪는 당사자 학생들과 그 가족에게는 읽기와 쓰기 학습의 어려움, 그리고 그로 인한 학습부진이 심각하고 암울한 현실이다.

고등학생인데 읽기 실력이 초등학교 1~2학년 수준이어서 학년 수준의 교과서를 읽고 이해하지 못한다. 그러다 보니 수업 시간을 버티는 것도 힘들며, 친구들에게도 왕따를 당한다.

명랑하며 운동을 아주 잘 하는 초등학교 3학년인 남자아이이다. IQ는 보통이나 성적이 좋지 않으며 책 읽기와 받아쓰기(맞춤법)를 힘들어한다(김중훈, 2013).

이 경우들은 실제 아동의 이야기이며, 몇몇 극소수의 아동에게만 제한된 상황이 아니다.

읽기와 쓰기 학습에 어려움을 겪는 아동은 한국에만 존재하는 것은 아니다. 미국과 유럽 등 선진국 여러 나라에서는 학습장애 또는 학습부진이 통계에 따라 5~10%로 보고된다. 따라서 약 2~5%로 보고되는 한국의 수치는 이에 비해 낮은 편이다. 많은 연구에 따르면 읽기와 쓰기 능력은 선천적 · 유전적 이유(두뇌 기능과 가족력)와 후천적 환경 요인(가정에서 언어와 활자 환경, 교육 현장에서의 지도 방법)이 복합적으로 작용한다. 그러므로 어느 나라에서건 읽기장애가 발견되지 않거나 전무하다는 주장은 근거가 없다.

미국의 경우에는 읽기와 쓰기의 문식성 지도는 초등학교에서 가장 중요한 교수 내용 중의 하나이며, 중 · 고등학교에서도 학습부진은 의외의 일로 간주하지 않는다. 학습과 읽기 부진은 학교 현장에서 교사와 학부모가 함께 풀어야 할 과제이며, 정확한 원인을 찾고 중재 지도의 방안에 초점을 두고 있다. 중재 지도(intervention)는 어느 한 영역에서 아동의 발달이 느리거나 학습목표에 도달하지 못할 경우 그 영역의 발달을 도모하기 위해 교수의 방향과 방법을 체계적으로 바꾸어 지도하는 것이다.

한글 읽기와 쓰기 교육-왜 필요할까

학업성취에 필수적이다

모든 교과목은 읽기와 쓰기 능력을 바탕으로 한다. 즉, 읽기와 쓰기 능력 없이는 교과학습이 불가능하다. 초등학교 저학년부터 교과수업은 아동이 지문을 읽고 이해하는 것을 전제로 이루어지며, 국어뿐 아니라 사회 · 과학 등의 교과 과목의 내용 학습은 읽기를 바탕으로 하고 있다. 많은 연구 결과는 이를 뒷받침해 주어서, 아동의 읽기 이해력은 아동의 성적과 아주 밀접한 관계가 있음을 보여 주었다. 즉, 읽기 이해력이 높은 아동은 성적도 높고 읽기 이해력이 저조한 아동은 성적도 낮다. 예를 들어, 저자가 한국의 초등학교 3학년 아동의 읽기 이해력과 아동의 성적 간의 상관관계를 살펴보았을 때, 저자가 독자적으로 평가한 아동의 읽기 이해력은 아동의 학교 성적과는 아주 뗄 수 없는 높은 상관관계를 보였다. 다시 말해, 아동의 읽기와 쓰기 능력은 학습의 바탕이 되는 능력이다.

마태효과

읽기 교육에 마태효과(Matthew effect)라는 개념이 있다. 이것은 성경 구절에서 따온 것으로 사회학에서 사용되던 이론인데, 1986년 스타노비치(Stanovich)라는 학자가 읽기 발달에 적용한 개념이다. 이 마태효과는 성경 마태복음 25장 29절의 내용인 "무릇 있는 자는 받아 풍족하게 되고 없는 자는 그 있는 것까지 빼앗기리라."에서 따온 것이다. 즉, 가진 자 또는 부유한 자는 더 부유해지고 가난한 자는 더 가난해진다는 개념이다. 이것을 문식성(읽기와 쓰기) 학습에 적용하면 다음과 같다. 읽기 발달에 필요한 능력 중 하나인 언어 능력(예: 어휘력)이 학습 초기에 우수한 아동은 기초 읽기와 쓰기를 쉽게 배우게 되고, 이렇게 배운 읽기 능력을 바탕으로 책을 자주 접하게 된다. 독서의 양이 증가하게 되면 책에 나오는 어휘와 다양한 언어 구조를 자주 접하게 되어 언어와 어휘 실력이 더욱 향상하게 된다. 증가한 어휘와 언어 실력은 또다시 읽기와 쓰기 능력과 교과학습에 도움이 된다.

마태효과는 성경 마태복음 25장 29절 "무릇 있는 자는 받아 풍족하게 되고 없는 자는 그 있는 것까지 빼앗기리라."의 개념을 읽기 쓰기 학습에 적용한 것이다.

이 원리는 반대의 경우에도 다음과 같이 적용된다. 학습 초기 단계에 어휘나 언어 수준이 저조한 아동은 기초 읽기 습득에 불리하며, 문해력 학습에 어려움을 겪게 된다. 읽기가 어려우면 같은 시간 동안 읽는 글의 양도 당연히 적어진다. 또한 독서에 대한 흥미와 자신감을 잃어 책을 읽고자 하는 의욕과 동기가 떨어지고 책을 더 멀리하게 된다. 그러면 독서량이 줄어들게 되고, 이것은 책에 나오는 고급 어휘와 다양한 언어 구조의 노출 양을 감소하게 만든다. 결과적으로 아동의 어휘와 언어 발달은 더 부진하게 되고, 이것은 또다시 아동의 읽기 쓰기, 그리고 학습 전반에 부정적인 영향을 주게 된다.

이 마태효과는 꼬리에 꼬리를 물고 연결되는 연쇄 현상으로 인해 발달과 부진이 순환되어 나선형으로 더 급격히 효과를 증폭하게 되는 현상이다. 다시 말하자면 처음 시작점이 높은 아동은 그 발달 속도가 빠르고, 처음 시작점이 낮은 아동은 발달 속도도 느리다. 결국 시간이 갈수록 발달 격차가 증폭되는 현상이다.

그러면 이러한 마태효과가 실제 읽기 발달 과정에 나타나고 있는가? 하트와 리슬리(Hart & Risley) 박사는 아동의 어휘 발달을 장기적으로 연구하기 위해 아동이 발화를 시작할 생후 약 12개월 전후부터 만 36개월까지 매월 한 번씩 아동의 가정을 방문해 가정에서 사용되는 일상생활 언어를 녹음하였다. 이 방대한 언어 자료를 가지고 가족의 언어 사용 유형과 아동의 언어 발달의 상관관계를 살펴본 결과, 아동의 어휘력은 가정의 언어 사용 환경에 많은 영향을 받으며, 아동의 어휘력의 격차는 나이가 들어갈수록 더 벌어졌다(자세한 내용은 9장을 보기 바람). 또한 허쉬(Hirsch, 1996)의 연구에서는 아동을 유치원부터 중학교 때까지 종단적으로 관찰 조사해서 아동의 언어 능력과 아동의 읽기 능력의 상관관계를 살펴보았다. [그림 1]에서 보듯이 언어 능력이 높은 아동과 언어 능력이 낮은 아동의 읽기 실력은 학습 초기인 유치원과 저학년에서부터 나타나지만, 그 격차는 학년이 올라갈수록 더 증폭되었다.

모든 연구가 마태효과에서 예견하는 것처럼, 격차가 점점 벌어지는 현상을 보여 주지는 않는다. 그러나 한 가지 일관적으로 나타나는 결과는 아동의 언어나 문식력의 격차가 좀처럼 줄지 않고 끈질기게 지속된다는 것이다.

저자가 마태효과와 그와 관련된 연구에 관해 머리말에 올리는 이유는 마태효과와 같은 악순환의 고리는 빨리 끊어야 하기 때문이다. 이를 위해서는, 첫째, 한

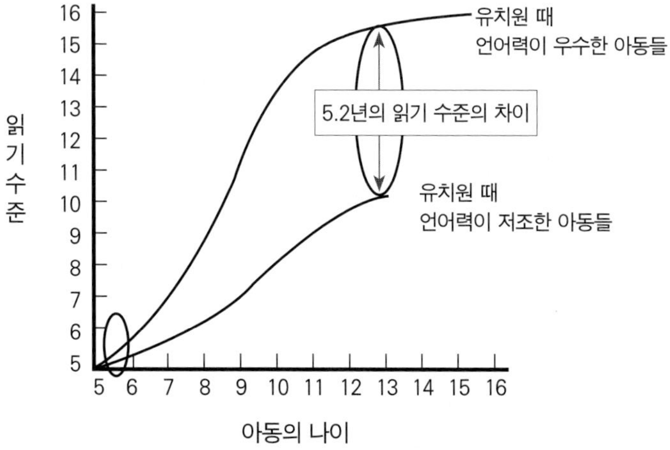

그림 1 허위(1996)

마태효과와 같은 악순환의 고리를 끊기 위해서는 한글 문식성 기초학습이 핵심이다.

글 문식성 기초학습이 필요하다. 즉, 체계적이고 명시적인 읽기 교육을 통해 아동이 기초 읽기 실력을 쌓게 되면 읽기 부진으로 인한 독서량의 차이를 줄일 수 있게 되고, 이것은 독서량으로 인한 언어력의 격차가 더 벌어지는 것을 방지할 수 있다. 둘째, 한글 읽기 쓰기의 체계적인 지도를 위해서는 과학적 연구를 바탕으로 한, 효과가 입증된 방법의 문식성 교수가 필요하다. 심리학과 교육학 등에서의 수많은 연구를 통해, 문식성 발달에 필요한 능력과 지도 방법에 대한 이해가 증진되었다. 불행히도 많은 교육 현장에서는 과학적으로 입증된 지도보다는 유행이나 개인 혹은 집단의 '의견'에 의한 지도가 지배적이다. 이것은 많은 부정적인 결과를 초래할 수 있다. 예를 들면, 난독증의 위험이 있는 아동이나 문식성 발달에 도움이 필요한 아동이 제때에 도움을 받지 못할 수도 있다. 많은 연구에 따르면, 학습부진 가능성이 있는 아동을 아동이 한글을 익히기 전에 미리 분별하는 것이 가능하며, 이런 아동을 위한 효과적인 지도 방법도 증명되었다. 학습부진은 예방이 가능하며, 중재 지도는 늦으면 늦어질수록 비용과 노력이 더 소모되며, 기간이 오래 걸리고 그 효과가 작다.

체계적인 한글 학습은 성공적인 영어 학습을 위해서 필요하다

한글 읽기 쓰기의 체계적인 지도가 필요한 또 다른 이유는 영어 교육을 위한 것이다. 글로벌화와 지식 중심의 현대 사회에서 영어 학습과 실력은 매우 중요하다. 영어 학습에는 물론 듣기와 말하기뿐만 아니라 읽기와 쓰기가 매우 중요하다. 그런데 한글 습득이 영어 학습과 어떤 관련이 있을까? 여러 연구 논문에 따르면 학습자 모국어의 언어와 문해력이 외국어 학습에 기초가 된다. 예컨대, 상위 언어 인식(metalinguistic awareness)이라는 것이 있는데, 이것은 읽기와 쓰기에서 중요한 역할을 한다. 모국어 문식성 학습을 통해 상위 언어 인식이 발달하면 이것은 외국어 문식성 학습을 촉진시킨다. 이것을 심리학적으로는 '전이'라고 한다. 즉, 모국어 읽기 쓰기를 배울 때 익힌 원리와 상위 언어 능력을 외국어를 익히는 데 사용하는 것이다(한찬숙, 정윤경, 윤혜경, 2009; Kim, 2009a; Branum-Martin, Tao, &

Garnaat, 2015).

외국어 문식력을 터득하는 데에도 모국어 문식력 학습에 필요한 비슷한 원리가 적용된다. 일례로, 한 연구에서는 대만 학생과 홍콩 학생의 영어 읽기 학습을 비교하였다. 대만 학생들은 한자 읽기를 학습할 때 글자-소리 관계를 익혔으나, 홍콩 학생들은 글자-소리에 관한 학습 없이 한자를 단순 암기 방법으로 익혔다. 이런 대만 학생들과 홍콩 학생들에게 생소한 영어 낱말을 보여 준 후 읽기 실력을 비교하였더니 대만 학생들의 영어 단어 읽기 학습속도가 빨랐다. 왜냐하면 영어 낱말 읽기는 글자-소리 관계의 원리를 바탕으로 하고 있는데, 대만 학생들은 영어 낱말 읽기 학습에서 자신들이 한자를 배울 때 사용했던 이 원리를 은연중에 적용하며 학습한 반면, 홍콩 학생들은 글자-소리 관계의 이해를 바탕으로 한 뜯어 읽기의 원칙을 익히지 못하였기 때문에 각 낱말을 통째로 암기하는 비효율적 접근법을 썼기 때문이었다(Holm & Dodd, 1996).

모국어 학습이 외국어 학습으로의 전이현상은 낱말 읽기뿐 아니라, 읽기 이해력에서도 적용된다. 읽기 이해력(독해) 발달에 필요한 추론 등의 고차원적 인지력을 한국어 발달과 한글 학습에서 익히면 이것을 영어 독해에도 적용할 수 있게 된다. 요약하자면, 한글을 체계적이고 명시적으로 배우면 한글 학습 시 배운 원리를 영어 읽기 쓰기에 적용하게 되므로 체계적인 한글 문식성 학습은 영어 읽기 쓰기 능력의 기초가 된다.

> 체계적이고 명시적인 한글 문식성 학습은 영어 읽기 쓰기 능력의 기초가 된다.

읽기 학습과 두뇌

문식성 발달과 두뇌는 아주 밀접한 관계가 있다. 읽기 장애는 두뇌에 근거한 신경학적 장애로 언어의 음운 구조 이해에 관련된 기능의 문제다. 읽기 발달에는 두뇌의 여러 기능이 필요하며, 각 기능과 연관된 영역들이 읽기 활동에 관여한다. 시각적 자극을 처리하는 후두측두구(Occipito-temporal) 영역과 언어 처리에 관련된 브로카 영역(Broca's area) 또는 하측두회(inferior gyrus), 음운 처리와 해독 과정에 관련된 정수리관자(parieto-temporal) 영역 등이다(Pugh et al., 2000). 연구에 따르면 읽기가 숙련된 사람과 읽기 장애가 있는 사람의 두뇌 활동 패턴과 강도는 다르다(Shaywitz, 2003; Martin et al., 2015). 여기서 강조할 점은 두뇌가 읽기 학습에 중요한 역할을 하듯이, 읽기 학습 또한 두뇌에 영향을 미친다는 것이다. 난독증이 있는 사람들이 집중적인 읽기 학습 지도(중재)를 받은 후에 fMRI로 두뇌 활동을 살펴보았을 때, 두뇌의 활동 패턴이 정상인의 두뇌 작용 패턴과 유사하게 변화되었다(Eden et al., 2004). 또한 읽기 장애가 있는 아동들이 자음과 모음 글자에 관해 집중적인 읽기 학습 지도를 받은 후에는 두뇌 회백질의 양이 증가한 것으로 보고되었다(Krafnick et al., 2011). 회백질은 중추신경계 조직의 하나로, 정보처리 과정에 관여하며, 난독증이 있는 사람들은 다른 사람들과 비교해 회백질의 양이 적은 것으로 보고되었다(Brown et al., 2001). 최근의 연구에 의하면 두뇌와 읽기는 양방향적, 상호작용적 관계를 가지고 있어서, 읽기 학습에 특정 두뇌 기능이 필요하지만, 읽기 학습 또한 두뇌 발달에 영향을 미친다(Krafnick et al., 2014). 요약하자면, 두뇌 기능이 읽기 학습과 발달에 빼놓을 수 없는 것이지만, 읽기 학습과 발달 또한 아동의 두뇌 발달에 중요한 영향을 미친다.

두뇌 기능이 읽기 학습과 발달에 빼놓을 수 없는 것이지만, 읽기 학습과 발달 또한 아동의 두뇌 발달에 중요한 영향을 미친다.

이 책의 목적

읽기와 쓰기(작문), 언어 능력은 학업성취에 필수적이다. 읽기 교육의 목적은 아동이 읽기 능력을 익혀 자신에게 필요한 활자 정보를 자유자재로 얻고, 학교 학업과 사회생활, 일상생활에서 어려움 없이 사용하게끔 하는 것이다. 그러면 아동이 읽기 능력을 제대로 익히기 위해 필요한 제반 능력들은 무엇인가? 또한 그 능력들을 키우기 위해서는 어떤 지도가 필요할까?

읽기 능력을 제대로 익히기 위해 필요한 제반 능력들은 무엇인가?

마찬가지로 글을 읽을 줄만 알고 쓸 줄은 모르는 사람은 진정한 의미에서 문식력을 가졌다고 할 수 없다. 글짓기 능력은 읽는 대상에 맞추어 자신의 주장과 생각을 조리 있고 명확하게 그리고 일목요연하게 표현하는 능력이다. 특히, 글짓기 능력은 읽기보다 발달하는 데 시간이 오래 걸리는 매우 어려운 능력이다. 한국에서는 기초학습부진아의 비율이 약 2~5%로 보고되고 있지만, 쓰기에서는 약 13%로 보고되고 있다(김중훈, 2014). 작문 능력은 정보화 · 지식화 사회에서는 빼놓을 수 없는 역량이다. 그렇다면 능숙한 글짓기는 어떻게 발달하는 것일까? 왜 어떤 이는 글짓기를 잘할까? 글짓기 발달에 관련된 요인은 무엇이며, 어떤 면을 지도해야 글짓기가 향상될까?

글쓰기 발달에 관련된 요인은 무엇이며, 어떤 면을 지도해야 글쓰기가 향상될까?

이 책의 목적은 읽기와 쓰기 능력 발달에 관련된 요소들을 설명하고, 교육 현장에서 읽기와 쓰기를 어떻게 지도할지를 개괄적으로 소개하는 것이다. 이것을 유행에 따라 변하는 사견이 아니라, 과학적인 연구를 통해 확인된 결과를 기초로 한 내용을 바탕으로 기술했다. 읽기와 쓰기라는 복잡한 인지 과제를 아동이 잘 학습할 수 있도록 하기 위해서는 체계적이고 명시적인 교육이 필요하며 과학적 접근이 필요하기 때문이다.

읽기와 쓰기 교수를 위해서는 높은 수준의 전문 지식이 필요하다. 읽기와 쓰기 교수를 제대로 하려면, 이 책에서 다루게 될 읽기와 쓰기 학습에 관련된 다양하고 복잡한 언어 인지적 과정과 지도 방법에 대한 전문 지식을 가져야 한다. 미국의 문식성 연구자 모츠(Moats, 1999)는 교사의 읽기 쓰기 발달에 관한 지식은 로켓을 만드는 데 필요한 것과 같은 고도의 전문 지식을 요구한다고 비유했다. 미국의 여러 연구에 따르면, 읽기 발달과 지도에 관련된 교사의 지식은 개인차가 있으며, 이 개인차는 아동의 읽기 실력과 직접적 관계가 있는 것으로 밝혀졌다. 즉, 읽기 발달에 관한 지식이 많은 교사로부터 지도를 받은 아동이 그렇지 않은 교사로부터 지도를 받은 아동에 비해 읽기 실력이 월등했다(Binks-Cantrell, Washburn, Joshi, & Hougen, 2012; Piasta et al., 2009).

이 책에서 사용된 용어와 참고문헌

이 책의 대상은 읽기와 쓰기 발달에 관심 있는 모든 일반인과 교육자다. 그래서 내용을 가능한 한 접근하기 쉽게 쓰려고 노력했다. 전문용어를 사용할 때는 그 정의를 풀이하고 설명을 덧붙였다. 용어 중에 한 가지 언급할 것은 '글자'라는 단어다. 글자는 한국어에서 포괄적인 개념이다. 글자의 한 의미는 활자로 표현된 음절이다. 예를 들어, '생선'이라는 낱말은 두 글자, '생' '선'으로 이루어져 있다. 또 다른 글자라는 용어의 의미는 자모의 낱자(ㄱ, ㄴ, ㄷ)다. 이 책에서는 '글자'를 문맥에 따라, 음절과 자모 낱글자 두 가지 모두의 개념으로 사용한다.

또 하나 구분을 명확히 하는 용어는 한국어와 한글이다. 한국어는 한국인이 사용하는 말(구어)을 의미하며, 한글은 이 한국어를 글로 쓸 때 사용하는 글자 체계를 의미한다. 즉, 언어와 문자의 차이인데 문자 체계는 언어를 표상하기 위해 만들어진 것이므로 두 가지는 밀접한 관계가 있다. 그러나 이 두 가지는 분명히 다른 개념인데도 자주 혼용된다.

한글은 낱소리를 나타내는 자모 글자들로 구성되어 있다. 그러므로 이 책에서는 소리에 관해 논의를 하게 되는데 소리를 나타낼 때에는 한글과 국제음성학학회(International Phonetic Association: IPA)의 알파벳 부호로 동시에 표현하며, 소리는 / / 부호로 나타낸다. 예를 들어, 글자 ㅅ, ㅌ 등은 종성에서 /t/ 소리를 내는데(예: 잣, 팥) 한글로는 이 /t/ 소리를 /ㄷ/으로 나타낸다.

이 책과 책에 실린 연구들이 있기까지는 수많은 분의 땀과 노고가 필요했다. 일일이 열거하기에는 너무나 많지만, 연구비 제공 기관, 공동연구자들과 동료들, 프로젝트에서 열심히 뛰어 준 많은 팀원들, 그리고 책을 쓰고 만드는 과정에 도움을 준 모든 분께 감사드린다. 또한 연구에 참여해 준 많은 아동과 그 부모님들, 학교 관계자들에게 깊은 감사를 드린다. 마지막으로 이 모든 일을 가능하게 한 본질적 원동력인 우리 식구들에 이 책을 바친다.

학구적인 연구 저널에 발표되는 연구 논문에서는 연구자의 주장을 뒷받침해 주는 언급에 해당하는 많은 연구 논문을 인용하게 되어 있다. 그러나 이런 참고문헌 인용이 문장에 많으면 글 내용 이해에 방해가 되므로, 이 책에서는 인용은 꼭 필요한 경우 대표적 문헌만으로 제한하고 참고문헌에 포함했다.

차 례

제1장

읽기 쓰기 교육의 이해

Mehmet'i yirmi yaşına basınca askere çağırdılar. Bütün köylü, onu davulla zurnayla, dualarla uğurladı. Acemilik günlerinde, bölük komutanı askerlerin saçlarına, tırnaklarına, ellerine sık sık bakıyordu. Böyle bir kontrol gününde komutan, Mehmet'in ellerinin kınalı olduğunu gördü: Eline niçin kına yaktın? diye sordu.

대부분의 독자는 이 글을 읽고 이해하지 못할 것이다. 그러면 왜 이 글을 이해하지 못할까? 우선, 이 글을 해독(뜯어서 읽기)하지 못할 것이다. 뜯어 읽는다 하더라도 읽은 개개 낱말의 의미를 모를 것이다. 즉, 이 글의 낱말들을 어떻게 발음하는지 뜯어 읽을 수가 없고, 또 이 낱말의 의미를 알지 못하기 때문에 이 글이 이해되지 않는 것이다.

앞의 글과는 달리 독자는 한글로 쓰인 이 글을 읽고 이해하고 있다. 왜냐하면, 한글을 해독할 줄 알고 해독한 낱말과 문장에 대한 언어 이해력이 있기 때문이다. 읽기 발달과 지도의 궁극적 목적은 읽기 이해력(독해력)이다. 독자들은 내용과 정보를 이해하고 습득하기 위해 글과 책을 읽는다. 글을 읽고 이해하는 능력,

즉 읽기 이해력(독해력)에는 적어도 낱말 읽기와 언어 이해력이 필수불가결하다. 이 가설은 읽기 발달에서 유명한 읽기단순이론(simple view of reading)이다. 이 이론에 따르면 읽기 발달은 낱말 읽기와 언어 이해력만 키우면 되므로 간단해 보인다. 그러면 읽기 발달과 교육이 이렇게 단순할까?

수많은 연구에 따르면 읽기 이해력을 발달시키기 위해서는 적어도 다음과 같은 다양한 언어와 인지 능력이 필요하다. 큰 범주로는 낱말 읽기 능력, 언어 이해력, 글 읽기 유창성, 그리고 세부적 범주로는 활자 인식, 음운적 인식력, 자모자 지식, 형태소 지식, 정자법 지식, 작업기억, 주의 집중력, 어휘력, 구문력, 추론력, 마음이론, 텍스트 구조 지식 이해 점검 모니터링, 일반 지식. 이것은 읽기단순이론과 상충되는 것처럼 보일 수 있으나 실상은 그렇지 않으며, [그림 1-1]과 같이 구조화할 수 있다.

그림 1-1 읽기 이해력에 관련된 언어, 인지 능력들

읽기 이해력은 집을 지을 때 마지막으로 올리는 지붕에 비유할 수 있는 능력이다. 그리고 지붕이 제대로 서 있기 위해서는 두 개의 큰 기둥이 필요한데, 이것이 바로 낱말 읽기와 언어 이해력이다. 달리 표현하면, 읽기 능력을 위계적으로 나눌 때 읽기 이해력이 가장 고차원적 능력이라면, 그 근간을 이루는 능력은 낱말 읽기와 언어 이해력이다. 낱말 읽기 능력과 언어 이해력 없이 읽기 이해력은 불가능하다. 이 지붕과 기둥들을 제대로 연결하기 위해서 필요한 것이 글 읽기 유창성인데, 유창성은 낱말 읽기와 언어 이해력과 읽기 이해력 사이의 교량적 역할을 한다.

낱말 읽기와 언어 이해력은 각각 그 하부에 주춧돌 격인 다른 능력들이 단단히 받쳐 주어야 전체적인 구조물로 제대로 서게 된다. 낱말 읽기 능력을 받쳐 주는 주춧돌은 발현 문해력(emergent literacy skill)이라고 하는 낱말보다 작은 단위의 어휘 하위(sublexical) 능력들로 구성되어 있다. 발현 문해력은 활자 지식, 음운 인식, 자모자 지식, 정자법 지식, 형태소 인식 등을 포함한다. 언어 이해력 또는 듣기 능력을 받쳐 주는 주춧돌은 작업기억, 주의 집중력, 어휘력, 구문력, 추론력, 마음 이론, 이해 모니터링, 일반 지식(배경 지식) 등으로 구성되어 있다. 따라서 읽기 발달이라는 구조물이 제대로 서 있도록 지탱하게 하는 데에는 가장 토대적인 주춧돌 역할을 하는 발현 문해력과 여러 언어 인지 능력이 뒷받침되어야 한다.

이 책에서는 이 발달적 · 위계적 구조를 바탕으로 읽기에서 가장 기초적인 능력인 발현 문해력부터 시작해서 문식성 지도와 발달의 궁극적 목표점이고 고차원적인 능력인 읽기 이해력과 글짓기(작문)로 진행된다. 앞서 열거한 다양한 능력을 크게 6개의 영역으로 나누고, 각 장의 내용으로 다음과 같이 구성하였다.

① 제1영역: 발현 문해력

- 2장 활자 지식: 활자의 기본적인 역할과 기능에 관한 지식이다.
- 3장 음운 인식력: 낱말은 여러 가지 크기의 소리로 구성되어 있다. 즉, 낱말은 음절로 구성되어 있고, 음절은 낱소리(음소)로 구성되어 있는데, 음절과

낱소리 등을 인식하고 다룰 줄 아는 능력이다.

- 4장 자모 글자(낱소리글자) 지식: 낱소리글자(자모)의 모양과 이름, 음가에 관한 지식으로, 한글 학습에서는 닿소리와 홀소리 글자와 그에 대응하는 음가를 아는 것이 필수적이다.

② 제2영역: 낱말 읽기와 맞춤법

- 5장 파닉스와 기초 낱말 읽기: 파닉스는 영어 읽기 교육의 특정 프로그램의 이름이 아니라, 자모 글자와 소리의 대응 관계를 가르치는 지도 방법을 일컫는다. 파닉스는 표음문자에서 낱말 읽기와 쓰기(철자)를 학습하는 데에 가장 중요한 지도 방법이다.
- 6장 다음절 낱말 읽기: 한글의 대부분은 다음절 낱말들이다. 이 낱말들은 여러 음운현상이 사용되므로 다음절 낱말을 정확하고 유창하게 읽기 위해서는 형태소 인식 등의 상위 언어 인식력이 필요하다.
- 7장 맞춤법/철자 능력: 낱말을 정확하게 철자하는 능력이다. 맞춤법은 글자 철자 체계에 대해 낱말 읽기보다 더욱 정확한 이해가 필요하며, 글짓기에 필수적이다.

③ 제3영역: 글 읽기 유창성

- 8장 글 읽기 유창성: 연결된 글, 즉 문장이나 문단을 정확하고 빠르게 표현력을 가지고 읽는 능력을 지칭한다. 읽기 이해력(독해력)에 중요한 능력이다.

④ 제4영역: 언어 이해력

- 9장 언어 능력: 일상의 언어생활에서뿐만 아니라 읽기 이해력과 쓰기 능력 발달에 매우 중요하다.
- 10장 덩이말 이해와 상위 인지력: 추리(유추)력, 마음이론, 이해 점검 모니터링 등은 이야기나 대화 등의 덩이말 이해력에 필요하고, 덩이말 이해력은 읽기 이해력에 중요하다.

⑤ 제5영역: 읽기 이해력

- 11장 읽기 이해력: 글을 읽고 이해하는 능력으로 읽기 발달과 지도의 궁극

적인 목적이다.

⑥ 제6영역: 글짓기/작문

- 12장 글짓기/작문: 문장과 덩이 글을 논리적으로 쓰는 능력이다. 글짓기는 여러 가지의 언어 능력과 인지 능력을 필요로 하는 매우 복잡한 기술을 요하는 고도의 능력이다.

각 장에는 해당 능력에 대한 정의(무엇)와 이론적 배경 연구 결과(왜), 지도 방법(언제, 어떻게-샘플 지도안과 평가) 등을 포함한다. 앞에서 나열한 순서는 낱말 읽기에 관련된 음운 인식 등 발현 문해력에서 시작해서 점점 상위 능력인 읽기 이해력에 관련된 기술들로 이어진다. 여기서 강조할 점은 이 모든 능력이 별개의 능력으로 개별적으로 발달하는 것이 아니라 서로 영향을 주고받으며 함께 발달한다는 것이다. 따라서 영역 한 가지만 별개로 지도하는 것이 아니라 발달 시기와 순서에 따라 동시에 지도해야 한다. 예를 들어, 낱말 읽기와 맞춤법에 관련된 요인들은 아주 유사하며, 낱말 읽기와 철자 능력은 서로 영향을 주고받는 양방향성 관계를 가지고 있다. 그러므로 낱말 읽기와 맞춤법은 같이 병행해서 지도하는 것이 효과적이다.

이 모든 능력은 별개의 능력으로 개별적으로 발달하는 것이 아니라 서로 영향을 주고받으며 함께 발달한다.

앞서 열거한 여섯 가지의 영역 중 음운 인식, 자모 글자-소리 대응 관계, 읽기 유창성, 어휘력, 읽기 이해력은 2000년에 미국에서 출간한 권위 있는 국립읽기위원회 보고서(National Reading Panel Report, National Institute of Child Health and Human Development: NICHD)에서 읽기 학습에 필수적 요소로 권고한 것들이다. 이 읽기위원회 보고서는 미국 의회의 의뢰에 따라 읽기 발달 전문가들과 교육자들로 구성된 임시위원회가 1990년대 말까지의 수천 건의 연구 논문을 총망라해서 검토한 후 엄격한 기준에 도달하는 연구들만을 정리하고 그 결과를 요약한 것이다. 이 보고서의 내용은 2002년 No Child Left Behind(NCLB) 법안의 근간이 되었으며, 이 NCLB는 미국의 초·중등학교 교육을 재승인한 법안 중 읽기 교육을 가장 부각시킨 법안으로 미국 교육 현장에 아주 큰 영향을 주어 왔다.

읽기위원회 보고서는 영어 학습 아동에 관련된 연구 결과를 요약한 것이다. 그러나 이 책에서는 영어권뿐 아니라 다른 언어, 특히 한국어와 한글의 연구 결과들을 정리하고, 또한 읽기위원회 보고서에서 빠진 부분들을 첨가하였다. 자모자 지식을 자세히 다루었으며, 어휘력 부분을 언어 영역으로 확장하였다. 또한 맞춤법과 작문 부분을 포함했다. 읽기위원회 보고서에는 당시 연구 부족으로 인해 언어 영역에 어휘력만 포함했었고, 맞춤법과 작문 능력은 보고서의 중점이 읽기 발달이었으므로 제외하였다. 그러나 맞춤법과 작문 능력은 학습에서 빼놓을 수 없는 영역일 뿐 아니라, 읽기와 동시에 발달하며, 서로 영향을 주고받는 떼어 놓을 수 없는 능력이다.

한글은 어떤 문자인가

한글은 표음문자이며 그중에서 낱말소리 글자다.

한글 읽기와 쓰기 교육에서 알아야 할 가장 기초 사실은 한글이 **표음문자**이며, 그중에서 **낱소리글자**라는 것이다. 표음문자는 자모(닿소리와 홀소리) 글자가 '의미'를 나타내는 것이 아니라, '소리'를 나타내는 글자 체계다. 즉, 한글 자모 글자는 각 글자에 대응하는 소리를 나타내는 것이다. 닿소리 글자 'ㅁ'은 물체 '물'을 나타내지 않고 /ㅁ/ /m/ 소리를 나타낸다. 홀소리 글자 'ㅗ'는 /ㅗ/ /o/ 소리를 낸다. 또한 글자 ㄹ은 /ㄹ/ /l/ 소리를 나타낸다.'물'이라는 글자에는 3개의 자모 글자, ㅁ, ㅜ, ㄹ이 합쳐져, 이 자모 글자들이 각각 /ㅁ//m/ /ㅜ//u/ /ㄹ//l/ 소리

물 →/m/
→/u/
→/l/

를 나타내고, 이것들을 합쳐서 '물'/mul/이라고 읽는 것이다.

세계의 수많은 언어는 표음문자를 사용하고 있다. 영어도 예외가 아니어서 로마자 알파벳 부호 (A a, B b, C c, ……)를 사용하는데, 이 부호들은 의미를 나타내는 것이 아니라 소리를 나타낸다. 예를 들어, 영어 단어 fat을 읽을 때 /fæt/이라고 읽는 이유는 글자 f가 /f/ 소리를 나타내고, 글자 a는 /æ/ 소리를 내고, 글자 t는 /t/ 소리를 나타내기 때문에 각 글자에 해당하는 세 가지의 소리를 합쳐서 /fæt/이라고 읽는다. 한글이 표음문자인 것은 읽기와 쓰기 학습에 중요한 시사점을 가진다. 한글을 익히기 위해서는 한글의 각 자모 글자가 나타내는 음가를 알아야 하며 그것을 조합하는 원리를 배워야 한다. 이 원리는 영어나 모든 다른 낱소리 표음문자를 배울 때 기본적으로 적용되는 표음문자 학습의 핵심이다.

한글을 익히기 위해서는 한글의 각 자모 글자가 나타내는 음가를 알아야 하며 그것을 조합하는 원리를 배워야 한다.

현대사회에서 표음문자 이외에 사용되는 문자는 표의문자다. 표의문자에서는 글자가 소리가 아니라 의미를 나타낸다. 현재 사용되는 가장 대표적이며 유일한 표의문자는 중국의 한자다. 한자의 글자는 의미를 나타내며 소리를 나타내지 않는다. 예를 들자면, 水는 4획으로 되어 있지만 각 획이 소리를 나타내지 않고 '水' 글자 자체가 통틀어 물을 의미한다. 물론 한자에는 부수가 소리와 의미에 대해 단서를 주지만 소리 부수와 글자의 소리의 일관성은 상당히 낮은 편이다(Hanley, 2005).

과학적인 한글 지도의 원리

이 책의 주축은 '과학적'인 내용을 바탕으로 한 '체계적'인 지도다. 이 책에서는 많은 연구 논문을 바탕으로 해서 명시적이고 체계적인 지도, 개별화 지도, 정확성과 유창성이라는 지도 원리를 사용한다.

명시적이고 체계적인 지도

모든 지도는 명시적이고 체계적이어야 한다. 명시적 지도란 아동에게 필요한 능력을 암묵적으로 은근히 또는 기회 있을 때만 지도하는 것이 아니라 명시적으로 직접적으로 지도해야 한다는 것이다. 지도 내용을 명백하고 정확하게 설명하고 그 목표 내용을 직접 시연(modeling)하고 아동이 교사와 함께 같이 해 보고(같이 하기), 아동이 혼자 연습해 보는(아동 혼자 하기) 순서로 엮어 나간다. 지도의 기본 순서는 교사 시범, 학생과 같이 수행하기, 학생이 독자적으로 수행하기다.

교사 시범(I DO) → 학생과 함께(WE DO) → 학생이 혼자서(YOU DO)

체계적 지도:
쉬운 과제 → 어려운 과제
간단한 과제 → 복잡한 과제

체계적인 지도는 내용 구성과 배열이 논리적이며 내용 구성이 쉬운 것부터 어려운 것으로, 간단한 것에서 복잡한 것으로 차례를 따라 조금씩 순서대로 가르치는 것이다.

개별화 지도

효율적인 학습의 기본 접근 원리는 이해 가능한 입력(Comprehensible input)이다. 대부분의 학습 현장에서는 아동의 수준이 일률적이지 않고 차이가 난다. 따라서 일률적 지도를 했을 때, 이것을 이해할 수준에 있는 아동에게는 적절하겠지만 그렇지 않은 아동(수준이 높거나 낮은 학생)에게는 지도 효과가 없다. 이것은 비고츠키(Vygotsky)라는 학자가 소개한 근접 발달 영역(zone of proximal development, 1978) 개념과 상통하는 것으로, 효과적인 교육을 위해서는 근접 발달 영역, 즉 아동이 교사나 성인의 도움을 받았을 때 학습이 가능한 그 지점을 파악하는 것이 중요하다. 그런데 이 지점은 아동마다 다르므로 아동의 현 위치를 파악해서 학생의 수준에 맞추어 정확하게 지도하는 것이 필요하다. 이것이 개별화된 맞춤식 교육이다. 예를 들어, 낱말 읽기 발달에서 중요한 하나는 자모 글자의 이름과 음가를 아는 것이다. 그런데 일반 교육 현장에서는 아동들의 글자 이름 인식 능력이 천차만별이어서 글자 이름을 전혀 모르는 아동도 있고 부모님이나 가정 방문 프로그램을 통해 이미 글자 이름뿐 아니라 낱말을 읽는 아동도 있다. 이런 경우 교사는 아동의 현재 실력 수준을 평가한 다음, 자모 이름을 모르는 아동과 아는 아동을 따로 모아 소규모 지도를 해 주어야 한다. 이것은 각기 수준이 다른 아동에게 이해 가능한 입력을 제공해 주는 지도다.

개별화 지도는 개인별 지도를 의미하지 않는다. 일대일의 개인별 지도는 많은 교육 현장에서 비현실적이며, 소집단 단위의 지도가 현실적이다. 개별화 지도는 학생의 장점과 약점에 따라 아동이 가장 필요로 하는 영역을 지도하는 원리다. 코너 등(Connor et al., 2009)은 아동의 낱말 읽기와 어휘력을 평가하고, 이 두 가지의 실력에 따라 교사가 낱말 읽기 지도와 언어 지도의 양을 다르게 했다. 즉, 낱말 읽기가 서투른 아동들은 낱말 읽기 지도에 시간을 더 할애하고, 낱말 읽기가 이미 숙달되어서 언어력 지도가 유용할 아동들은 이 부분에 더 집중적인 지도를 했다. 이렇게 개별화된 지도를 받은 아동들은 그렇지 않은 통상적인 지도를 받은 아동들보다 학년 말에 읽기 실력이 높았다(Connor et al., 2009). 특히 개별화된 지도를 꾸준히 3년 동안 받은 아동은 그렇지 않은 아동에 비해 읽기 실력이 월등히 차이가 났다(Connor et al., 2013).

정확성과 유창성

체계적인 지도는 정확성뿐만 아니라 아동에게 유창성이 발달하도록 하는 지도다. 정확성은 교수 내용을 정확하게 수행하는 능력이다. 유창성 또는 효율성은 정확성에 속도가 붙어 빨리 수행하는 능력이다. 예를 들어, 낱말을 정확하게 읽는 데서 그치는 것이 아니라 낱말을 정신적 노력 없이 수행해 나가는 자동적 수준에 도달하여, 낱말을 정확하고 빨리 읽을 수 있는 능력을 키우는 것이다. 정보처리이론에 따르면 어떤 과제를 수행하는 데 여러 요소가 자동화되어 정확성과 함께 속도가 붙으면, 심적 자원인 집중력을 더 고차원적인 과정에 사용할 수 있게 된다. 예를 들어, 자동차 운전을 처음 배울 때를 떠올려 보라. 처음에는 핸들을 움직이는 것과 브레이크와 액셀러레이터 등을 어떻게 밟는지, 그리고 자동차 앞뒤의 도로 상황을 보는 데에 온갖 신경을 쓰게 된다. 초보 기간에는 차를 모는 데에 필요한 절차적 행위에 집중해야 하기 때문에, 다른 행위인 대화 등을 수행할 여력이 없다. 그러나 자동차 운전에 익숙해지면, 즉 운전에 필요한 여러 과정이 어느 정도 자동화되면(물론 모든 것이 완전히 자동화되지는 않는다.), 옆에 앉은 사람과 대화를 하거나 라디오에 나오는 내용에 귀를 기울일 수 있다.

이 원리는 여러 언어와 인지 과정이 동시에 관여되는 읽기와 쓰기 발달에도 적용된다. 낱말 읽기가 자동화되지 않으면 읽기 이해에 어려움을 겪게 된다(더 자세한 내용은 8장 참고). 자동화와 유창성의 발달은 읽기 발달에 근간이 되므로, 읽기와 쓰기에 관련된 능력을 꾸준하게 연습하는 노력이 필요하다.

> 읽기와 쓰기에 관련된 능력을 꾸준하게 연습하여 유창성을 습득하여야 한다.

여기서 설명한 지도 '원리'들은 아동의 나이와 학년에 상관없이 적용되는 것이다. 그러나 상황에 따라 지도 '방법'은 달라져야 한다. 유치원생에게 낱말 읽기를 가르칠 때와 읽기부진아인 4학년 아동에게 낱말 읽기 지도를 할 때는 지도 원리와 내용 그리고 원리는 같지만 지도 방법은 수정해서 4학년 아동일 경우 그 아동 나이에 적합한 방법을 사용하는 것이 효과적일 것이다.

원리에 맞는 과학적이고 체계적인 지도

한국에서는 1997년에 제7차 교육과정 개혁에서 기초 한글 교수방법에 통글자 교육을 선택했다. 통글자 교육은 말 그대로 글자를 통째로 배우도록 지도하는 접근법이다. 글자-소리 관계의 원리를 가르치는 것을 배제하여 낱말과 글자를 구성하는 자모 글자를 명시적으로 가르치지 않고 통째로 암기하는 것을 장려하는 지도 방법이다. 이것은 미국의 총체적 언어접근법(whole language approach)의 한 부류로, 이 이론에서는 아동의 읽기 발달이 아동의 언어 발달과 동일한 과정을 거치며 명시적이고 체계적인 교육이 필요한 것이 아니라 흥미를 붙이면 자연스럽게 습득된다고 주장했다. 이 이론의 기본 논거는 낱말 읽기가 언어적 추측 게임(psycholinguistic guessing game; Goodman, 1967; Goodman & Goodman, 1979)이므로 아동은 읽기에 대한 동기를 유발해 주기만 하면 낱말을 문맥에 따라 추측해서 읽어 낸다는 것이다. 이 이론은 1970년대 말부터 1990년대 초까지 굿맨(Goodman)과 몇몇 학자들이 제안한 이론으로, 1980년대와 1990년대 초에 미국의 여러 교육 현장에서 관심을 받았었다.

그러나 많은 연구가 총체적 언어접근법의 기본적인 논거, 즉 읽기는 체계적인 지도 없이 자연스럽게 발달된다는 주장을 반박하는 증거들을 보고했다. 통글자 읽기의 기본 가설은 직접적이고 명시적인 지도를 하지 않더라도 아동은 노출을 통해 귀납적으로 읽기를 학습한다는 것이다. 그러나 연구에 따르면 아동은 통째로 외운 낱말을 귀납적 응용 능력을 적용해 새로운 낱말을 읽을 때 적용하지 못한다. 이것은 아동의 귀납적 사고 능력의 부재로 인한 것이 아니라, 낱소리(음소-글자 ㄴ이 /ㄴ/ /n/ 소리를 나타내는 것)까지의 고차원적 이해를 요구하는 낱말 읽기에서는 귀납 사고를 적용하지 못하기 때문이다(Bryne, 2005). 아동에게 통글자를 가르치고 그 통글자에 담긴 소리가 들어간 새로운 글자를 보여 주었을 때 아동은 거기에 들어간 소리를 제대로 유추해 내지 못하는 것이다. 예를 들어, 아동이 두 낱말, '물' '눌' 등의 낱말을 통째로 외웠다고 하자. 그런데 이 두 낱말에 들어 있는 소리로 구성된 단어, '문'이라는 글자를 보여 줄 때, 이미 학습한 '물'과 '눌'에서 '문'을 유추해 내지 못한다는 것이다.

> 많은 연구가 총체적 언어접근법의 기본적인 논거, 즉 읽기는 체계적인 지도 없이 자연스럽게 발달된다는 주장을 반박하는 증거들을 보고했다.

통글자 교수법은 특히 음운 인식력이 낮은 아동에게 아주 큰 타격을 주어, 이 아동들이 통글자로 읽기 학습을 할 경우 낱말 읽기 장애가 많이 발생하는 것으로 보고되었다. 또한, 통글자 지도로 낱말 읽기 학습을 한 많은 학생은 새로운 낱말이 나오면 해독(ciphering or decoding) 또는 뜯어읽기에 어려움을 보인다. 학생들이 글자-소리 관계의 원리를 배우지 않았으므로 그 원리를 새로운 단어에 적용할 수 없고, 해독이 되지 않는 것이다(Bryne, 2005).

논리적으로 따져 보아도 통글자 교육은 허점이 있다. 통글자 교육은 많은 교육자들이 지양하는 단순 암기식 교육이다. 한글의 소리-글자 관계의 원리를 가르치지 않고 수많은 낱말 하나하나를 마치 표의문자인 한자를 가르치듯 한글을 가르치는 것이다. 앞서 말한 바와 같이 한자는 기본적으로 글자와 소리의 관계를 바탕으로 한 글자 체계가 아니기 때문에 글자 전체를 통째로 암기해야 한다. 이것은 기억력에 소모가 많으며 결과적으로 학습 시간과 노력이 많이 필요하다. 그래서 한자는 익히기가 힘들다. 이것이 세종대왕이 훈민정음언해에서 밝힌 한글을 창제한 동기다. 한자 학습의 어려움은 중국 본토의 한자 교육에서도 나타난다. 중국 본토에서는 한자의 획수를 줄여 단순화했다. 또한 한자 초기 교육을 돕기 위해 핀인(pinyin)이라는 로마자 알파벳을 한자 아래에 적어 한자 발음을 표기하여 초등학교 저학년 아동이 읽는 데 도움을 주고 있다.

> 통글자 교육은 표음문자인 한글을 표의문자인 한자처럼 가르치는 방법으로 비효율적인 접근이다.

한글을 표음문자의 원리에 따라 가르치지 않고 한자처럼 통째로 가르치는 것은 한글의 창제 원리에 어긋나는 비효율적 접근법이다. 통글자 교육 상황에서도 한글 학습은 가능하다. 특히 자모의 이름을 학교에서나 가정에서 배운 아동들 중에는 글자-소리 관계를 스스로 터득하여 읽는다. 그러나 이것은 쉽게 배울 수 있는 것을 어렵게 배우는 비효율적인 접근법이며, 명시적이고 체계적인 교육이 필요한 대다수 학생의 필요에 부응하지 못한다. 결론적으로 말해, 표음문자, 특히 낱소리글자에서는 글자-소리 관계를 명시적으로 지도해야 한다. 이론뿐 아니라, 연구 실험 자료들이 체계적이고 명시적인 글자-소리 관계의 지도가 아동의 읽기(낱말 읽기)를 증진한다는 것을 명백하게 증명하였다.

이론적으로 근거가 약하고 많은 연구 논문 결과에 반하는 통글자 교육 또는 총체적 언어접근법이 왜 미국에서 인기가 있었을까? 여기에는 여러 가지 이유가 있겠으나, 그중 하나는 글자-소리 관계를 명시적으로 가르치는 파닉스의 지도 방법에 대한 반발이었다. 즉, 글자-소리 관계 지도는 지루하고 재미없는 수업이라는 인식이었다. 1950~1960년대의 파닉스 지도는 아동에게 연습지를 주고 파닉스의 수많은 규칙들을 지루하게 반복해서 외우게 하는 방법이었다. 이에 반해 총체적 언어접근법에서는 책을 통해 아동의 흥미를 유발한다는 아주 매력적인 아이디어를 제시한 것이다. 그러나 지도에서의 흥미 유발은 파닉스나 총체적 언어접근법 자체에 내재하는 것이 아니다. 파닉스 접근이든 총체적 언어접근법이든 둘 다 어떻게 지도하느냐에 따라 지루하게 또는 흥미롭게 가르칠 수 있는 것이지 어느 접근법이 내재적으로 또는 필연적으로 더 흥미롭지는 않다는 것이다.

> 파닉스 접근이든 총체적 언어접근법이든 둘 다 어떻게 지도하느냐에 따라 지루하게 또는 흥미롭게 가르칠 수 있는 것이지 어느 접근법이 내재적으로 또는 필연적으로 더 흥미롭지는 않다.

저자가 접한 한글교육 현장에서 통글자 교육은 단어 카드나 칠판에 적힌 낱말을 아동에게 보여 준 후 통째로 읽게 하고 아동들이 한 낱말을 계속해서 10번 내지 20번 반복해서 쓰는 것이었다. 이것은 기계적 반복에 의한 암기식 교육이며 원래 취지와는 달리 아동은 한글 습득에 재미를 붙이거나 흥미를 유발하지 못한다. 같은 글자를 수십 번씩 반복해서 쓰면서 배우게 되므로 오히려 한글 습득의 재미를 떨어뜨리게 된다. 그러면 한국의 학교 현장에서는 왜 통글자 교육을 하는 것일까? 그 하나는 1997년 교육정책일 것이다. 더불어 저자가 인터뷰한 유치/유아 교사와 원장님들에 의하면, 통글자 이외 다른 지도 방법을 모른다는 것이다. 많은 유치/유아 교육 프로그램에서 과학적 연구를 바탕으로 한 한글 읽기 쓰기 지도에 관한 교육과정이 없기 때문이다.

또 하나의 중요한 이유는 학부모들의 반응이다. 학부모들에게는 아이들이 통글자 지도로 며칠 만에 몇 개의 낱말을 읽는 것이 읽기를 학습한 것이라고 오해하기 때문이다. 그러나 연구에 따르면, 명시적이고 체계적인 지도로 글자-소리 관계의 원리로 학습하는 것이 장기적으로, 궁극적으로 더 유익하다. 통글자 지도 방법의 중요한 부작용은 체계적이고 명시적인 지도가 필요한 아동이 글자-소리 관계를 배우지 못하므로 불필요하게 읽기 부진 아동을 유발한다는 것이다. 명시적이고 체계적인 글자-소리 지도를 했을 때 잃을 것은 없지만, 그렇게 지도하지 않을 경우 손실은 너무나 크다. 많은 아동이 한글을 비효율적으로 불필요하게 힘들게 학습하며 한글 읽기와 쓰기에서 부진을 겪게 된다.

> 명시적이고 체계적인 글자-소리 지도를 했을 때 잃을 것은 없지만, 그렇게 지도하지 않을 경우 손실은 너무나 크다.

글자-소리 관계의 원리 교육과 책 읽기를 통한 의미 중심 지도는 병행되어야 한다.

여기서 저자가 짚고 넘어가야 할 점은 파닉스처럼 한글을 직접적이고 명시적으로 가르치는 것이 총체적 언어접근법에서 강조하는 의미 중심의 '책 읽기'가 중심이 되는 지도와 상충되는 것이 아니라는 것이다. 파닉스와 같은 글자-소리 관계의 원리 교육과 책 읽기를 통한 의미 중심의 지도는 사실은 병행되어야 한다. 다만, 그 목적과 수단이 확실하고 분명해야 한다. '낱말 읽기와 철자법'의 발달을 위해서는 글자-소리 관계의 원리를 명시적이고 체계적으로 지도해야 하며, 책 읽기에만 의존해서는 효과적이지 않다. 그러나 '읽기 이해력' 발달에는 책 읽기가 풍부한 환경이 필요한데, 이것은 아동의 언어 능력 발달을 촉진하고 이 언어 능력은 읽기 이해력에 중요하다(9, 10, 11장). 미국과 여러 선진국의 학계와 학교 현장에서 통글자 교육은 낱말 읽기와 철자법 교육에서 더는 주류가 아니다.

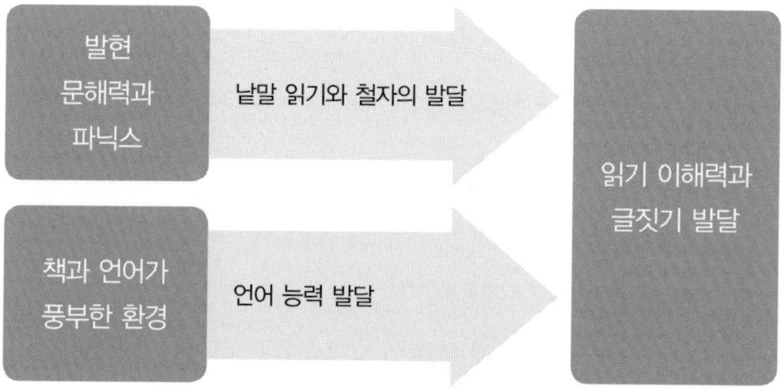

그림 1-2 읽기 이해력과 글짓기 능력 발달에 필요한 지도와 환경

제1영역: **발현 문해력**

발현 문해력은 읽기 쓰기 능력이 짧은 시간에 갑자기 발달하는 것이 아니라, 활자와 여러 가지 언어 능력을 바탕으로 서서히 점진적으로 발현 또는 발달된다는 개념이다. 이 발현 문해력은 주로 활자 지식, 음운 인식, 자모자(자음 글자, 모음 글자) 지식 등을 포함한다. 발현 문해력은 낱말 읽기와 철자법 발달에 없어서는 안 될 중요한 근간이다(NICHD, 2000; NELP, 2008). 2장에서는 활자 지식, 3장에서는 음운 인식, 4장에서는 자모 글자 지식에 관해 살펴본다. 또한 형태소 인식과 정자법 지식 등도 중요한 발현 문해력이기는 하나 이것들은 제2영역 '낱말 읽기와 맞춤법'에서 다룬다.

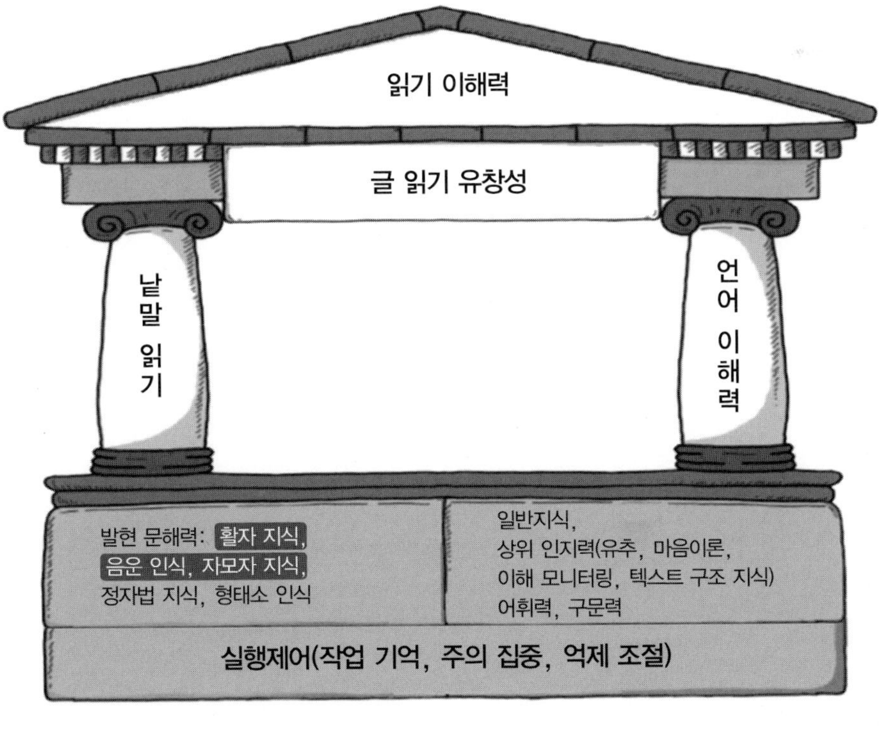

제2장

활자 지식

활자 지식이란

활자 지식(print awareness) 또는 활자 개념(concepts of print)은 활자의 기능에 대한 지식이다. 읽기 발달에서 가장 초기의 기본적인 지식은 활자가 언어를 전달하는 매개체라고 인지하는 것을 일컫는다. 활자 지식은 글자와 낱말이 그림이나 다른 부호들과 다르다는 것을 이해하고, 책의 기능과 사용법에 대해 이해하는 것이다. 다음은 활자 지식에 포함된 것들이다.

- 활자는 언어를 나타낸다.
- 활자는 소리를 나타낸다.
- 활자는 여러 가지의 형태와 모양으로 나타내고, 활자는 그림과 다르다.
- 활자화된 낱말은 자모 낱글자로 구성되어 있다.
- 활자화된 문장은 낱말로 구성되어 있고, 낱말 사이에는 띄어쓰기가 되어 있다.
- 글을 읽을 때는 왼쪽에서 시작해서 오른쪽으로 읽고 한 줄이 끝나면 다음 아랫줄 왼쪽에서 시작한다. (방향성은 글자 체계에 따라 조금씩 다르다. 예를 들어,

한자는 오른쪽에서 왼쪽으로, 위에서 아래로 진행된다.)

- 책은 앞표지와 뒤표지가 있다.
- 책은 여러 쪽으로 구성되어 있다.
- 책은 제목이 있고, 제목은 다른 페이지와 별개의 표지에 적혀 있다.
- 책은 저자가 있고, 어떤 책들은 삽화가도 있다.
- 책은 한 페이지씩 읽으며 넘긴다.
- 왼쪽 페이지를 먼저 읽고 오른쪽 페이지를 읽는다.

왜 활자 지식이 낱말 읽기에 중요한가

읽기는 활자라는 매체를 사용한다. 그러므로 말(구어)과 글의 관련성을 알게 되는 첫 열쇠는 활자가 그림이나 다른 부호들과는 다르다고 인식하는 것이다. 앞서 열거한 여러 가지의 활자 지식이 높은 아동들이 낱말 읽기 실력도 높다(Pullen & Justice, 2003).

활자 지식은 어떻게 발달할까? 아동의 활자 지식은 저절로 발달하지 않으며, 활자와 그 기능에 대해 자주 노출이 되어야 한다. 활자가 풍부한 환경, 즉 교실과 가정의 일상생활에서 잡지, 책 등 활자가 풍부한 환경을 통해 활자에 노출되어야 발달하게 된다. 활자가 빈약한 환경—책이나 잡지나 글 등을 접할 기회가 많지 않은 경우—에서 자란 아동들은 활자의 기능에 대한 지식이 부족하다. 이런 아동들은 명시적이고 체계적으로 활자에 대해 지도해야 한다. 예를 들어, 책을 읽을 때 활자에 주목(print referencing)하는 것은 아동의 활자 인식을 높인다(Justice et al., 2009; Justice & Ezell, 2002). 책을 읽을 때에 아동이 볼 수 있게끔 글자와 낱말을 손가락으로 하나하나 가리킴으로써 아동이 구어와 활자의 연관성을 인지할 수 있게 도와주는 것이다.

활자 지식력 평가

활자 지식력은 나이에 적합한 책을 주며 아동에게 책과 활자에 관련된 질문을 해서 평가할 수 있다. 〈표 2-1〉의 평가서를 사용한다.

아동에게 책을 보여 준 후 다음과 같이 질문한다.

"이 책을 본 적 있니? 사람들은 책을 가지고 뭘 하니? 이 책이 무엇에 관한 것일 것 같아? 이 책이 무엇에 관한 것이라는 것은 어떻게 알 수 있을까? 이 책의 제목은 어디에서 찾을 수 있니? 이 책을 쓴 사람의 이름은 어디에서 찾을 수 있을까?"

책 내용이 시작하는 페이지로 가서 다음과 같이 질문한다.

"내가 이 페이지를 너한테 읽어 주고 싶거든. 어디서부터 시작할까? 내가 읽기 시작해야 할 곳을 손가락으로 가리켜 볼래?"

다음과 같이 말한다.

"이제 내가 읽을 거야. 내가 읽는 낱말들을 손으로 가리켜 볼래?"

페이지의 내용을 읽을 동안, 아동이 낱말들을 손가락으로 가리키는지, 왼쪽부터 오른쪽으로 옮겨가는지를 살펴본다.

한 줄을 가리키며 질문한다.

"이 줄에는 몇 개의 낱말이 있니?"

한 낱말을 가리키며 질문한다.

"이 낱말에는 글자가 몇 개 있니?"

"여기 있는 낱말들 중에 읽을 수 있는 것이 있니?

표 2-1 활자 지식 평가서

활자 지식		
아동 이름:	나이:	
날짜:	평가자 이름:	
아래의 각 부분에 아동의 기술이 숙달했으면 플러스(+) 표시, 적절하면 체크(√) 표시, 그렇지 않으면 마이너스(−) 표시를 한다.		
	발달 정도	비고
책의 주된 목적을 안다.		
책을 바로잡을 줄 안다.		
책의 제목이 적혀 있는 곳을 안다.		
책의 저자가 적혀 있는 곳을 안다.		
책을 읽기 시작하는 곳을 안다.		
책을 왼쪽 페이지에서 오른쪽 페이지로 넘어가는 방향성을 안다.		
한 줄씩 읽을 때에 낱말들을 손으로 가리키며 따라온다.		
낱말에 들어 있는 글자 수를 안다.		

활자 지식 지도

언제 대부분의 아동의 경우 활자 지식은 유아원 시기에 발달된다. 유치원 말까지는 앞서 언급한 활자 지식을 익혀야 한다.

어떻게 활자 주목은 활자의 모양과 특성, 기능을 언어나 제스처를 통해 아동이 주목하도록 하는 것이다. 아동에게 책을 읽어 주며, 그 내용에 해당하는 낱말과 글자를 손으로 가리킨다. 반 전체나 소규모 지도를 할 때에는 보통 서적보다는 커다란 지도용 책을 사용하는 것이 유용하다.

활자 지식 지도 예

책의 표지를 아동에게 보여 주며,

"책의 가장 앞 장을 살펴볼까요? 이것은 표지라고 해요. 책의 가장 첫 페이지를 뭐라고 하나요? (표지.) 책의 이름은 제목이라고 해요. 제목은 어디에 있어요?"

표지의 제목 부분을 가리킨다. 제목을 읽으며 각 낱말을 하나하나 손가락으로 가리킨다.

"이 책의 제목이 뭐라구요?"

아동이 말하는 동안 제목의 낱말을 손으로 가리킨다.

"책을 쓴 사람을 작가라고 불러요."

표지에서 작가 이름이 적혀 있는 부분을 가리키며

"작가의 이름은 여기에 있어요."라고 말하며 작가의 이름을 읽어 준다.

아동이 작가의 이름을 따라 하게 한다.

"작가는 무슨 일을 하나요?" (책을 써요.)

"책에 나온 이야기를 그림으로 그리는 사람을 삽화가라고 해요."

삽화가 이름이 있는 부분을 가리키며 삽화가의 이름을 말한다. 아동들이 이름을 따라 하게 한다.

"삽화가는 무엇을 하는 사람인가요?" (책에 나오는 이야기의 그림을 그려요.)

책 앞표지를 보여 주며

"책을 읽을 때는 앞표지부터 시작해요. 책을 읽을 때는 어디서부터 시작해요? (앞표지.) 앞표지에서 시작해서 한 쪽을 넘겨서 다음 페이지를 읽어요. 누가 책을 바로 잡는 법을 보여 주겠어요?"

아동에게 책을 바로 세워 잡는 것을 도와준다.

"여기 첫 줄부터 읽을 거예요."

가장 위에 줄의 왼쪽에서 오른쪽으로 손가락을 옮기며 읽는다.

다음 페이지를 읽을 때 질문한다.

"이제는 어디서 읽기 시작할까요?"

문장을 읽으며 낱말을 가리킨다.

"이것은 낱말이에요. 낱말은 이렇게 한 칸씩 띄어져 있어요."

아동과 함께 한 문장에 있는 낱말의 수를 같이 센다.

"여기 와서 낱말을 가리켜 보겠어요?"

문장을 읽으며 해당하는 낱말을 손가락으로 좌우로 밑줄 치듯이 가리킨다.

제3장

음운 인식력

음운 인식이란

음운 인식은 언어 소리 구조에 관한 지식이다. 소리는 크기에 따라 여러 단위로 나뉘는데, 큰 단위에서 작은 단위로 나누면 다음과 같다. 문장은 낱말들로 구성되어 있고, 낱말들은 음절로, 음절은 본체와 종성, 그리고 본체는 소리의 가장 작은 단위인 음소로 구성되어 있다. 음운 인식력은 이러한 여러 단위의 소리를 인식하고 조절하며 다룰 줄 아는 능력이다(NICHD, 2000).

음운 인식력은 여러 단위의 소리를 인식하고 조절하며 다룰 줄 아는 능력이다.

낱말은 음절로 구성되어 있다. 예를 들어, '참새'라는 낱말은 '참'과 '새'라는 2개의 음절로 구성되어 있고, '그리고'는 '그' '리' '고'라는 3개의 음절로 이루어져 있다. 각각의 음절은 소리에서 가장 작은 단위인 음소(낱소리)로 구성되어 있다. 음소는 더는 쪼갤 수 없는 가장 작은 단위의 소리다. 예를 들어, '그'라는 음절은 /ㄱ/ /k/와 /ㅡ/ /ɨ/의 두 개의 음소로 구성되어 있다. '물'이라는 단어는 한 음절로 이루어진 단어이고, 이 음절은 3개의 음소, /ㅁ//m/ /ㅜ//u/ /ㄹ//l/로 구성되어 있다.

음절과 음소의 중간 단위는 음절 본체 – 음절 말음(종성)이다. 음절 본체는 초성과 중성을 합친 것이고, 종성은 음절 마지막 자음(즉, 음소)을 지칭한다. /물/에서 음절 본체 부분은 /무/이며, 종성 부분은 /ㄹ/이다. 음절을 음절 본체와 종성으로 나누는 것은 한국어의 특성으로 초성-압운의 음절 구조를 가진 영어나 다른 유럽권 언어와 다르다. 예를 들어, 영어권 화자들은 '캔'(can)을 'ㅋ'와 '앤'으로 분절하는 반면, 한국어 화자들은 '캔'을 '캐'와 'ㄴ'으로 분절하는 것이 자연스럽다고 여긴다(Kim, 2007; Yoon & Derwing, 2001).

아동의 음운 인식 능력은 큰 단위 소리에서 작은 단위 소리로 발달하여서, 음절, 음절 본체-종성, 그리고 음소 인식 순으로 발달한다(이숙, 김화수, 2013; Ziegler & Goswami, 2005). [그림 3-1]은 한국어의 음절 구조와 음운 인식 발달 단계를 보여 준다.

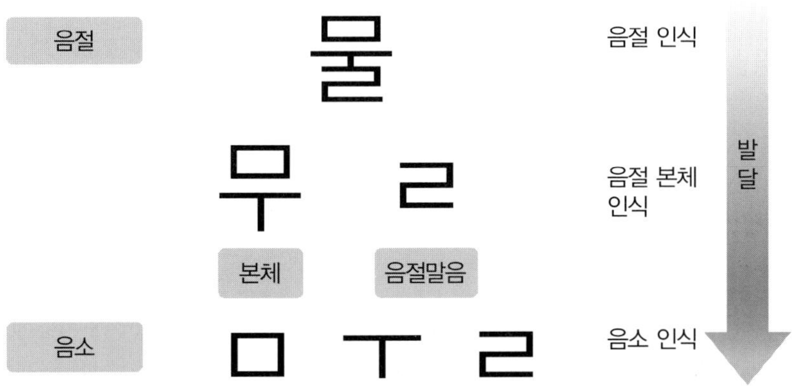

그림 3-1 한국어의 음절 구조와 음운 인식 발달 단계

다음 단어들에 음절과 본체, 음소가 몇 개가 들어 있는지, 어떤 음소로 구성되어 있는지 생각해 보기 바란다. 정답은 〈표 3-1〉에 제시되어 있다.

개, 소, 참새, 물고기, 국물, 같이

표 3-1 음절, 본체, 음소

낱말	음절	본체-종성		음소
		본체	종성	
개	/개/	/개/	없음	/ㄱ/, /ㅐ/
소	/소/	/소/	없음	/ㅅ/, /ㅗ/
참새	/참/	/차/	/ㅁ/	/ㅊ/, /ㅏ/, /ㅁ/
	/새/	/새/	없음	/ㅅ/, /ㅐ/
물고기	/물/	/무/	/ㄹ/	/ㅁ/, /ㅜ/, /ㄹ/
	/꼬/	/꼬/	없음	/ㄲ/, /ㅗ/
	/기/	/기/	없음	/ㄱ/ , /ㅣ/
국물	/궁/	/구/	/ㅇ/	/ㄱ/, /ㅜ/, /ㅇ/
	/물/	/무/	/ㄹ/	/ㅁ/, /ㅜ/, /ㄹ/
같이	/가/	/가/	없음	/ㄱ/, /ㅏ/
	/치/	/치/	없음	/ㅊ/, /ㅣ/

〈표 3-1〉의 내용을 정리해 보면 다음과 같다.

첫째, 대체적으로 한국어 음절 수는 글자 수와 일치한다. 한글은 낱소리글자 중에서도 독특하게 글자가 음소뿐 아니라 음절도 시각적으로 표시한다. 즉, '참새'라는 낱말은 구어에서 두 개의 음절, /참/과 /새/로 구성되어 있는데, 이 음절 정보가 한글에는 시각적으로 표시되어 있다. 영어에서는 어떨까? 2음절 단어인 cowboy는 어디가 음절 경계인지 어느 것이 첫 음절이고 어느 것이 두 번째 음절인지 시각적으로 표시가 되어 있지 않다. 영어는 한글과 마찬가지로 낱글자 표음문자로 각 알파벳 자모자들이 음소를 나타내는데, 한글과는 달리 각 글자들이 왼쪽에서 오른쪽으로 쭉 한 줄로 나열되어 있어 음절 뭉치가 시각적으로 표시되지 않는다.

여기서 짚고 넘어가야 할 점은 글자에서의 음절과 소리에서의 음절은 다르다는 것이다. 예를 들어, '물고기'에서 글자로 표기된 음절은 '물' '고' '기'이지만 소리(음운)에서의 음절은 경음화로 인해 /물/ /꼬/ /기/다. 비슷한 예로, '같이'에서 글자로 표기된 음절은 '같' '이'이지만 음운에서의 음절은 구개음화로 인해 /가/ /치/다. 이런 음운변화들은 한글 읽기와 쓰기(철자)에 어려움을 주는 중요한 요인이다. 이것에 관한 자세한 내용은 5장에서 다룬다.

둘째, 모든 음절이 본체와 종성이 있는 것은 아니다. 한국어는 ① 중성(모음)으로만 된 음절(예: 아), ② 본체(초성과 중성)로 구성된 음절(예: 자), ③ 중성과 종성으로 구성된 음절(예: 알), ④ 초성, 중성, 종성으로 구성된 음절(예: 잘)의 네 종류가 있다. 이 네 가지 음절 종류 중에서, 초성-중성(본체)으로 구성된 음절이 가장 많으며, 초성-중성-종성으로 구성된 음절이 그다음으로 많다(Kim, 2007). 앞의 예시 낱말의 음절 중에는 본체만 있고 종성이 없는 것들이 있다. '소'와 '새'의 음절의 경우 종성이 없이 본체만 있는 음절이다.

셋째, 중요한 점은 글자와 음소가 각각 반드시 일치하지 않는다는 것이다. 앞의 용례에서, '국물'의 음소 수는 글자 숫자인 6개로 동일하나, 첫 음절, '국'의 종성 음소는 /ㅇ/이지 /ㄱ/이 아니다. '같이'에서는 낱소리글자(자모자) 수는 'ㄱ ㅏ ㅌ ㅇ ㅣ'로 5개다. 그러나 음소 수는 /ㄱ/ /ㅏ/ /ㅊ/ /ㅣ/로 4개다. 이것은 음운변화로 인한 것으로 좀 더 자세한 내용은 '6장 다음절 낱말 읽기'에서 설명하고 있다.

음운 능력은 '언어' 능력이다.

넷째, **음운 능력은 '언어' 능력**이다. 즉, 음운 능력은 '물'이라는 단어에 어떤 소리, 즉 어떤 음소가 있는지를 알고 그 음소를 다룰 줄 아는 능력이며, '물'이라는 소리를 자모 글자로 표현하는 데 필요한 자모 글자 지식을 일컫는 것이 아니다. 음운 인식력은 순수하게 소리를 인식하고 다룰 줄 아는 능력을 지칭하는 것이고, 소리가 자모 글자와 어떻게 대응되는지에 관한 지식은 **자모 글자-소리 대응 지식**이다. 따라서 '물'이라는 낱말에서 '물'은 /ㅁ/ /ㅜ/ /ㄹ/의 세 개의 음소로 구성되어 있음을 아는 것은 음운 능력이며, 글자들 'ㅁ ㅜ ㄹ'이 /ㅁ/ /ㅜ/ /ㄹ/ 소리를 나타낸다는 것을 아는 것은 자모 글자-소리 대응 지식이다.

왜 음운 인식이 읽기와 쓰기에 중요한가

한글은 표음문자이며, 음소들(낱소리)이 낱글자로 표현된다. 그러므로 한글 학습에서는 낱말에 어떤 음소들이 포함되어 있고 이 음소들이 어떤 자모 글자로 표기되는지를 아는 것이 토대가 된다. 이 자모 글자와 음소의 대응을 배우기 위해서는 단어들이 음소로 구성되어 있다는 것을 알고 있어야 한다. 그래야 그 음소들을 자모 글자와 각각 대응시키는 것이 이해가 되기 때문이다. '물'이라는 낱말이 세 개의 음소로 구성되어 있다는 것을 알게 되면 그 세 개의 소리에 해당되는 세 개의 자모 글자를 대응시키는 것이 이해가 되는 것이다. 그런데 아동이 '물'이라는 낱말에는 하나의 소리가 들어 있다고 인식한다면 이 하나의 소리에 세 개의 자모 글자를 쓰는 것이 이해가 어려울 것이다. [그림 3-2]는 낱소리글자(음소를 글자로 표현하는 글자 체계)를 가진 한국어와 영어에서 어떻게 음소가 글자로 표현되는지를 보여 준다. /캔/ /kæn/이라는 단어를 철자하려고 하면 이 낱말에 들

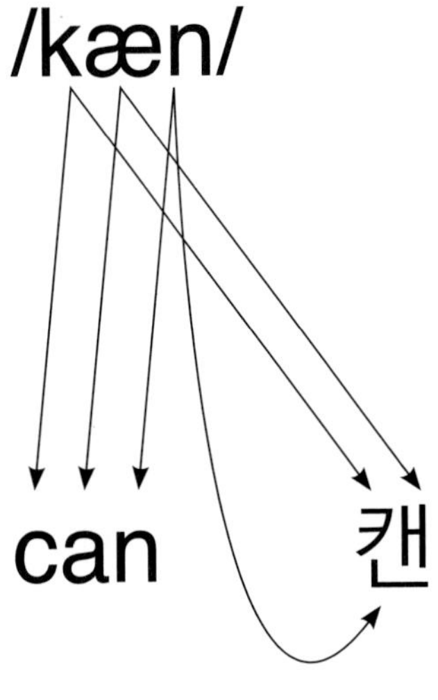

그림 3-2 세 음소 낱말 /캔/을 영어와 한글로 음소-글자 대응한 경우

어 있는 세 개의 음소 ㅋ/k/ ㅐ/æ/ ㄴ/n/을 각각 그에 상응하는 글자로 표기하면 된다. 영어에서는 /k/ 소리가 c로 표기되며, /æ/는 a로, 그리고 /n/ 소리는 글자 n을 사용해서 표기하므로 각 글자들을 모아 can이 된다. 한글에서는 이 세 개의 음소를 각각 'ㅋ' 'ㅐ' 'ㄴ' 글자들을 사용해서 '캔'으로 표기한다.

표음문자의 대부분은 음소를 자모 글자와 대응시키므로 대부분의 문자에서는 음소 인식력이 낱말 읽기에서 아주 중요한 역할을 한다. 한글과 영어뿐 아니라 세계의 많은 글자가 음소 단위의 표음문자를 쓰고 있다. 물론 음절 단위의 표음문자를 쓰는 문자 또한 있다. 이 경우에는 글자들이 음절 소리 단위를 부호로 표현한다. 일본어의 히라가나와 가타가나가 그 예로서 히라가나와 가타가나의 각각 글자는 한 음절을 나타내며 음소를 나타내지 않는다. 예를 들어, 히라가나의 글자 な는 /나/ 음절을 나타내며, 그 음절 안에 들어 있는 /ㄴ/과 /ㅏ/ 소리를 따로 나타내지 않는다. に 글자는 /니/라는 음절을 나타내며, /ㄴ/과 /ㅣ/ 소리를 따로 나타내지 않는다. 만약 히라가나가 음소 단위 글자라면 /ㄴ/ 소리를 나타내는 음소 단위의 글자가 따로 있고, 거기에 /ㅏ/와 /ㅣ/의 모음 음소를 나타낼 글자가 따로 있어 이것들을 조합해서 /나/와 /니/의 음절을 나타낼 수 있을 것이다. 그러나 な와 に 글자는 각각 음절을 나타내며 두 음절은 음소 /ㄴ/을 포함하고 있으면서도 이 두 글자에는 /ㄴ/ 소리가 들어 있다는 표시가 없다. 이것은 음소 단위가 아니라 음절 단위의 글자이기 때문이다. 낱말 읽기에서 음운 인식의 중요성은 아동의 낱말 읽기 발달을 수십 년간 체계적으로 연구해 온 전문가인 에리(Ehri)가 다음과 같이 결론지었다. "존경받을 만한 이론이라면 낱말 읽기에서 음운을 결코 배제하지 않는다. 낱말 읽기의 발달이론들의 공통점은 …… 낱말 읽기에 음운과 발음이 관여되며, 자모 글자-소리 관계를 습득해야 한다는 것이다."(Ehri, 2005)

음운 인식력은 아동의 낱말 읽기와 철자 능력에 원인적으로 아주 중요한 변인이다.

수많은 논문이 음운 인식력은 아동의 낱말 읽기와 철자 능력에 원인적으로 아주 중요한 변인임을 밝혔다(NICHD, 2000; NELP, 2008; National Research Council,

1998). 한국 아동들도 예외는 아니어서, 음운 인식력은 한글 낱말 읽기와 철자 능력에 아주 중요한 예측변인이다(이숙, 김화수, 2013; Cho & McBride-Chang, 2005; Cho, McBride-Chang, & Park, 2008; Kim, 2007, 2009b, 2010, 2011). 다시 말하면, 아직 글자를 터득하지 않은 아동들을 대상으로 음운 인식력을 평가하고 약 1년 후에 아동의 낱말 읽기와 맞춤법 능력을 평가하면, 1년 전에 음운 인식력이 높았던 아동들이 낱말 읽기와 철자에 더 정확하다는 것이다.

또 하나 지적할 것은 음운 인식력과 낱말 읽기는 서로 상호적인 또는 양방향적 관계를 가지고 있다는 것이다. 음운 인식력을 증진함으로써 낱말 읽기가 발달하고 낱말 읽기의 발달은 또다시 음운 인식력 발달에 영향을 준다. 앞에서 설명한 것처럼 음운 인식력은 낱말 읽기에서 전제적 요소이기는 하나, 낱말을 뜯어읽음으로써 낱말에 어떤 소리(음소)가 들어 있는지 의식적으로 생각하고 인지하게 되므로, 낱말 읽기(통글자로 외운 것이 아닌 뜯어읽기)는 다시 음운 인식력 발달을 촉진하게 된다. [그림 3-3]은 이 상호적 관계를 나타낸 것이다.

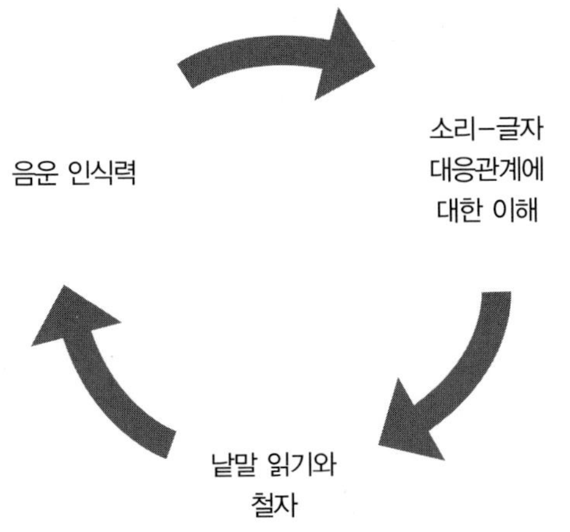

그림 3-3 음운 인식력, 소리–글자 대응관계, 낱말 읽기의 상호적 관계

음운 인식력은 난독증의 가장 중요한 원인 중의 하나로 확인되었다(NICHD, 2000; National Research Council, 1998). 난독증은 낱말 읽기와 맞춤법 학습이 유난히 어려우며 결과적으로 읽기 유창성과 읽기 이해에 장애가 있는 학습장애의 한 종류다. 난독증의 원인과 발현 증상들은 여러 가지가 있으나 그중 가장 명확하고 확연한 요인으로 손꼽히는 것이 음운 인식 처리 과정의 어려움이다. 많은 연구가 음운 인식 중재가 난독증 아동의 낱말 읽기와 맞춤법 학습을 향상시키는 것을 보고했다. 그러므로 음운 인식 능력이 떨어지는 아동은 집중 중재를 통해 낱말 읽기와 철자 학습에 어려움을 미리 예방하거나 그 어려움의 정도를 감소시킬 수 있다. 특히 중재는 빠르면 빠를수록 아동의 반응이 효과적이고, 늦어질수록 시간과 노력이 더 걸리며 효과도 감소된다.

음운 인식 능력이 떨어지는 아동은 집중 중재를 통해 낱말 읽기와 철자 학습에 어려움을 미리 예방하거나 그 어려움의 정도를 감소시킬 수 있다.

음운 인식 평가

음운 인식력, 즉 여러 단위의 소리를 다루고 통제할 수 있는 능력은 어떻게 평가할 수 있을까? 〈표 3-2〉에 대표적 평가법을 요약했다. 이 방법들은 평가뿐 아니라 지도에서도 사용할 수 있다.

이 여러 과제는 난이도에 따라 쉬운 과제부터 어려운 과제로 나열된 것으로서, 다른 소리 찾기가 가장 쉬우며 음운탈락이 가장 어려운 과제다. 또한 음절 과제가 가장 쉬우며 음소 단위 과제가 가장 어렵다. 음운 인식 평가는 여러 표준화된 도구가 있다. 표준화 도구를 사용하면 아동의 음운 인식력을 다른 아동과 비교했을 때 어느 정동인지 가늠할 수 있다. 이런 표준화된 음운 인식력 도구가 없다면 다음에 나오는 가이드라인을 따라 평가내용을 만들어 사용할 수도 있다. 음운 인식력 평가 시 유의해야 할 사항은 다음과 같다.

표 3-2 음운 인식 평가 과제

과제 이름	과제 정의	용례
다른 소리 찾기 (oddity task)	단어를 듣고 다른 소리로 시작하거나 다른 소리로 끝나는 단어를 찾아내는 능력	**초성 찾기 과제** 아동에게 '무릎' '머리' '가구'의 그림을 보여 주며, 각 단어를 말해 준다. 그리고 아동에게 이 세 단어 중에서 다른 소리로 시작하는 것을 손가락으로 짚거나 말해 보라고 한다.(정답: 가구) **종성 찾기 과제** 아동에게 '물' '술' '목'의 그림을 보여 주며 각 단어를 말해 준다. 그리고 아동에게 이 세 단어 중에서 다른 소리로 끝나는 것을 손가락으로 짚거나 말해 보라고 한다. (정답: 목)
음운 숫자 세기 (syllable and phoneme counting)	단어에 음절과 음소가 몇 개 들어 있는지 알아내는 것	"'물'에는 소리가 몇 개 들어 있지?"라고 아동에게 질문한다. (정답: 음절 단위의 평가에서는 하나이고 음소 단위의 평가에서는 세 개다.)
음운 혼성 또는 소리 합치기 (blending)	음절, 음소 등의 소리를 합쳐 말하는 능력	**음절 단위 과제** '고' '양' '이'. 이 소리들을 합치면 무슨 말이 되나요? (정답: 고양이) **본체 인식** '무'와 'ㄹ'을 합치면 무슨 말이 되나요? (정답: 물) **음소 단위 과제** 'ㅁ' 'ㅜ' 'ㄹ' 이 소리들을 합치면 무슨 말이 되나요? (정답: 물)
음운 분절 (segmentation)	음절, 음소 등의 소리를 분절하는 능력으로 소리 합치기와 반대로 생각하면 된다.	**음절 단위 과제** '고양이'를 작은 소리로 나누면 어떤 소리가 들어 있나요? (정답: '고' '양' '이') **음소 단위 과제** '물'. '물'이라는 소리에는 어떤 작은 소리들이 들어 있나요? (정답: 'ㅁ' 'ㅜ' 'ㄹ')
음운탈락 (sound deletion or elision)	음절 또는 음소 소리를 빼면 남는 소리를 알아내는 것	**음절 단위 과제** '비옷'에서 '옷'소리를 빼면 무슨 소리가 남나요? (정답: '비') **음소 단위 과제** '비'에서 'ㅣ' 소리를 빼면 무슨 소리가 남나요? (정답: 'ㅂ')

- 대부분의 아동은 소리에 관해 의식적으로 생각하는 것에 익숙하지 않으므로 연습 문제를 통해 아동이 과제에서 요구하는 것이 무엇인가를 충분히 이해시켜야 한다. 다만, 연습문제를 통해서도 이해를 못하는 아동은 그 과제를 수행할 음운 인식력이 발달하지 않았음을 의미한다.
- 음소 인식력 평가의 경우 자음은 모음 없이 발화하는 것이 부자연스러우며 어렵다. 평가자는 연습문제에서 설명을 바르게 해 주기 위해 평가 전에 연습이 반드시 필요하다.
- 자음을 모음 없이 발화하는 것은 특히나 아동에게 어려운 것이다. 예를 들어, /ㄹ/ 소리의 경우 아동들은 /으/ 모음 소리를 붙여 /르/라고 말하는 경우가 많다. 이 패턴의 대답을 일관적으로 하는 경우, 이것은 아동이 음소 인식이 있지만 조음의 문제이므로 아동이 /ㄹ/ 음소를 인지하는 것으로 간주해 정답으로 처리한다.

음운 인식 지도

언제 한글 교육의 초기나 시작 시기에 지도하는 것이 적절하며 음운 인식 지도를 따로 하는 것보다는 자모 글자와 자모자-소리 대응 교육과 병행하는 것이 효과적이다. 평가를 통해 아동들의 수준을 판별한 후 수준에 따라 음운, 본체 또는 음소 단위의 지도를 앞서 언급한 과제들의 난이도를 고려해서 사용한다. 이미 낱말 읽기가 유창한 아동은 음운 인식 지도가 필요하지 않다.

과제에 따라 그리고 아동의 능력에 따라 차이는 있으나 만 4세경에는 음절 과제를 수행할 수 있고 음절 본체도 수행할 수 있는 것으로 보인다. 음소 단계의 과제 역시 아동과 과제에 따라 차이가 있으나 평균적으로 만 5세 정도에 수행할 수 있는 것으로 보인다. 유의할 것은 아동의 편차가 크기 때문에 7세인데도 음소 인식이 힘든 아동도 있으므로 이런 아동은 명시적 지도가 필요하다. 음소 인식은 자모 글자 학습을 통해 현저히 발달하게 되므로, 음소 인식 지도는 자모 글자 지도와 병행하는 것이 효과적이다.

얼마 동안 음운 지도는 짧게 자주 해 주는 것이 효과적이다. 각 차시마다 약 10~15분 정도로 명시적이고 체계적으로 매일 지도할 경우 대부분의 아동의 경우 약 2개월 내외의 지도가 충분하다. 물론 이것은 지도 시작 시 아동의 능력에 따라 달라서 어떤 아동들은 2개월 만으로 충분할 수도 있고 다른 아동들은 3개월 이상의 지도가 필요할 수도 있다.

어떻게 다음은 음운 인식 지도에서 고려할 지침이다.

- 글자-소리 대응 지도와 병행하면 더 효과적이다. 많은 연구가 음운 인식 지도는 음운 인식만 따로 하는 것이 아니라 자모 지도와 병행하는 것이 효과가 더 크다는 것을 밝혔다(NICHD, 2000; Torgsesen, Wagner, & Rashotte, 1997).
- 한 차시에 하나 또는 두 개의 음운 기술을 지도한다. 여러 가지 기술을 동시에 지도하는 것은 아동에게 혼동을 줄 수 있다. 즉, 음절 단위 지도를 음절 탈락 과제를 통해 지도할 경우 음절에만 집중하고 음소와 음절을 섞어서 지도하지 않는다. 물론 아동이 이미 음절 단위를 숙달한 후에 음소를 소개할 경우에 음절을 복습하면서 언급할 수는 있으나 지도의 중점을 음절과 음소 두 가지를 한꺼번에 목표로 하지는 않아야 한다.
- 유사한 소리들은 비슷한 기간에 지도하지 않으며, 차시 간의 거리를 두고 지도한다. 유사한 소리는 혼동을 일으킬 가능성이 높기 때문이다. 예를 들어, /ㅁ/과 /ㄴ/ 소리는 조음 위치와 방법이 유사하다. 그러므로 이 둘의 음소 지도는 차시 간의 기간을 두고 한다.
- 체계적으로 접근한다. 쉬운 단위부터 고난이도로 순차적으로 지도한다. 음절부터 시작해서 음소로 진행하며 과제의 난이도도 고려해서 지도한다.

- 〈표 3-2〉에 있는 여러 능력을 목표로 지도하되, 특히 혼성과 분절 능력에 중점을 둔다. 혼성은 낱말 뜯어 읽기에 중요하며 분절은 맞춤법에 중요한 능력이다.
- 지도 시 사용할 어휘는 사용 빈도가 높아 아동이 익숙한 단어들을 사용한다. 예를 들어, /ㅁ/ 음소를 지도할 경우 아동이 알고 있는 낱말들, 물, 무 등을 그림과 함께 사용한다.
- 교사가 소리에 대한 인식과 발음이 정확해야 하므로 조음 연습을 확실히 해 두어야 한다. 또한 아동에게 조음 위치와 조음의 정확성을 지도하는 것이 음운 인식에 도움이 된다. 예를 들면, /ㅁ/ 소리는 윗입술과 아랫입술을 모두 모았다가 열 때에 나는 소리다. /ㅁ/ 소리를 조음할 때 사용되는 조음 기관들을 아동들에게 시각적으로 보여 주며, /ㅁ/ 소리를 천천히 강조해서 내어 준다. 앞에서 지적했듯이 자음을 모음 없이 발화하는 것은 부자연스러우며 생소하므로 교사 자신의 충분한 연습이 필요하며 아동에게 명시적으로 정확하게 시범을 보여 주어야 한다.
- 소리 단위에 대해 의식적으로 인식하는 것은 아동들에게 생소하고 추상적인 것이기 때문에 구체성을 높이기 위해 시각적 도구를 같이 사용하는 것이 도움이 된다. 예를 들어, 음소 지도 시 다음 지도안 예에 나오는 단추 등을 사용하여 시각적으로 구체화하면 도움이 된다.
- 모든 효과적인 지도에 해당되듯이 지도는 재미와 흥미가 있어야 한다. 아동의 흥미를 유발하고 유지할 수 있는 지도 방법을 사용한다.
- 대부분의 교육 현장에서는 지도 전 아동의 음운 인식력에 편차가 크다. 그러므로 평가를 바탕으로 능력이 비슷한 아동들을 소규모 그룹으로 모아, 아동들의 수준에 맞는 활동 과제를 사용해서 지도하는 것이 효과적이다.

음운 인식 지도의 예 1: 음절 인식

학습 목표

- 음절 분절하기
- 단어들을 음절 수 별로 분류할 수 있다.

학습 나이: 만 4세경

수업 자료: 고양이, 개, 병아리, 닭 그림

아동에게 같은 소리 찾기를 할 것이라고 알린다.

"음절은 낱말에 들어 있는 소리예요. 다음 두 낱말을 잘 들어 보세요."

고양이와 개의 그림을 보여 주며,

" '고양이 – 개.' 따라 해 보세요." (고양이 – 개.)

" '고양이'에는 '고' '양' '이' 소리가 들어 있어요."

'고' '양' '이'라고 말하며 각 음절에 맞추어 손뼉을 친다.

" '개'에는 '개'라는 소리가 들어 있어요."

'개'라고 말하면서 손뼉을 친다.

" '고양이'에는 어떤 소리가 들어 있나요? ('고' '양' '이'.)

'고양이'에는 소리가 몇 개 들어 있나요? (3개.)
'개'에는 어떤 소리가 들어 있나요? ('개.')
'개'에는 소리가 몇 개 들어 있나요? (1개.)"

병아리 그림을 보여 주며,

"이것은 병아리예요. 따라 해 보세요, '병' '아' '리.' (병아리.) '병아리'에는 어떤 소리가 들어 있나요?"

'병' '아' '리'라고 말하며 박수를 세 번 친다.

"'병아리'에는 소리가 몇 개 들어 있나요?"

아동이 대답할 때 음절마다 박수를 쳐 준다.

닭 그림을 보여 주며,

"이것은 닭이에요. 따라 해 보세요, '닭.' (닭.) '닭'에는 어떤 소리가 들어 있나요?"

'닭'이라고 말하며 박수를 한 번 친다.

"'닭'에는 소리가 몇 개 들어 있나요?"

아동이 대답할 때 박수를 쳐 준다.

아동들에게 악어, 호랑이, 사슴, 곰, 여우, 돼지, 소 등의 그림이 있는 종이를 나누어 준다.

각각의 그림을 가리키며, "이것은 무엇인가요?"

아동이 각 그림을 말하고 나면, "그림에 들어 있는 소리를 찾아볼까요?"

앞에서 한 것처럼 각 낱말들에 들어 있는 음절을 말하고, 음절 수를 말하게 한다.

아동의 오류 고쳐 주기: 아동이 틀린 답을 말할 경우, 각 단어들을 정확하게 발음해 준 후, 아동의 대답 중 틀린 부분을 고쳐 준다.

음운 인식 지도의 예 2: 음절 본체

학습 목표

- 단음절 낱말을 사용해서 음절 본체 인식하기
- 본체가 같은 단음절 낱말 말하기

학습 나이: 만 4세경

수업 자료: 강, 감; 담, 달, 닭; 봄, 물, 볼 그림

아동에게 같은 소리 찾기를 할 것이라고 알린다.

"다음 두 낱말을 잘 들어 보세요."

강과 감의 그림을 보여 주며,

" '강-감.' 따라 해 보세요. '강-감.' '강'은 '가' 소리가 들어 있어요. '감'은 '가' 소리가 들어 있어요. '강'과 '감'은 둘 다 '가'라는 소리가 들어 있어요. '강'과 '감'은 어떤 소리가 들어 있나요? (둘 다 '가' 소리가 들어 있어요.)"

본체 만들기: '담' 그림을 보여 주며,

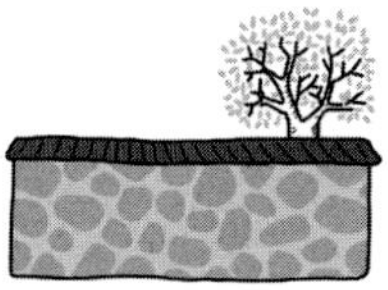

"이것은 담이에요. 따라 해 보세요, '담.' '담'과 같은 소리가 나는 낱말이 있어요."

달 그림을 보여 주며,

" '달'은 '다' 소리가 들어 있어요. 따라 해 보세요, '달.' '담'과 '달'은

같은 소리가 들어 있나요? (네.) 어떤 같은 소리가 들어 있나요? ('다' 소리가 들어 있어요.) 그러면 '담' '달'처럼 '다' 소리가 들어 있는 말은 또 어떤 것이 있나요?"

닭 그림과 소 그림을 보여 준다.

"닭이에요."
"따라 해 보세요, 담, 달, 닭은 모두 '다' 소리가 들어 있어요."

아동들에게 봄, 물, 볼(애기 볼)의 그림을 나누어 준다. 각 그림을 가리키며

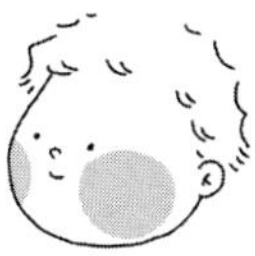

"이것은 무엇인가요?"
아동이 각 그림을 말하고 나면,
"같은 소리가 들어 있는 두 낱말을 찾아보세요." (봄, 볼.)

아동이 두 그림들을 찾을 동안 돌아다니며 질문하고 왜 봄과 볼이 같은 본체가 들어 있는지 질문한다.

같은 식으로 다음 그림들을 사용해서 반복한다.

1. 공, 곰, 삼(숫자)

2. 물, 문, 책

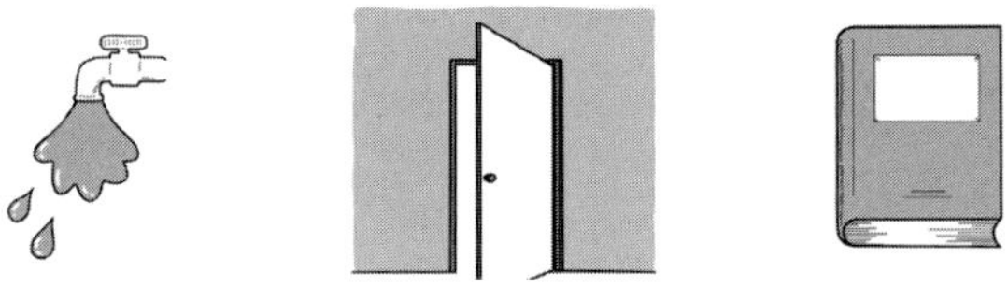

3. 병, 벽, 손

아동의 오류 고쳐 주기: 아동이 틀린 답을 말할 경우, 각 단어들을 정확하게 발음해 준 후, 아동의 대답 중 틀린 부분을 고쳐 준다.

음운 인식 지도의 예 3: 음소 인식

학습 목표

- 자－모로 구성된 단음절 낱말을 사용해서 음소 분절하기
- 단음절 낱말을 사용해서 음소 혼성하기

학습 나이: 만 4~5세경

수업 자료: 큰 원이 그려진 종이, 큰 단추들

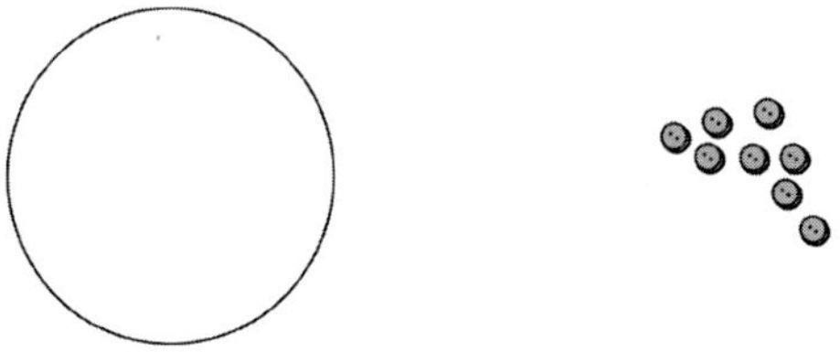

큰 동그라미가 그려진 종이를 보여 주고 단추 움직이기 게임을 할 것이라고 알린다.

이 게임에서는 낱말에 들어 있는 소리를 말하고 단추를 옮긴다. 게임 시작 전에 단추 두 개를 동그라미 안에 넣어 둔다.

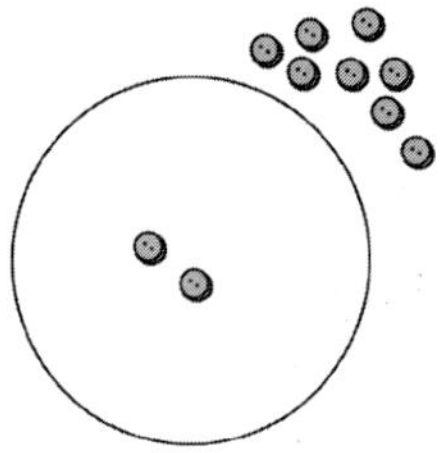

"따라 해 보세요, 비. (비.) 이 낱말은 무엇이에요? (비.) 선생님이 말하는 것을 잘 들으면서 선생님이 하는 것을 보세요."

/ㅂ/ 소리를 길게 조음하며 단추 하나를 원 밖으로 끌어낸다. 단추를 가리키며 /ㅂ/라고 소리 낸다. /ㅣ/ 소리를 길게 조음하며 원 안에 있는 나머지 단추를 원 밖으로 끌어내어 첫 번째 끌어낸 단추 옆에 둔다. 두 번째 단추를 가리키며, /ㅣ/라고 길게 소리 낸다.

"몇 개의 단추를 옮겼나요? (두 개.) 선생님이 이 낱말을 빨리 말해 볼게요. / 비 /"

/비/를 정상적인 속도로 말하며 두 단추 밑을 왼쪽부터 오른쪽으로 손가락으로 움직인다.

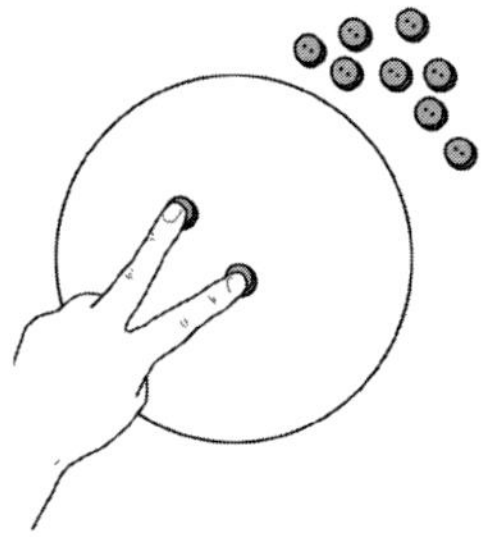

이와 같은 방식으로 '차'와 '무' 낱말을 사용해서 반복한다.

아동들에게 원이 그려진 종이를 나누어 준다. 단추를 두 개씩 나누어 주고 원 안에 두라고 한다.

"첫 번째 낱말은 '파'예요. 이 낱말을 말하면서 단추를 옮겨 볼까요?"

아동이 '파' 낱말을 /ㅍ/ /ㅏ/를 각각 천천히 말하며 단추를 옮기는 것을 도와준다.

"단추를 몇 개 옮겼어요?"

아동이 'ㅍ' 'ㅏ'라고 천천히 말하며 옮겨 놓은 단추 아래를 손가락으로 가리킨다. '코' '소(가축)' '씨' '사(숫자)' '자'와 같은 낱말을 사용해 이 과정을 반복한다.

아동의 오류 고쳐 주기: 아동이 틀린 답을 말할 경우, 각 단어들을 정확하게 발음해 준 후, 아동 대답의 틀린 부분을 고쳐 준다. 특히 소리를 길게 조음해서 각 음소를 강조하며 읽는 것과 각 소리에 해당하는 단추를 손가락으로 가리키는 것이 어려울 수 있다.

난이도 조절: 자 – 모로 구성된 낱말이 쉬워지면, 앞에서 설명한 방식으로 자 – 모 – 자로 구성된 단음절 낱말(별, 손, 꽃, 곰, 창, 강, 산, 불)을 사용한다.

제4장

자모 글자(낱소리글자) 지식

자모 글자 지식이란

자모 글자 지식은 닿소리와 홀소리 글자의 모양과 이름, 그리고 음가를 아는 것으로 낱말 읽기와 철자 능력 발달에서 가장 중요한 요인의 하나로 손꼽힌다. 한글에는 40개의 자모 글자가 있고, 단자음 14개, 복자음 5개, 단모음 10개, 복모음 11개의 글자로 구성되어 있다. 이 40개의 자모 글자는 한글의 초성, 중성, 종성을 표기하는 데 사용된다. 모음자는 중성을 표기하는 데 사용되며 자음자는 초성과 종성을 표기한다. 초성에는 19개의 자음(닿소리)이 허용되는데 14개의 단자음 글자와 5개의 복자음 글자로 표기된다. 중성은 17개의 모음(홀소리)이 있는데, 중성에는 모음 글자 21개가 쓰인다. 마지막으로 종성에는 7개의 닿소리가 허용되는데(7종성법), 단자음 글자, 복자음 글자, 겹받침 글자 등 총 27개의 자음자가 사용된다. 〈표 4-1〉과 〈표 4-2〉에 한글 자모 글자와 그 음가가 정리되어 있다.

표 4-1 한글 자음 글자 이름과 음가

	자음 글자	글자 이름	글자 음가: 초성	글자음가: 종성
단자음(닿소리)	ㄱ	기역	/ㄱ//k/	/ㄱ//k/
	ㄴ	니은	/ㄴ//n/	/ㄴ//n/
	ㄷ	디귿	/ㄷ//d/	/ㄷ//t/
	ㄹ	리을	/ㄹ//l/	/ㄹ//l/
	ㅁ	미음	/ㅁ//m/	/ㅁ//m/
	ㅂ	비읍	/ㅂ//p/	/ㅂ//p/
	ㅅ	시옷	/ㅅ//s//ʃ/	/ㄷ//t/
	ㅇ	이응	묵음*	/ㅇ//ŋ/
	ㅈ	지읒	/ㅈ//c/	/ㄷ//t/
	ㅊ	치읓	/ㅊ//tʃ/	/ㄷ//t/
	ㅋ	키읔	/ㅋ//k^h/	/ㄱ//k/
	ㅌ	티읕	/ㅌ//t^h/	/ㄷ//t/
	ㅍ	피읖	/ㅍ//p^h/	/ㅂ//p/
	ㅎ	히읗	/ㅎ//h/	/ㄷ//t/
복자음(겹닿소리)	ㄲ	쌍기역	/ㄲ//kk/	/ㄱ//k/
	ㄸ	쌍디귿	/ㄸ//tt/	사용 안 됨
	ㅃ	쌍비읍	/ㅃ//pp/	사용 안 됨
	ㅆ	쌍시옷	/ㅆ//ss/	/ㄷ//t/
	ㅉ	쌍지읒	/ㅉ//cc/	사용 안 됨

* 한글에서는 음절의 초성이 모음으로 시작될 때, 초성 자리에 빈 공간으로 남겨 두지 않고 '이응'을 채워 넣는다. 예를 들어, '아'의 경우 음가는 모음 /ㅏ/뿐이지만 글자는 ㅇ과 ㅏ 두 개를 사용해서 표기한다.

표 4-2 한글 모음 글자 이름과 음가

	모음 글자	글자 이름	글자 음가: 중성
단모음(홑소리)	ㅏ	아	/아//a/
	ㅐ	애	/애//ε/
	ㅓ	어	/어//ʌ/
	ㅔ	에	/에//e/
	ㅗ	오	/오//o/
	ㅚ	외	/외//wI/
	ㅜ	우	/우//u/
	ㅟ	위	/위//wi/
	ㅡ	으	/으//ɨ/
	ㅣ	이	/이//I/
복모음(겹홀소리)	ㅑ	야	/야//ya/
	ㅒ	얘	/얘//yε/
	ㅕ	여	/여//yʌ/
	ㅖ	예	/예//yε/
	ㅘ	와	/와//wa/
	ㅙ	왜	/왜//wε/
	ㅛ	요	/요//yo/
	ㅝ	워	/워//wʌ/
	ㅞ	웨	/웨//we/
	ㅠ	유	/유//yu/
	ㅢ	의	/의//ɨI/

〈표 4-1〉과 〈표 4-2〉에 정리된 한글 자모 글자의 이름과 음가의 특성은 다음과 같다. 첫째, 모음은 이름과 소리가 같다. 또한 대부분의 모음과 글자의 대응은 일대일이다. 예를 들어, 모음 글자 'ㅏ'는 어떤 낱말에서나 항상 /ㅏ/ 소리를 낸다. 예외로는, 현대 한국어에서는 차별화되지 않는 것으로 'ㅚ, ㅙ, ㅞ' 'ㅐ, ㅔ' 'ㅒ, ㅖ'가 있다. 즉, ㅚ, ㅙ, ㅞ 세 글자는 하나의 소리 /ㅚ/를 나타낸다. 모음은 글자와 소리의 대응 관계가 일관성이 있으며, 음운 변화가 없기 때문에 한글 읽기와 쓰기에서 비교적 쉬운 편이다.

모음과는 달리, 자음 글자들은 두 음절로 된 이름을 가지고 있는데, 자음자는 초성과 종성 소리를 표기한다. 자음 글자 이름의 첫소리는 그 글자가 초성에 사용될 때 나는 소리가 들어 있고, 자음 글자 이름의 마지막 소리는 글자가 종성에 사용될 때 나는 소리가 들어 있다. 예컨대, 지읒은 초성에서는 이름 '지'에서처럼 /ㅈ/ 소리가 나지만 종성에서는 /ㅈ/ 소리가 아니라 '읒'의 /ㄷ/ /t/ 소리가 난다. 자음 글자는 모음보다 글자-소리 대응 관계를 익히기가 더 어려운 편으로 특히 종성이 까다롭다. 종성에는 7개의 소리가 27개의 자음 글자와 겹받침 등으로 표기되어, 일 대 다수의 관계가 성립되기 때문이다. 이것은 〈표 4-3〉에 정리되어 있다.

표 4-3 7종성에 대응하는 자음 글자와 겹받침 글자

종성	자음 글자	단어 용례
/ㄱ/	ㄱ, ㅋ, ㄲ, ㄺ, ㄳ	낙, 부엌, 섞다, 닭, 몫
/ㄴ/	ㄴ, ㄵ, ㄶ	반, 앉다, 않다
/ㄷ/	ㄷ, ㅅ, ㅆ, ㅈ, ㅊ, ㅌ, ㅎ	덛신, 잣, 있다, 잊다, 꽃, 팥, 닿소리
/ㄹ/	ㄹ, ㄺ, ㄻ, ㄼ, ㄽ, ㄾ, ㄿ, ㅀ	달, 읽어, 닮음, 밟아, 외곬, 핥다, (시를) 읊어, 잃다
/ㅁ/	ㅁ, ㄻ,	몸, 닮다
/ㅂ/	ㅂ, ㅍ, ㅄ, ㄼ	답, 숲, 값, 밟다
/ㅇ/	ㅇ	강

겹받침 음가

겹받침은 두 자음 글자가 하나의 종성 소리를 나타내는데, 두 글자 중 어느 글자의 소리를 읽고 철자하는지가 어려우며 〈표 4-4〉에 정리되어 있다. 대부분의 겹받침은 뒤에 자음이 올 때 그리고 말끝에 쓰일 때 앞 글자 소리가 난다.

표 4-4 앞 글자 소리가 나는 겹받침

	말끝 또는 자음이 따라올 때		모음이 따라올 때	
겹받침 글자	소리	예	소리	예
앞 글자 소리가 나는 경우				
ㄳ	/ㄱ/	몫 /목/	/ㄱ/ /ㅅ/	몫이 /목씨/
ㄵ	/ㄴ/	앉 /안/	/ㄴ/ /ㅈ/	앉아 /안자/
ㄾ	/ㄹ/	핥다 /할따/	/ㄹ/ /ㅌ/	핥아 /할타/
ㄼ	/ㄹ/	여덟 /여덜/ *밟 /밥/ *밟다 /밥따/	/ㄹ/ /ㅂ/	여덟이 /여덜비/ 밟아 /발바/
ㅄ	/ㅂ/	값 /갑/	/ㅂ/ /ㅆ/	값이 /갑씨/
앞 글자 소리가 나고 모음이 따라올 때 뒷 글자 소리가 탈락				
ㄶ	/ㄴ/	않고 /안코/**	/ㄴ/	않아 /아나/
ㅀ	/ㄹ/	앓고 /알코/**	/ㄴ/	앓아 /아라/
뒷 글자 소리가 나는 경우				
ㄺ	/ㄱ/	닭 /닥/	/ㄹ/ /ㄱ/	닭이 /달기/ /다기/***
ㄻ	/ㅁ/	닮다 /담따/	/ㄹ/ /ㅁ/	닮아 /달마/
예외				
ㄿ	/ㅂ/	읊다 /읍따/**	/ㄹ/ /ㅍ/	읊어 /을퍼/

* ㄼ이 '밟'에서는 뒷 글자 소리가 난다.
** 음운변화.
*** 정확한 발음은 /달기/이나 /다기/로 흔히 발음됨.

한글 자모 글자 모양과 소리의 관계

세계의 여러 글자 체계에서 사용되는 자모 글자(알파벳)에서는 자모 모양과 자모 이름 사이에 특정 관계가 없다. 예를 들어, 영어의 알파벳 B가 '비'/bi/라고 불리는 특별한 이유는 없으며 임의적인 것이다. 이는 단어와 그 단어가 지칭하는 물체나 개념의 관계가 임의적인 것과 마찬가지다(예: 액체인 물을 물이라 부르는 것은 특정한 이유가 없다.). 그러나 한글, 특히 단자음은 예외여서 자음 글자 모양과 그 이름이 아주 임의적이지는 않다. 즉, 미음 'ㅁ'은 /ㅁ/ /m/의 소리를 낼 때 관련된 발음조음기관의 모양을 나타낸 것이다. 또한 서로 관련이 있는 음소들은 시각적으로 표시가 되어 있다. 예를 들어, 글자 'ㅋ'은 'ㄱ' 소리에서 파생되어 /ㄱ/ 소리에서 격음화된 것으로, 이것은 글자 ㄱ에 가로 선을 첨가하여서 표시하였다. 이와 같은 관계는 ㄷ－ㅌ, ㅁ－ㅂ, 그리고 ㅈ－ㅊ에도 해당이 된다. 그러나 이러한 자모의 모양－이름의 관계는 추상적인 것이어서 이 원리들이 아동이 자모 모양과 이름을 익히는 데에 실질적으로 도움이 되는지는 알려지지 않았다.

모음 글자들의 경우 한글의 제자 원리에 따라, 천(天), 지(地), 인(人) 세 글자를 조합해서 단모음 글자 10개와 이 모음자들을 다시 조합해서 복자음자 11개가 완성되었다. 세 가지의 기본 모양으로 총 21개의 글자가 만들어졌으므로 그 모양들이 시각적으로 아주 비슷하다. 자모 글자의 모양을 익히는 데에, 글자 모양이 비슷하면 비슷할수록 글자를 분별하기 어렵고 혼동하기 쉬워 글자 모양과 그 이름을 익히기가 힘들다. 한국어 글자 이름 학습 연구에 따르면 모양이 비슷한 글자들은 아동들이 더 혼동하는 것으로 나타났다(Kim & Petscher, 2013).

> 자모 글자의 모양을 익히는 데에있어 글자 모양이 비슷하면 비슷할수록 글자를 분별하기 어렵고 혼동하기 쉬워 글자 모양과 그 이름을 익히기가 힘들다.

왜 자모 글자 지식이 낱말 읽기와 철자 능력에 중요한가

낱말 읽기에서 관건은 자모 글자가 나타내는 소리를 알아서 그 글자들이 나타내는 소리로 뜯어 읽는 것이다.

자모 글자와 음가에 대한 지식은 낱말 읽기와 철자법의 초석이다.

앞에서 언급했듯이 한글은 낱소리 표음문자다. 글자 하나하나가 소리의 가장 작은 단위인, 낱소리 또는 음소를 나타내는 글자다. 그러므로 낱말 읽기에서 관건은 자모 글자가 나타내는 소리를 알아서 그 글자들이 나타내는 소리로 뜯어 읽으면 되는 것이다. 이것이 표음문자에서 읽기와 철자의 원리이며, 따라서 자모 글자와 음가에 대한 지식은 낱말 읽기와 철자법의 초석이 된다. 이것은 표음문자, 특히 낱소리글자를 쓰는 글자 체계를 가진 언어에서, 예를 들어 영어, 스페인어, 터키어, 핀란드어, 네덜란드어 등등에서 동일하게 적용이 되며 한글 읽기에서도 예외는 아니다. 수많은 연구가 자모 이름과 자모 음가에 대한 아동의 지식이 높으면 높을수록 아동이 낱말 읽기와 맞춤법이 능숙한 것으로 보고했다(Foulin, 2005; NELP, 2008; NICHD, 2000; Treiman & Kessler, 2003). 이 연구들의 대부분은 영어와 유럽어권 아동이 대상이었으나, 한국어와 다른 언어권에서도 발견되었다(Kim, 2009b, 2010, 2011). 또한 중재 연구들도 자모 이름과 음가 학습을 받은 아동들의 읽기와 철자 능력이 학습을 하지 않은 아동들보다 뛰어난 것으로 나타났다(NELP, 2008; NICHD, 2000). 미국 교육 현장에서는 유아원부터 아동들에게 영어의 자모 글자, 즉 알파벳을 명시적이고 체계적으로 가르친다. 또한 영어의 알파벳 노래는 모든 아동이 아주 어릴 때부터 어디서나 접하는 노래다. 특히 많은 주에서는, 주정부에서 통제가 가능한 공립시설 교육 과정에서 자모 글자, 음운 인식력, 어휘력 등을 지도하게끔 명시되어 있다.

자모 글자에 대한 지식은 자모 이름과 음가 지식을 모두 포함하는데, 정확성뿐 아니라 유창성 발달 또한 중요하다. 유창성은 자모 이름과 음가를 정확하면서도 빨리 말할 수 있는 능력이다. 유창성은 아동이 자모의 이름을 확실하게 기억에 표상해서 자모의 정보를 두뇌에서 빨리 접속하고 인출하는 능력이다(Adams,

1990). 유창성의 발달은 아동이 낱말을 읽고 쓰는 순간적 찰나에 필요한 자모 이름과 음가의 정보를 정신적 노력을 많이 기울이지 않고 적용할 수 있게끔 해 준다.

자모 글자가 나타내는 음가를 아는 것이 한글 낱말 읽기에서 초석이 된다면, 자모 글자의 음가만 알면 되지 않을까? 자모 이름을 익혀야 하는 것일까? 연구에 따르면 음가뿐 아니라 자모 글자의 이름을 아는 것이 낱말 읽기와 맞춤법 실력에 중요하다. 이름을 익혀야 할 첫 번째 당연한 이유는 아동이 자모 글자를 지칭할 명칭이 필요하기 때문이다. 이 못지않게 중요한 이유는, 특히 모음의 경우 이름이 음가와 일치한다는 것이다. 그러므로 모음 글자의 이름을 알면 그 음가를 아는 것이다. 자음 또한 이름이 음가에 관한 중요한 정보를 포함하고 있다.

자음 글자 이름이 음가 정보를 제공하는 것은 다음 글자들에 특히 중요하다: ㄱ, ㄷ, ㅂ, ㅅ, ㅈ, ㅊ, ㅋ, ㅌ, ㅍ, ㅎ.

앞에서 언급했듯이 글자 'ㄴ'은 /ㄴ//n/ 소리가 나는데 이름 '니은'의 초성에 /ㄴ//n/ 소리가 들어 있어 니은 글자의 음가에 대한 힌트를 제공한다. 이러한 자음의 이름과 음가의 관계는 쌍자음을 제외하고는 모든 단자음 글자에서 발견된다. 특히, 자음 글자 이름이 음가 정보를 제공하는 것은 ㄱ, ㄷ, ㅂ, ㅅ, ㅈ, ㅊ, ㅋ, ㅌ, ㅍ, ㅎ 글자에 중요하다. 이 자음 글자들은 한국어의 7종성의 원리에 따라 초성과 종성 자리에서 음가가 달라지는 글자다. 지읒은 초성에서는 /ㅈ//c/ 소리가 나지만 종성에서는 디귿과 같이 /ㄷ//t/ 소리가 난다. 이렇게 위치에 따라 글자의 음가가 바뀌는 것에 대한 정보가 자모 글자 이름에 내포되어 있다. 예를 들어, 지읒은 초성에서 /ㅈ/ 소리와 종성에서의 /ㄷ/ 소리가 글자 이름에 들어 있는 것이다. ㅅ, ㅊ, ㅎ도 마찬가지로 종성 또는 받침에서 /ㄷ//t/ 소리가 난다. 결국 자음 글자의 이름을 아는 것은 자음이 초성에 쓰였을 때와 종성에 쓰였을 때 음가에 대한 중요한 단서를 제공하는 것이다. 글자 이름을 아는 것이 글자 소리에 대한 중요한 정보를 제공함으로써 글자 이름을 아는 아동은 글자 음가를 알 가능성이 더 높은 것이다(Kim, 2010).

자모 이름과 음가 지도

언제 한글 교육 초기에 자음 모양과 이름, 음가 지도가 필요하다. 대부분의 아동은 대체적으로 집이나 학교 등에서의 노출을 통해 글자 이름을 몇 개 정도는 배운다. 그러나 유아원과 유치원에서는 교육 철학에 따라 읽기 지도를 하는 곳과 그렇지 않은 곳들의 편차가 심하다. 또한 많은 시설에서는 통글자 중심의 지도로 인해 자모의 이름과 음가에 대한 명시적이고 체계적인 지도가 없다. 앞서 강조한 바와 같이 자모 모양, 이름과 음가에 대한 지식이 글자 읽기와 철자의 기초이므로 한글의 자모 글자 지도는 아동의 낱말 읽기와 쓰기 초기 교육 과정에 포함되어야 한다.

어떻게 글자의 모양과 이름을 배우는 것은 시간을 요한다. 글자 모양들은 추상적이기 때문에 자모 글자를 자주 접하고 익히는 연습이 필요하다. 여기서 주의할 점은 글자 이름과 소리를 배우는 것이 글자마다 동일한 시간이 걸리는 것은 아니라는 것이다. 어떤 글자들은 시각적으로 다른 글자에 비해 더 독특하다든가, 어떤 글자들은 책이나 인쇄물에서 더 자주 쓰여서 노출이 높다. 인쇄물에 자모 글자가 얼마나 자주 사용되는지의 빈도가 아동의 자모 이름 지식에 영향을 미친다(Kim & Petscher, 2013). 한글과 영어, 이스라엘어 등 여러 글자 체계의 자모 글자 학습을 연구한 논문들에 따르면, 자모 글자 학습은 자모 글자 모양, 인쇄물에서의 출현 빈도율, 그리고 지도 방법에 따라 영향을 받음이 밝혀졌다. 이같은 연구 결과가 자모 글자 지도에서 시사하는 바는 다음과 같다.

- 자모 글자 이름과 음가는 명시적이고 체계적으로 지도한다.
- 글자 모양이 비슷한 글자는 동시에, 또는 비슷한 시기에 가르치지 않는다.
- 아동 이름에 들어 있는 자모부터 시작하면 아동의 관심과 흥미를 유발할

수 있다.
- 아동의 필요에 따라 어떤 글자는 좀 더 오랫동안 지도하고 다른 글자들은 진도를 조금 빠르게 조정해야 한다.

단모음과 단자음 글자들을 일단 먼저 가르치는 것이 유용하다.

한글에서는 단모음과 단자음 글자들을 먼저 가르치는 것이 유용하다. 이 24개의 글자들은 출현 빈도수가 높으며 복자음과 복모음의 기본이 되기 때문이다. 또한 단자음과 단모음 글자들을 익히면 단자음과 단모음 글자를 조합해서 낱말 읽기의 근본인 뜯어 읽기가 가능해진다(5장 파닉스 부분 참조).

마지막으로 자모 글자 지도에서 강조할 것은 글자 쓰기의 지도다. 자모 글자 쓰기는 정확하게 바른 순서로 정자로 쓰는 것을 포함한다. 자모 글자 쓰기는 알아보기 쉽고 깔끔한 모양과 정확성이 필요하다. 더구나 자모 글자 쓰기의 유창성은 아동이 글자를 정확히 빨리 적을 수 있는 능력으로, 이것은 아동의 글짓기/작문 발달에 매우 중요한 요소 중의 하나다(자세한 내용은 12장에서 다루어진다.).

학습지도 예 1: 연상법을 이용한 자모 모양과 이름 가르치는 방법

자모 글자를 그 이름과 음가와 관련된 이미지로 표현해 연상법(mnemonics)으로 글자를 지도하는 방법이다. 예를 들어, 글자 기역 ㄱ은 '기차'의 /ㄱ/ 소리가 들어가므로 글자 ㄱ을 기차 모양으로, 또는 ㄴ은 나비 모양으로 표현해서 아동이 기역을 기차와 연계해서 학습하도록 해 주는 방법이다.

학습지도 예 2: 기역 '군' 아 '양'

글자를 소개할 때, 각 글자를 사람으로 의인화하여 표현해서 이 글자 사람과

'기역' 군 '아' 양

관련된 활동을 모든 영역에서 소개한다. 예를 들어, 기역 ㄱ을 소개할 때 '기역' 군이 교실을 며칠 동안 방문한다고 소개한다. 그리고 ㄱ 글자가 적힌 남자 인형(기역 군)을 사용해 기역 군이 어떤 소리를 내는지 아동이 자주 접하는 낱말들을 사용해 기역이 내는 소리를 지도한다. 그리고 이 낱말들을 적은 후 하나씩 조음하면서 기역 부분이 /ㄱ/ 소리를 나타냄을 강조한다(예: 강, 감, 가지). 그다음에는 '아' 양이 며칠 동안 방문함을 알리고 ㅏ 글자가 적힌 여자 인형을 사용한다. 'ㅏ'가 들어간 글자들을 제시하여 ㅏ의 음가를 지도한다(강, 감, 가지). 그리고 '기역 군'과 '아 양'이 만나면, 즉 이 두 인형을 나란히 놓아 '가' 글자를 만들고 /가/라고 읽어 준다. 또 다른 방법으로는 ㄱ 글자 블록과 ㅏ 글자 블록을 나란히 맞추어 /가/로 읽게 한다. 빈도수가 높은 '가' 글자가 들어간 낱말들(예: 가지, 강아지, 가수)을 보여 주며 '가' 부분에 동그라미를 하게 하고 소리 내어 읽게 한다.

학습지도 예 3: 글자 이름 유창성 지도

종이나 칠판에 아동이 배운 자모 글자들을 임의적 순서로 몇 줄로 적는다. 예를 들어, 다음과 같이 적는다.

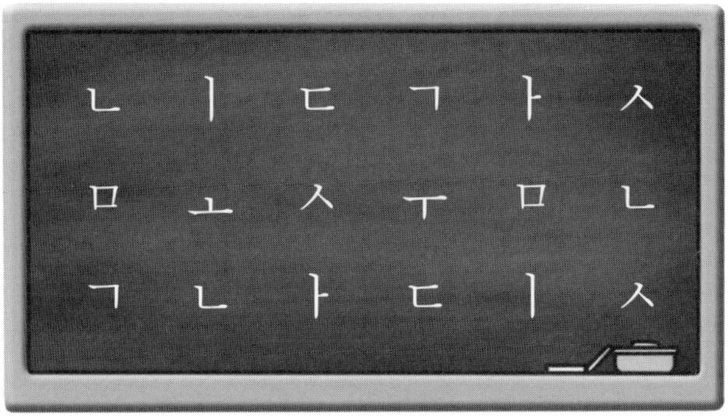

교사가 아동에게 글자 하나하나씩 가리킬 때 아동이 글자 이름 또는 음가를 말하도록 한다. 아동들이 모두 정확하게 글자 이름 또는 음가를 답할 수 있으면 아동 한 명씩 이름 또는 음가를 재빨리 정확하게 말하도록 지도한다.

학습지도 예 4: 글자 음가 초기 지도

아동에게 다음과 같이 말한다.

"글자 이름이 글자 소리를 기억하는 데 어떻게 도움이 되는지 알려 줄 거예요."

ㄴ을 칠판에 적는다.

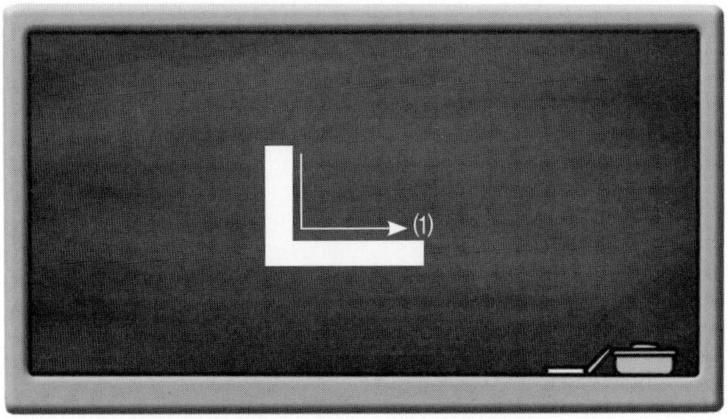

"이 글자 이름이 무엇인가요? (니은이에요.) 네, 맞았어요. 니은이에요. 내가 이 글자의 이름을 천천히 말할 테니 잘 들어 보세요. 니 은."

천천히 니 부분을 강조하며 말한다.

"이제 여러분이 말해 보세요, 니 은. 글자 ㄴ은 니 할 때에 나는 /ㄴ/ 소리가 나요. 글자 ㄴ은 무슨 소리를 내요? (/ㄴ/.) 어떻게 알아요? ('니은' 할 때 /ㄴ/ 소리예요.)"

다른 글자들도 같은 방법으로 지도한다.

학습지도 예 5: 글자 쓰기 기초 지도

학생들에게 글자 쓰기 연습을 할 것이라고 알린다. 칠판에 글자 ㄷ을 쓰며 쓰는 방향과 순서를 설명한다.

인지와 중지 손가락을 모아 '마술 손가락'으로 글자 ㄷ을 공중에 쓴다고 알린다. 칠판을 보고 오른손을 높이 올려 인지와 중지로 ㄷ을 쓰며 "왼쪽에서 오른쪽, 아래로 내려와서 왼쪽에서 오른쪽"이라고 말하며 ㄷ 글자를 공중에 쓴다. 아동들도 공중에 ㄷ을 다 같이 써 보게 한다. 이것을 서너 번 반복한다. 아동에게 ㄷ이 적힌 종이를 준다. 종이에 ㄷ을 쓰는 방향이 화살표로 표시되어 있다. 처음에는 아동이 종이에 적힌 ㄷ을 보고 손가락으로 따라 쓰게 한다. 이것을 두세 번 정도 반복한 후 연필을 가지고 글자를 따라 쓴다. 글자를 따라 쓸 때에 글자 이름 디귿을 같이 말하도록 한다. 손가락으로 쓰는 것과 연필로 쓰는 것을 반복하며 연습하도록 한다.

제2영역: 낱말 읽기와 맞춤법

낱말 읽기는 낱말을 해독(decoding 또는 decipher) 또는 뜯어 읽어, 활자를 소리로 바꾸는 능력이다. 다음 그림에서 보듯이 낱말 읽기는 읽기에서 핵심적이고 중추적인 역할을 한다. 낱말을 읽지 못하면 읽기 이해력이 불가능하다. 낱말 읽기 능력은 앞서 다룬 여러 발현 문해력을 바탕으로 발달해서 낱말을 또박또박 정확하게 읽고, 또한 유창하게 읽는 것이다. 수많은 연구는 낱말 읽기 능력이 읽기 이해력에, 특히 초기에는 아주 중요한 변인이라고 보고했다.

5장에서는 낱말 읽기의 기초인 글자-소리 대응을 명시적으로 지도하는 파닉스에 관해 살펴보고, 6장에서는 다음절 낱말 읽기, 그리고 7장에서는 맞춤법/철자 능력에 관해 살펴본다.

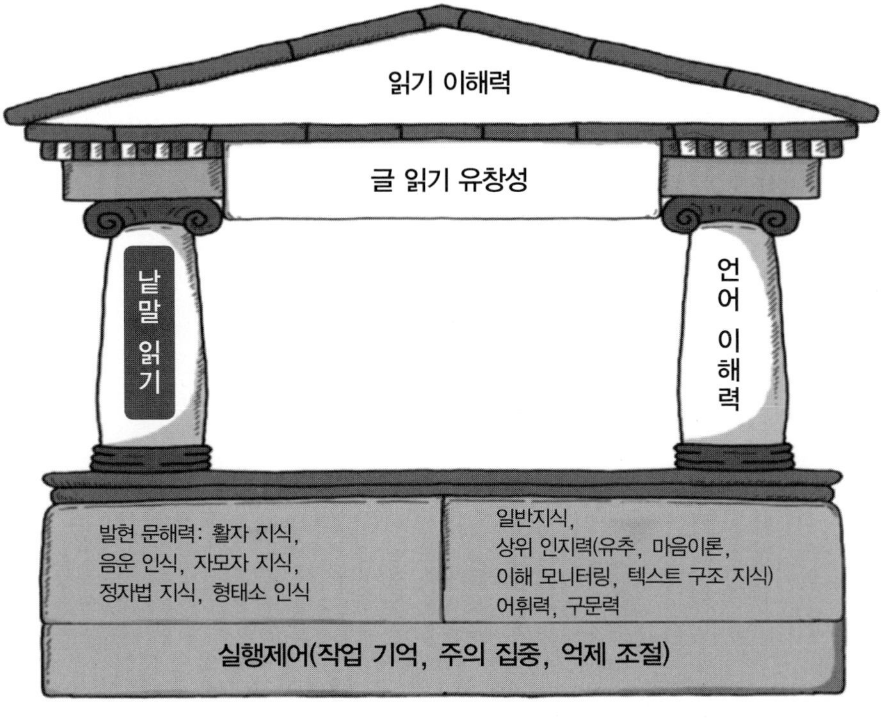

제5장

파닉스와 기초 낱말 읽기

낱말 읽기란

낱말 읽기는 낱말을 시각적으로 인지하고 그것을 소리 내어 또는 마음속으로 정확하게 읽고 의미를 기억에서 인출해 내는 능력이다. 읽기의 기본은 낱말 읽기다. 낱말 읽기는 읽기 이해력에 필수적이며 토대가 되는 능력으로, 낱말 읽기가 되지 않으면 글을 이해할 수 없다.

낱말 읽기는 쉽게 자연적으로 발달하는 것이 아니라 앞 장에서 다룬 여러 가지 발현 문해력을 기반으로 발달한다. 낱말 읽기에서 기본은 낱말에 쓰인 자모 글자의 음가를 조합하는 것이며, 이것을 명시적으로 지도하는 것이 파닉스(Phonics) 지도다. [그림 5-1]은 낱말 읽기에 필요한 여러 능력을 도식화한 것으로 앞서 살펴본 발현 문해력 영역에서 다룬 음운 인식력과 글자에 대한 지식인 활자 지식, 자모 글자 이름과 음가 지식이 결합해서 낱말 읽기의 바탕이 됨을 시각적으로 보여준다.

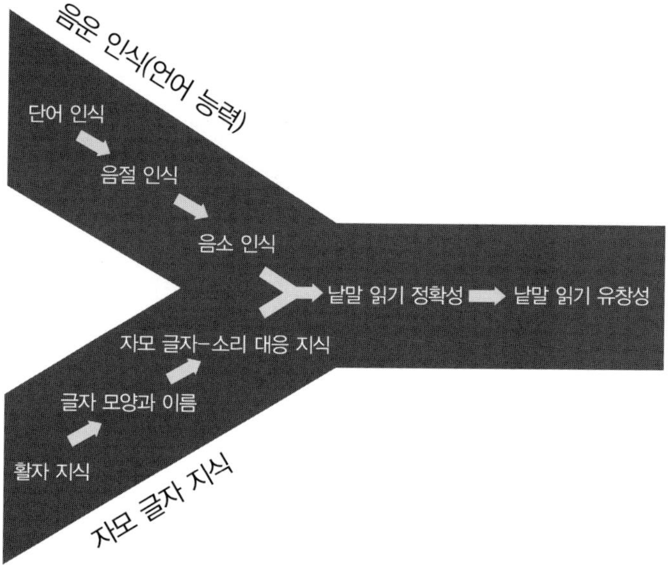

그림 5-1 낱말 읽기 발달에 관여된 언어와 발현 문해력

파닉스는 무엇인가

> 파닉스는 글자-소리 대응 관계의 원리를 바탕으로 읽기를 지도하는 접근법을 총칭한다.

> 자모 글자와 소리 대응 지식을 바탕으로 글자에 해당하는 음운을 적용해 해독하는 음운 해독력이 표음문자에서 읽기의 기초다.

파닉스 또는 **'발음 중심 읽기 교수법'**은 자모 글자와 소리의 대응 관계를 체계적으로 지도하는 교수법을 일컫는다(Adams, 1990). 파닉스는 어느 특정 읽기 프로그램이 아니라 글자-소리 대응 관계의 원리를 바탕으로 읽기를 지도하는 접근법을 총칭한다. 영어권에서는 아주 많은 파닉스 프로그램들이 있다. 그래서 혹자는 파닉스를 영어 학습에만 해당된다고 생각할 수 있겠으나, 파닉스는 표음문자를 가진 어떤 언어에서나 자모 글자-소리 대응 관계를 체계적으로 가르치는 교수방법이다. 아동이 자모 글자와 소리 대응 지식을 바탕으로 글자에 해당하는 음운을 적용해 해독하는 음운 해독력(김미배, 배소영, 2011)이 표음문자에서 읽기의 기초다.

파닉스 지도는 아동이 자모 글자가 소리를 나타낸다는 원리, 즉 **자모 글자-소**

리 대응의 원리를 깨닫는 데 중요하다. 파닉스로 읽기 지도를 받은 학생들이 그렇지 않은 학생들보다 낱말 읽기와 맞춤법에서 더 뛰어나다는 것이 수많은 연구를 통해 밝혀졌다(Foorman et al., 1998; NICHD, 2000). 파닉스로 낱말 읽기를 지도하는 것은 앞 장에서 언급했던 자모 글자 이름, 글자 음가 지도와 음운 인식력 지도의 연장선상에 있다. 즉, 파닉스 지도는 글자-소리의 대응 관계를 지도하는 것이므로 음운 인식과 자모 글자 지식 지도가 파닉스 지도에서 선행되어야 한다.

낱말 읽기 발달 단계

아동의 낱말 읽기 체제를 수십 년간 연구한 에리(Ehri, 2005)에 따르면 낱말 읽기 능력은, 첫째, 자모 글자-소리 이해 전 단계(pre-alphabetic phase), 둘째, 부분적 자모 글자-소리 이해 단계(partial alphabetic phase), 셋째, 완전한 자모 글자-소리 이해 단계(full alphabetic phase), 네째, 자모 글자-소리 통합 단계(consolidated alphabetic phase)의 단계를 거쳐 발달한다([그림 5-2]).

첫 단계는 자모 글자-소리 관계의 이해 부재 또는 이해 전 단계로서, 아동이 아직 자모 글자-소리 관계에 대한 이해가 없어서 낱말을 하나의 시각적 그림으로 인지하는 것이다. 예를 들어, 아동이 뽀로로의 로고를 보고 뽀로로라고 읽을 때, '뽀로로' 낱말에 들어 있는 낱글자와 소리의 대응 관계를 이해해서 뜯어 읽는 것이 아니라 뽀로로 로고에 포함되어 있는 캐릭터 그림을 보고 뽀로로라고 읽거나, '뽀로로' 글자 전체를 하나의 시각적 자극 또는 그림으로 인지하고 기억해서 읽는 것이다.

두 번째 단계인 부분적 자모 글자-소리 관계 이해 단계에서는 글자와 소리의 대응 관계에 대한 이해가 있으나 이것이 몇몇 자모 글자에 제한된 단계다. 자모 글자가 소리를 나타낸다는 것에 대한 이해가 발현되었으나, 그 이해가 몇 개의 글자에 제한되어 있다.

세 번째의 자모 글자-소리 관계 이해 단계는 아동이 모든 자모 글자의 소리를 알고 이것을 통해 음운 해독을 하고, 한글 읽기에 사용할 수 있는 단계다. 이 단계에서 읽기는 뜯어 읽기 식이며, 자모 글자–소리 대응을 지나 겹받침 등에 관한 이해의 폭을 넓혀 가게 된다.

네 번째는, 자모 글자–소리 관계 통합 단계에서는 자모 글자–소리 대응 단계를 지나 여러 자모 글자의 패턴을 기억에 인지해서 처리하게 된다. 그래서 음운변화가 있는 낱말의 경우, 같은 유형의 단어에서 유추하여 낱말 읽기를 하게 된다.

여기에서 '단계'는 'stage'가 아니라 'phase'다. 즉, stage라고 할 때에는 계단식의 발달로, 한 단계에서 그다음 단계의 경계가 명확해서 한 단계에 있을 때에는 그 단계에만 국한되고, 한 단계가 끝나기 전까지는 그다음 단계로 넘어가지 못한다. 그러나 phase는 아동의 능력이 한 단계에만 제한되지 않고 한 단계에 있으면서 그다음 단계의 일부 현상을 보일 수 있는 좀 더 유연한 개념이다.

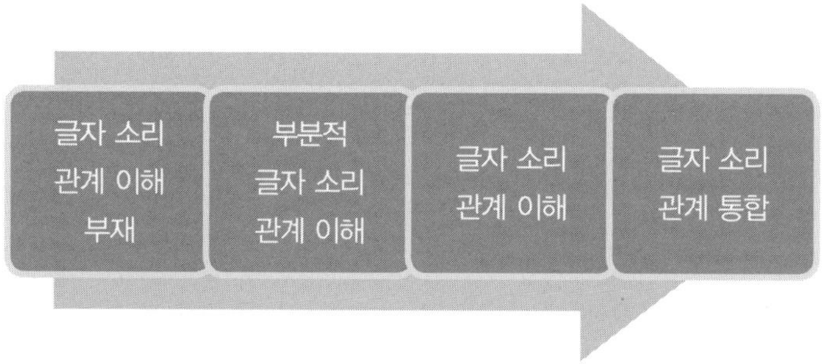

그림 5-2 에리(Ehri, 2005)의 낱말 읽기 발달 단계

낱말 읽기의 정확성과 유창성

에리의 4단계에서 직접적으로 주목을 받지는 않았지만 또 하나 중요한 것은 정확성과 유창성의 발달이다(Ehri, 2005). 정확성은 낱말을 또박또박 정확하게 읽어 내는 능력이다. 유창성 또는 효율성은 정확성과 함께 속도가 붙어 빨리 읽어 내며, 낱말을 뜯어 읽지 않고 바로 한눈에 인지하고 자동적으로 읽어 내는 능력이다. 정확하게 낱말을 읽게 된다고 해서 유창한 낱말 읽기가 저절로 성취되는 것은 아니다. 정확하게 읽을 수는 있지만 읽는 속도가 느리고 힘들게 읽는 경우가 있는데, 유창성의 부족은 읽기 이해력을 저해하는 요소이므로 유창성 발달은 중요하다(자세한 내용은 8장에서). 유창성은 한 낱말을 정확하게 읽은 후 그 낱말을 여러 번 정확하게 반복해서 읽는 꾸준한 연습을 통해 습득된다.

파닉스와 낱말 읽기 지도

언제 아동이 자모 글자의 소리에 대한 이해가 조금씩 있을 때부터 자모 소리를 조합해서 뜯어 읽기를 지도한다.

어떻게 파닉스 지도는 **체계적이고 명시적**이어야 한다. 즉, 무작위적이거나 임의적으로 가르치는 것이 아니라 간단한 것부터 복잡한 것으로 논리적 순서에 따라 지도해야 한다. 또한 아동에게 충분히 연습할 기회를 주어서 정확성뿐 아니라 유창성을 발달하게끔 해야 한다. 명시적 지도는 글자-소리의 관계를 명백하고 정확하게 지도한다. 파닉스는 기초 읽기 지도에서 빼놓을 수 없는 중요한 부분이다.

파닉스 지도 내용의 범위와 순서

파닉스 지도의 지침은 다음의 몇 가지로 요약할 수 있다.

첫째, 아동이 자주 사용하여 익숙한 단어를 사용한다. 둘째, 발음/조음하기 쉬운 단어를 사용한다. 셋째, 자모 글자 모양이 비슷하거나 소리가 아주 유사한 것은 별도의 시간에 지도한다. 체계적인 내용 구성과 배열은 쉬운 것부터 어려운 순서대로 다음과 같이 진행할 수 있다.

- 단자음, 단모음 → 복자음, 복합모음
- 자 – 모 음절 낱말(예: 차) → 자 – 모 – 자 음절 낱말(예: 창)
- 단음절 낱말 → 다음절 낱말
- 글자 – 소리 대응이 일대일인 자모 글자 → 글자 – 소리 대응이 일 대 다수인 자모 글자
- 겹받침('ㄺ', 'ㄳ', 'ㄵ', 'ㄶ', 'ㄺ', 'ㄻ', 'ㄼ', 'ㄾ', 'ㄿ', 'ㅀ', 'ㅄ')과 음운변화도 쉬운 것부터 어려운 것의 순서대로 지도한다. 예를 들어, 음운변화의 경우 난이도는 다음과 같다.

연음화 → 경음화 → 격음화 → ㅎ받침 → 구개음화 → …사이시옷

음운변화와 겹받침 글자 읽기는 제6장 '다음절 낱말 읽기'에서 자세히 다룬다.

자모 글자 모아쓰기(정자법)

한글의 모든 자모 글자는 네모난 상자 틀에 맞추어 음절 단위로 쓴다. 초성인 자음 글자를 먼저 쓰고 모음 글자의 형태에 따라 초성 글자 오른쪽이나 아래에 모음 글자를 적는다. 그리고 종성 자음 글자, 즉 받침은 초성과 중성 아래에 쓴다.

모아쓰기 원리는 다음과 같이 세 가지로 정리된다(한글 위키백과 참조).

모음 글자에서 주된 선이 수직선일 경우(예: ㅏ, ㅓ, ㅑ, ㅕ, ㅔ, ㅐ)

모음 글자가 초성 자음 글자 오른쪽에 쓰인다. 종성 글자가 있으면 그 아래에 쓴다.

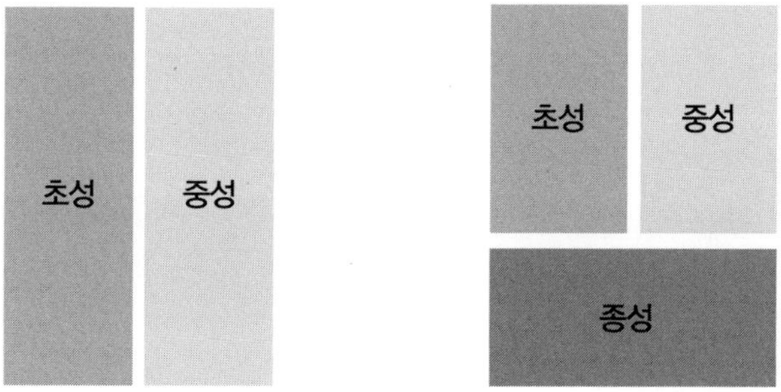

(예: 가) (예: 강)

그림 5-3 모음 글자에서 주된 선이 수직선일 경우의 글자 조합

모음 글자에서 주된 선이 수평선일 경우(예: ㅗ, ㅛ, ㅜ, ㅠ, ㅡ)

모음 글자가 초성 자음 글자 밑에 쓰인다. 종성 글자가 있으면 그 아래에 쓴다.

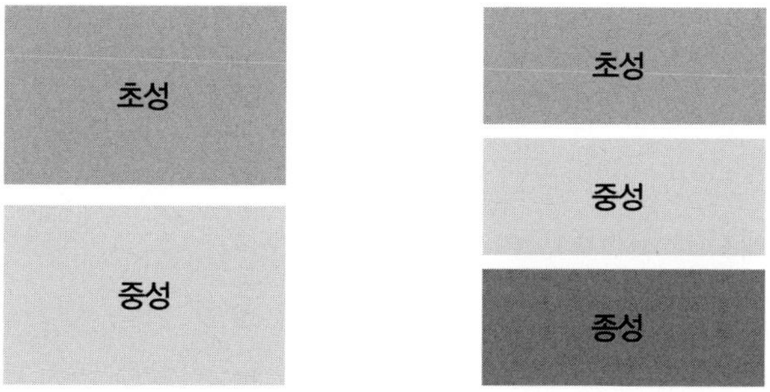

(예: 고) (예: 공)

그림 5-4 모음 글자에서 주된 선이 수평선일 경우의 글자 조합

모음 글자의 주된 선이 수평과 수직선을 모두 포함할 경우(예: ㅘ, ㅙ, ㅚ, ㅝ, ㅞ, ㅟ, ㅢ)

아래쪽에 먼저, 그다음 오른쪽에 붙여 쓴다. 종성 글자가 있으면 그 아래에 쓴다.

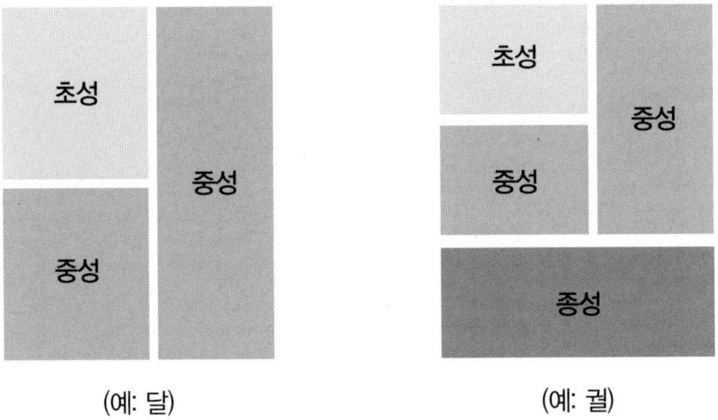

그림 5-5 모음 글자에서 주된 선이 수평과 수직선을 포함한 경우의 글자 조합

이러한 한글의 모아쓰기, 즉 정자 유형에 대한 지식을 **정자법 지식 또는 인식**(orthographic awareness)이라고 한다. 다시 말해, 정자법 지식은 한글에서 허용된 글자 순서와 위치, 패턴을 이해하고 인식하는 능력이다(Kim, 2011). 예를 들어, 한글에는 모음이 위치상 자음의 왼쪽에는 허용되지 않아서, 'ㅏ고'는 불가하다. 또한 겹받침도 ㅄ은 허용이 되지만, ㅅㅂ은 허용이 되지 않는다. 또한 겹받침 글자는 초성 자리에도 허용되지 않는다. 이러한 한글의 여러 가지 제약에 관한 지식이 정자법 지식이다. 여러 연구에서 영어(Badian, 2005; Kim, Apel, & Al Otaiba, 2013)와 한글에서(Kim, 2010, 2011; Wang, Park, & Lee, 2006) 정자법 지식이 낱말 읽기와 맞춤법에 영향을 주는 것으로 보고했다. 또한 철자 발달 연구에 의하면, 초기 단계에서는 이러한 정자법 오류가 자주 발생하는 것이 밝혀졌다(7장; Kim & Petscher, under review). 그러므로 아동에게 한글 모아쓰기의 법칙을 명시적으로 지도해야 한다.

초성-중성 글자 조합 지도

단자음과 단모음 글자들의 음가를 배우고 나면 이들을 합쳐 자-모 음절로 글자를 조합하여 읽기를 익힐 수 있다. 이것은 자모 글자-소리 대응의 원칙을 익히고 이것을 조합해서 글자를 만들어 내는 원리를 깨닫는 데 결정적인 역할을 할 수 있다. 〈표 5-1〉에 자-모 음절 합성이 나와 있다.

표 5-1 자-모 음절 합성표

	ㅏ	ㅑ	ㅓ	ㅕ	ㅗ	ㅛ	ㅜ	ㅠ	ㅡ	ㅣ
ㄱ	가	갸	거	겨	고	교	구	규	그	기
ㄴ										
ㄷ										
ㄹ										
ㅁ										
ㅂ										
ㅅ										
ㅇ										
ㅈ										
ㅊ										
ㅋ										
ㅌ										
ㅍ										
ㅎ										

이 방법은 '가나다라' 등으로 불리며 이미 한글 기초 학습에 사용되어 왔는데, 한글 지도에 효과적인 지도다. 아동이 단자음 글자와 그 음가를 알면 여기에 모음 소리를 하나씩 소개하며 초성-중성 조합을 지도한다. 여기서 핵심으로 강조할 것은 '가나다라' 등을 조합할 때 '가' '나'를 통째로 소개하는 것이 아니라, 자음 글자와 모음 글자의 소리를 합쳐서 읽어 내는 원리를 명시적이고 체계적으로 지도한다는 것이다. 글자 'ㄱ'의 /ㄱ/ 소리와 'ㅏ'의 /ㅏ/ 소리를 합쳐서 '가'/가/가 되는 원리를 아동에게 명시적으로 지도해야 한다. 다음은 지도의 예다.

자음 글자와 모음 글자의 소리를 합쳐서 읽어 내는 원리를 명시적이고 체계적으로 지도한다.

칠판에 가로와 세로 표에 단자음 'ㄱ' 'ㄴ' 'ㄷ' 'ㄹ'를 가로로 적는다. 그리고 ㄱ, ㄴ, ㄷ, ㄹ에 해당하는 소리를 각각 조음한다.

"이 글자는 기역이에요. 기역은 무슨 각각 소리가 나요?"(/ㄱ/.)

다른 글자들도 같은 식으로 음가를 복습한다. 그러고 난 후 모음 'ㅏ'를 ㄱ, ㄴ, ㄷ, ㄹ의 왼쪽 하단에 적는다. 'ㅏ'를 가리키며 소리 /아/를 조음한다. 아동에게

"이 글자는 무슨 소리가 나요?"(/아/.)

ㄱ과 ㅏ를 해당 난에 합쳐서 '가'라고 적는다. '가' 글자에서 ㄱ과 ㅏ 부분을 가리키며 /가/라고 천천히 정확하게 조음한다. 아동에게

"/ㄱ/ 소리와 /ㅏ/ 소리를 합치면 /가/ 소리가 나요. /가/."

아동이 /가/라고 읽을 때 손가락으로 '가'의 'ㄱ'과 'ㅏ' 부분을 손으로 가리킨다. 같은 방식으로 '나' '다' '라'를 반복한다.

일반적으로 '가나다라' 등은 단자음과 단모음 글자들로만 연습한다. 그러나 단자음과 단모음 글자들의 조합에서 시작해서 복자음과 복모음으로 확대해서 전개하는 것도 중요하다. 그리고 〈표 5-1〉에서 사용된 단음절을 연습한 후 여기서 배운 음절로 구성된 사용 빈도가 높은 다음절 낱말 읽기로 확대 지도한다(예: 나비, 나무, 포도, 가지, 가마, 머리, 모두, 여자, 기자, 보리).

'가나다라'로 자-모 음절 합성 지도가 가능한 것은 한국어의 음절 구조가 간단하며, 모음과 초성에서의 자음이 철자와 일대일 대응이 일관성 있기 때문이다. 〈표 5-2〉에 보이는 것처럼 한국어 음절 구조는 모음, 자음-모음, 모음-자음, 자음-모음-자음의 4가지로 구성되어 있다. 이 4가지 중, 자음-모음로 구성된 음절의 출현 빈도가 가장 높다. 그러므로 자음과 모음 글자를 합성해서 자-모 음절 유형으로 읽기를 지도하면 유익하다. 영어에서는 19~22개[1]의 모음 소리가

표 5-2 한국어의 음절 유형과 빈도수(Kim, 2007)

음절 유형	예	비율**
모음	아	11%
자음-모음	차, 파	62%
모음-자음	알, 옥, 옳*	2%
자음-모음-자음	감, 공, 길, 책, 삶*	25%

* 겹받침은 두 자음 글자가 하나의 음소를 나타낸다.
** 초등학교 1학년 교과서 분석 자료.

1) 모음 숫자는 방언에 따라 차이가 있다.

5개의 글자로 표현되고, 음절 구조가 아주 복잡하다. 특히 자모 소리-철자 간의 대응이 모음에서는 일관성이 부족하기 때문에 이 접근법이 유용하지 않다.

초성-중성-종성 글자 조합 지도

받침에 따라 글자-소리 대응의 투명도(transparency)가 차이가 난다. 투명도란 글자와 음가의 관계가 얼마나 일정한지를 지칭하는데, 투명도에 따라 단자음 글자를 분류해 보면 다음과 같다.

ㄴ, ㅁ, ㄹ, ㅇ: 이 글자들은 글자-소리 대응이 일대일이며, 초성과 종성에서 일관적인 소리가 난다. 읽기 지도 시에는 이 글자들로 구성된 단음절 낱말 중 일상생활에서 사용 빈도가 높아 아동들이 잘 아는 낱말들을 사용하는 것이 도움이 된다(예: 문, 몸, 눈, 말, 강, 달, 팔, 손, 곰, 공). 다음은 지도의 한 예시다.

'ㅁ'을 칠판에 적고 /ㅁ/이라고 천천히 똑똑히 조음한다.
'ㅜ'를 칠판에 적고 /우/라고 천천히 똑똑히 조음한다.
'ㄴ'을 칠판에 적고 /ㄴ/이라고 천천히 똑똑히 조음한다.

'문'의 ㅁ 부분을 손가락으로 가리킨다. 천천히 /ㅁ//m/ /ㅜ//u/ /ㄴ//n/이라고 조합해서 조음하면서 ㅁ ㅜ ㄴ 부분을 손가락으로 짚어 보여 준다. 같은 방식으로 초성-중성-종성으로 구성된 단음절 낱말들을 가지고 반복한다.

ㄱ, ㄷ, ㅂ: 이 글자들은 글자-소리 대응이 일대일이며, 초성과 종성에서 일관적인 소리가 난다. 그러나 아동들은 기역이 초성에서의 /ㄱ/ 소리와 종성에서의 닫히는 /ㄱ/ 소리를 다르다고 인지할 수 있다. 아동에게 친숙한 단음절 단어로부

터 시작해서 앞의 예시와 같은 방식으로 지도한다(예: 국, 북, 책, 밥, 겁).

ㅅ, ㅈ, ㅊ, ㅋ, ㅍ, ㅎ: 이 글자들은 초성 자리와 종성에서의 소리가 달라진다. 아동에게 친숙한 단음절 단어들을 사용하여 지도한다(예: 맛, 찾, 부엌).

초성, 중성, 종성 조합-글자 모아쓰기와 음운 인식 지도 예시

아동에게 세 개의 네모가 그려진 종이를 나누어 준다. 그리고

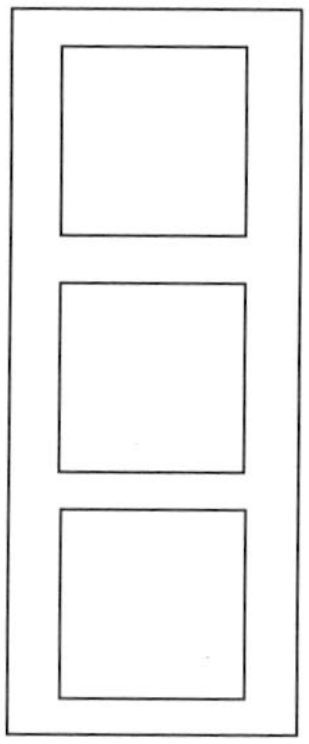

"오늘은 글자를 써 볼 거예요. 이제 어떤 낱말을 말할 거예요. 그러면 그 낱말에 소리가 몇 개 들어 있는지 맞혀 보세요. 첫 번째 단어는 /문/이에요. /문/에는 세 개의 소리가 들어 있어요."

/문/이라고 천천히 조음하면서 손가락을 각 소리에 맞춰서 하나씩 세 개를 편다.

"/문/에는 몇 개의 소리가 들어 있어요? (세 개.) 자, 이제는 여기 네모 세 개를 보세요."

네모 세 개를 손가락으로 가리킨다. 첫 번째 네모에 손가락으로 가리키며 /ㅁ/이라고 조음하며 ㅁ을 첫 네모에 쓴다. 두 번째 네모를 손가락으로 가리키며 /ㅜ/라고 조음하며 'ㅜ'를 두 번째 네모에 쓴다. 세 번째 네모를 손가락으로 가리키며

/ㄴ/이라고 조음하며 'ㄴ' 글자를 쓴다.

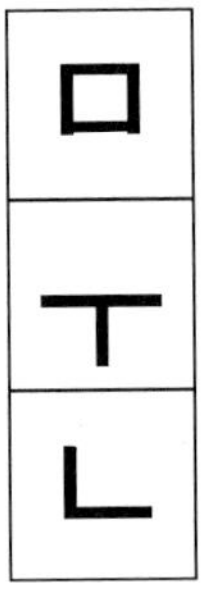

"이제 이 글자들을 합해서 한 낱말로 읽어 볼까요?"

위에서 아래로 손가락을 가리키며 /문/ 하고 읽는다.

"이제는 /문/에 들어간 글자들이 어느 것인가 말해 볼까요?"

교사가 각 글자를 가리키면 아동은 미음, 우, 니은이라고 말하게 한다. 같은 방식으로 낱말 '물' '몸' '목'을 가지고 지도한다. 이것에 아동이 숙달되면 같은 방식으로 오른쪽에 모음이 들어가는 낱말들로 지도한다. 예를 들어, 감, 강, 말 등이 있다.

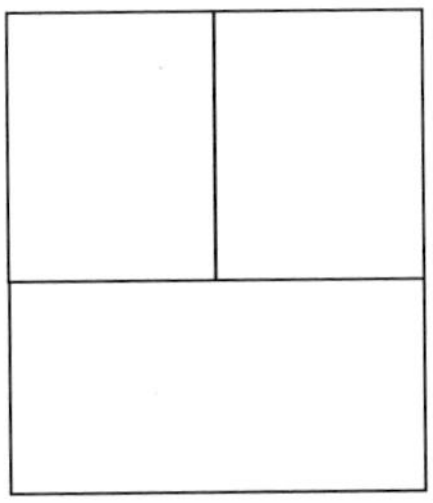

낱말 만들기 지도

칠판에 낱말 '말'을 적는다.

"같이 읽어 볼까요? /말/. 여기 잘 보세요."

글자 '말'을 가리키며, "내가 /말/에서 글자 하나만 바꾸어서 다른 낱말로 만들 거예요."

'말'에서 ㄹ을 ㄴ으로 바꾼다.

"내가 말에서 ㄹ을 빼고 ㄴ을 넣었어요. 그러면 이 새 낱말은 어떻게 읽어요?" (만.)

"자, 이제는 ㅏ를 ㅗ로 바꾸었어요. 그러면 이 새 낱말을 어떻게 읽어요?" (몬.)

아동에게 자모 글자 모양을 준 후

"자, 이제는 여러분 차례예요. 내가 쓰라고 하는 글자를 쓰세요. 첫 글자는 ㅁ이에요. 두 번째 글자는 ㅗ예요. 세 번째 글자는 ㅅ이에요. 이 낱말은 무엇이에요?" (못.)

"이제 ㅅ을 ㄱ으로 바꾸세요. 이 새로운 낱말은 무엇이에요?" (목.)

"이제는 ㄱ을 ㄹ로 바꾸세요. 무슨 낱말이 되었나요?" (몰.)

"이제는 ㅗ를 ㅜ로 바꾸세요. 무슨 낱말이 되었나요?" (물.)

"ㅁ을 ㄴ으로 바꾸세요. 무슨 낱말이 되었나요?" (눌.)

"ㅜ를 ㅗ로 바꾸세요. 무슨 낱말이 되었나요?" (놀.)

이런 방식으로 계속 자음 글자와 모음 글자를 바꿔 가며 지도한다.

제6장

다음절 낱말 읽기

다음절 낱말이란

다음절 낱말은 말 그대로 하나 이상의 음절로 구성된 낱말이다. 앞 장에서 살펴보았듯이 한국어는 음절 구조가 단순함에 따라 단음절 단어가 적고 대부분의 낱말이 이음절이나 삼음절 단어로 구성되어 있다. 또한 한국어는 교착어로서 어근과 접사, 어미가 결합되어 사용된다. 그래서 문장에서는 단음절 낱말이 사용되는 경우는 드물다. 따라서 대부분의 읽기는 다음절의 상황에서 이루어지기 때문에 다음절 낱말 읽기 능력은 읽기 발달 과정에서 매우 중요하다.

왜 다음절 낱말 읽기가 중요한가

한글 습득 과정에서는 다음절 낱말 읽기가 어려운 부분인데, 이것은 다음절 낱말에 음운변화가 일어나기 때문이다. 음운변화란 어떤 음운 환경에서 한 음소가 다른 음소로 바뀌는 현상인데, 소리는 바뀌어도 글자 표기는 원래의 어근으로 철자되기 때문에 읽기와 쓰기에서 어려움을 제공한다. 앞 장에서 한글은 표음문자라고 소개를 했는데 좀 더 정확히 따지자면 한글은 형태음운적(morphophonological) 글자 체계다(Kim, 2010, 2011). 형태소(morpheme)는 의미의 가장 작은 단위로, 예를 들어 '김밥'이라는 낱말에는 '김'과 '밥'이라는 두 개의 형태소로 구성되어 있다. 형태음운적 글자 체계는 낱말 표기에 음운적(phonological) 정보뿐 아니라 의미의 기초인 형태적(morphological) 정보를 담는 것을 원칙으로 하는 것이다. 즉, 낱말 표기에 소리뿐 아니라 의미의 정보를 담는다. 특히 음운적 측면과 형태적 측면이 상충될 때는 형태적 측면이 음운적 측면보다 더 중요시되고 지배적이게 된다. 예를 들어, '김밥'은 경음화를 통해 /김빱/으로 발음된다. 그러나 발음 나는 대로 '김빱'으로 표기하지 않고 각 어근의 형태소의 철자를 보존한다. 또한 '밑이'는 구개음화 현상에 따라 /미치/로 발음되지만 표기는 '밑이'로 한다. 어근인 '밑'과 조사 '이'의 철자를 유지하는 것이다.

형태음운적 글자 체계는 낱말 표기에 음운적 정보뿐 아니라 의미의 기초인 형태적 정보를 담는 것을 원칙으로 한다. 즉, 낱말 표기에 소리뿐 아니라 의미의 정보를 담는다.

형태음운적 표기는 영어도 해당된다. 예를 들어, electric에서 c의 발음은 /k/다. 그러나 이와 어근이 같은 명사형 electricity에서 c의 발음은 /s/다. 형용사가 명사화되면서 발음이 변화되지만 이것은 철자에 반영되지 않는다. 발음이 다른 데에도 같은 철자를 사용하는 것이 읽고 쓰는 학습에는 힘들지만 c의 철자가 보존됨으로써 이 두 단어가 의미상 서로 관련이 있음을 인지하기 쉽다.

완전한 음운적 글자 체계를 가진 언어에서는 소리 나는 대로 그에 대응하는 글자로 표기하면 되므로 읽기와 맞춤법에 용이하다. 즉, 음운적 표기에 따르면 '같이'와 '가치'가 동일하게 철자된다. 이것은 낱말 읽기와 철자를 배우기에는 용이하나, 의미 차별화에는 그다지 용이하지 않아서, 동음이의어의 경우에는 문맥에 따라 그 의미를 분별해야 한다. 반면, 형태음운적 표기는 의미 전달에 용이하다. 즉, '같이'를 '가치'로 표기한다면 그 의미가 '함께'라는 의미가 분명하지 않고 무엇의 쓸모나 중요성을 의미하는 '가치'와 혼동된다. '같이'라고 어근을 살려 표기함으로써 의미가 분명하게 전달된다.

한글은 표음문자 중에 투명한 글자 체계를 가진 편이지만 형태음운적 글자 체계라는 특성상 핀란드어, 이태리어, 스페인어처럼 투명하지는 않다. 투명한(transparent) 또는 표면적(shallow)인 글자 체계는 자모 글자-소리 대응 관계가 일관적이어서 그 관계가 투명하고 표면적이라는 의미다. 반대로, 불투명한(opaque) 글자 체계는 글자-소리 대응 관계가 비일관적이어서 그 관계가 불투명하다. 심층적(deep)인 글자 체계도 불투명한 글자 체계와 같은 맥락이지만 형태적 요소로 인한 불투명성을 지칭한다. 핀란드어는 글자 체계가 가장 투명하고 표면적인 글자다. 즉, 글자-소리 대응이 일대일이며 규칙적이다. 이에 반해, 영어는 표음문자 중 가장 글자 체계가 불투명하고 심층적이다. 영어는 철자-소리 대응이 일대 다수이며 이 또한 규칙성과 일관성이 저조하다([그림 6-1]).

그러면 글자 체계의 투명성은 아동의 낱말 읽기와 철자 발달에 어떻게 영향을 미칠까? 연구에 따르면 낱말 읽기와 맞춤법 학습은 글자-소리 대응이 불투명할수록 더 어렵다. 예를 들어, 투명한 철자 체계에 속하는 독일어 낱말 읽기를 학습하는 아동은 낱말 읽기 학습을 체계적으로 받은 지 1년 만에 낱말 읽기 정확성이 90% 이상에 달했다. 그러나 불투명한 철자 체계를 가진 영어 낱말 읽기를 학습할 때는 이보다 2.5배 이상의 시간이 걸려도 90% 선에 도달하지 못했다(Seymour, Aro, & Erskine, 2003). 한글은 대체로 투명한 철자 체계로 간주되지만 음운변화와 형태음운론적 글자 체계로 인해 아주 투명하지는 않다. 특히 한글은

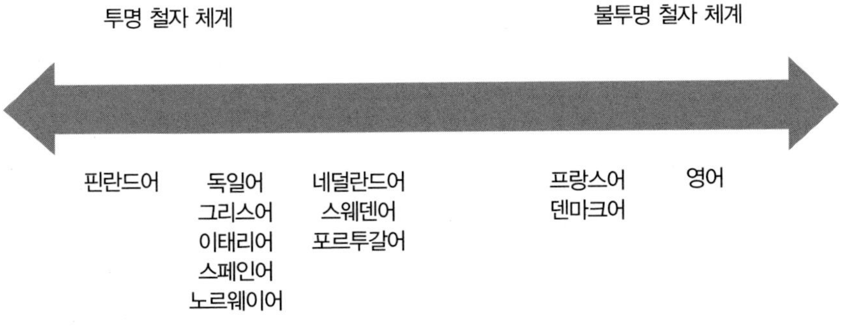

그림 6-1 철자-소리 대응관계의 연속성(Seymour et al., 2003)

읽기에서는 투명하지만 철자에서는 그 투명성이 떨어진다.

음운변화

다음의 〈표 6-1〉에는 한국어의 여러 음운변화 중 대표적인 것을 요약하였다. 연음화는 한글 읽기에서 아주 흔히 발견되는 현상으로 앞 음절이 자음으로 끝나고 다음 음절이 모음으로 시작할 경우 앞 음절의 종성이 그다음 초성으로 옮겨가는 현상이다. 예를 들어, '연음'을 발음할 때에 /ㄴ/이 다음 음절 초성으로 넘어가서 /여늠/이 되는 현상이다. 구개음화는 자음이 /ㅣ/나 /히/와 사용되면서 구개음(ㅈ 또는 ㅊ)으로 변하는 현상이다. 예를 들어, '굳이'가 /구디/가 아닌 /구지/로 발음되고, '같이'가 /가티/가 아닌 /가치/로 발음된다. 이러한 여러 음운변화 현상은 음운변화의 정도에 따라 읽기와 쓰기에 미치는 난이도가 다르다. 즉, 구개음화의 경우 나는 소리(예: 가치)와 글로 표기했을 때의 철자(예: 같이)의 격차가 크기 때문에 아동의 읽기와 맞춤법 발달에 어려움을 준다(Kim, Petscher, & Park, in press).

> 여러 음운변화 현상은 음운변화의 정도에 따라 읽기와 쓰기에 미치는 난이도가 다르다.

다음절 낱말 읽기에 중요한 능력들: 형태소 인식

음운변화가 많은 다음절 낱말 읽기에는 어떤 능력이 필요할까? 그 하나는 형태소 인식 능력이다. 형태소 인식(morphological awareness)은 아동이 어휘의 형태소와 형태론적 구조를 인식하고 그 구조를 생각하고 조절할 수 있는 언어 능력이다(Carlisle, 1995, p. 194). 형태소는 의미의 가장 최소 단위로서, 어근, 어미나 조사, 접사(접두사, 접미사) 등을 포함한다. 예를 들어, '국이 조금 짜다.'에는 형태소가 다섯 개가 들어 있다. 즉, '국 + 이 + 조금 + 짜 + 다'로 되어 있다. 한국어는 형태학적 구조가 아주 풍부한 언어로, 고유어뿐 아니라(예: 물고기 = 물 + 고기), 한자의 영향으로 합성명사가 아주 중요한 위치를 차지한다(예: 한자 '學'자가 들어간

> 형태소 인식은 아동이 어휘의 형태소와 형태론적 구조를 인식하고 그 구조를 생각하고 조절할 수 있는 언어 능력이다.

표 6-1 음운변화

음운변화	설명	단어 용례
연음화	앞 음절이 자음으로 끝나고 다음 음절이 모음으로 시작할 경우 앞 음절의 종성이 그다음 초성으로 옮겨가는 현상.	눈이 → /누니/ 감을 → /가믈/ 먹을 → /머글/ 먹이 → /머기/ 흙이 → /흘기/
경음화 (된소리 되기)	ㄱ, ㄷ, ㅅ, ㅈ이 된소리 또는 경음, /ㄲ, ㄸ, ㅃ, ㅆ, ㅉ/으로 바뀜.	학교 → /학꾜/ 있다 → /이따/ 신다 → /신따/ 용돈 → /용똔/ 밥도둑 → /밥또둑/
ㅎ 발음	ㅎ은 (1) 장애음과 결합하여 거센소리, (2) ㅅ이 따라올 때 ㅆ으로, (3) 뒤에 'ㄴ'이 따라올 때 ㄴ으로 동화, (4) 모음이 따라올 때 묵음으로 소리가 난다. (최혜원/ 국립국어원)	(1) 넣다 → /너타/; 넣지 → /너치/ (2) 많소 → /만쏘/; 싫소 → /실쏘/ (3) 놓는 → /논는/; 않네 → /안네/ (4) 낳은 → /나은/; 쌓이다 → /싸이다/
구개음화	구개음이 아닌 /ㄷ/ 또는 /ㅌ/이 /ㅣ/와 /히/ 앞에서 구개음 /ㅈ/, /ㅊ/으로 바뀜.	같이 → /가치/ 끝이 → /끄치/ 맏이 → /마지/ 해돋이 → /해도지/ 닫히다 → /다치다/
격음화	ㅂ, ㄷ, ㅈ, ㄱ이 ㅎ 앞뒤에서 격음, ㅍ, ㅌ, ㅊ, ㅋ으로 바뀌는 현상.	축하 → /추카/ 입학 → /이팍/ 급히→ /그피/
비음화	파열음인 ㄱ, ㄷ, ㅂ이 비음 ㅁ, ㄴ 앞에서 ㅁ, ㄴ, ㅇ으로 바뀜.	막내 → /망내/ 국물 → /궁물/ 먹는다 → /멍는다/ 십만 → /심만/ 닫는다 → /단는다/
유음화	유음 ㄹ의 앞이나 뒤에 오는 'ㄴ'이 'ㄹ'로 동화.	전라도 → /절라도/ 달님 → /달림/ 줄넘기 → /줄럼끼/
사이시옷	/ㄷ/ 소리로 나는 받침 중에 'ㄷ'으로 적을 근거가 없을 경우 사이 'ㅅ'으로 적는다. 즉, 어근에서 /ㄷ/ 소리가 ㄷ으로 표기되지 않았을 때 /ㄷ/ 소리가 나는 것은 ㅅ으로 표기한다.	돗자리 웃어른 무릇, 옛, 첫, 얼핏

단어들: 학교, 학생, 학칙, 학원). 또한 교착어로서 어간에 어미와 접사를 붙이고 어미를 붙여 활용을 한다. '김치가 짰어요.'라는 문장은 몇 개의 형태소로 구성되어 있을까? 이 문장은 5개의 형태소가 들어 있고 이것은 〈표 6-2〉와 같이 정리된다.

표 6-2 형태소 분류의 예

	김치	가	짜	ㅆ	어요
품사	명사	조사	형용사 어간	과거시제 선어말 어미	종결 어미
실질/형식 형태소	실질	형식	실질	형식	형식
자립/의존 형태소	자립	의존	의존	의존	의존

낱말 읽기와 맞춤법 발달에서 중요한 것은 낱말 또는 단어는 작은 의미 단위들(즉, 형태소)이 모여 구성되어 있다는 지식이다.

형태소는 분류에 따라 실질형태소, 형식형태소 등으로 나뉜다.* 아동의 낱말 읽기와 맞춤법 발달에서 중요한 것은 이러한 분류에 대한 지식보다는 낱말 또는 단어는 작은 의미 단위들(즉, 형태소)이 모여 구성되어 있다는 지식이다.

형태소를 잘 인식하고 있는 아동은 음운변화로 인해 발음이 변하더라도 낱말들이 작은 의미 단위, 즉 형태소로 구성되어 있다는 것을 앎으로써 발음과 차이가 있더라도 형태소 지식을 활용해서 바르게 읽고, 철자할 수 있다.

형태소를 잘 인식하고 있는 아동은 음운변화로 인해 발음이 변하더라도 낱말들이 작은 의미 단위, 즉 형태소로 구성되어 있다는 것을 앎으로써 발음과 차이가 있더라도 형태소 지식을 활용해서 바르게 읽고, 철자할 수 있다. '김밥'에서 소리는 /김빱/으로 나지만 이 단어는 '김'과 '밥'이라는 두 형태소로 구성되어 있다는 것을 안다면 '김밥'을 읽을 때 음절을 각각 따로 /김/과 /밥/으로 읽지 않고 /김빱/으로 읽게 된다. 그러므로 형태소를 알고 그것을 제어할 수 있는 능력은 읽기와 철자에서 중요한 역할을 한다. 형태소 인식 능력은 영어뿐 아니라 한글 읽기와 쓰기에도 매우 중요하다(Cho, McBride-Chang, & Park, 2008; Kim, 2010, 2011).

* 실질형태소와 형식형태소, 자립형태소와 의존형태소로 나뉜다. 실질형태소는 어휘적 의미가 있는 형태소이며 주로 명사, 동사, 형용사, 부사다. 형식형태소는 문법적 기능을 하는 형태소로 조사나 접사, 어미 등이 이에 속한다..

형태소 지도-합성어 지도

다음과 같이 두 낱말을 칠판에 적는다.

"이 두 낱말에는 똑같은 것이 들어 있어요. 그것이 무엇인가요?" (밭.)

첫 낱말의 각 글자를 손가락으로 가리키며 읽는다. 두 번째 낱말, 꽃밭도 각 글자를 손가락으로 가리키며 읽는다.

"이 두 낱말은 '밭'이 들어가서 만들어진 낱말이에요. '풀밭'은 '풀'과 '밭'이 합쳐져서 '풀밭'이라는 말이 되었어요. '풀밭'은 어떤 두 단어가 합쳐져서 만들어졌어요?" (풀, 밭.)

"이렇게 두 단어를 합쳐서 만들어진 단어를 합성어라고 해요. 그러면 '꽃밭'에는 어떤 두 단어가 합쳐졌나요?" (꽃, 밭.)

아동이 '꽃밭'이라고 읽을 때 각 글자 아래를 손가락으로 가리킨다.

"그러면 꽃밭은 어떤 밭인가요?" (꽃으로 만들어진 밭.)

"그러면 '밥'이라는 단어가 들어가서 새로운 단어가 만들어진 것에는 어떤 것이 있을까요? 선생님이 먼저 시작할게요. 김밥."

김밥을 칠판에 적는다. 단어를 가리키며,

"김밥은 어떤 두 단어가 들어 있나요?" (김과 밥.)

"'김밥'은 무슨 뜻인가요?" (김으로 싼 밥.)

"두 단어가 합쳐져서 새로운 단어를 만들 때 그것을 무엇이라고 해요?" (합성어.)

"그러면 '밥'이 들어간 합성어가 어떤 것이 있을까요?"

아동이 말하는 합성어를 칠판에 적는다. 예를 들어,

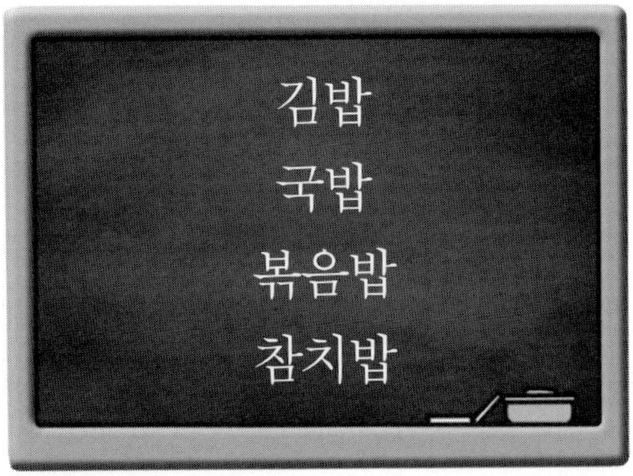

이 낱말들을 칠판에 적고, 각 합성어의 어근을 가리키며 아동과 같이 천천히 또박또박 읽는다. 각 합성어를 이루는 어근들을 학생들과 같이 알아본다. 그리고 각 합성어의 의미를 살펴본다. 이때 주의할 점은 몇몇 단어들은(예; 꽃밭, 김밥, 국밥) 경음화가 되므로 읽어 줄 때 이 점을 지적해 준다. 즉, 이 낱말들은 글자는 꽃밭, 김밥, 국밥이나 읽을 때는 /꼳빧/, /김빱/, /국빱/으로 읽는다.

다음절 낱말 읽기 지도-낱말 분류

'낱말 분류'는 발음과 철자 패턴이 같은 낱말들을 아동들이 분류함으로써 낱말 읽기와 철자법을 익히는 지도 방법의 하나다(Bear et al., 2000; Wasowicz, Apel, Masterson, & Whitney, 2004). 예를 들어, 학교, 축구, 작가, 국가 등은 첫 음절 종성에 ㄱ이 있고 뒷 음절 초성에 ㄱ이 있다. 이때 두 번째 음절 초성에 쓰인 /ㄱ/은 경음화되어 /ㄲ/으로 발음된다. 이처럼 같은 패턴을 따르는 낱말을 분류함으로써 낱말의 읽기와 철자 능력을 도모하게 된다. 이것은 낱말 읽기와 철자에 모두 유익한 지도 방법이다. 아동을 실력에 따라 소규모로 모아 지도를 하며, 소그룹마다 아동의 실력에 적절한 낱말들을 사용한다. 제일 먼저, 음운변화와 철자 유형이 맞는 낱말들을 선택한다. 초기에는 두 부류로 분류하게끔 낱말들을 준비

표 6-3 낱말 분류 일주일 수업 편성

요일	월요일	화요일	수요일	목요일	금요일
주된 과제	낱말 분류 소개	낱말 분류와 쓰기	짝꿍과 함께 분류	게임과 복습	평가와 복습
활동 단위	소규모	소규모	짝꿍	반 전체	개인
과제 내용	• 낱말들을 읽고 논의한다. • 낱말 의미 확인 • 분류 연습	• 교사와 함께 분류 • 분류한 낱말 쓰기	• 짝꿍이 분류한다. • 자신이 분류한다. • 분류한 것을 쓴다.	• 게임(낱말 찾기; 또는 스피드 분류)	• 평가

하고 좀 더 숙달되면 세 부류로 분류할 수 있게 낱말들을 준비한다. 낱말 분류는 일주일 동안 같은 낱말들을 매일 공부하는데, 그 일정은 〈표 6-3〉과 같이 구성할 수 있다.

월요일 – 낱말 분류 소개

한 주 동안 사용할 낱말들을 다음의 예시처럼 네모 안에 무작위 패턴으로 A4 용지에 꽉 차도록 적는다. 이것을 아동에게 나누어 준다. 낱말들을 교사와 아동이 함께 소리 내어 읽는다. 의미를 모를 만한 낱말들은 낱말의 뜻을 알려 준다.

학교	묻기
걷고	축구
국가	작가
받고	듣기

예시 낱말들을 다음과 같이 분류한다. 첫 열의 낱말들은 'ㄱ'이 종성에 있고 'ㄱ'이 그다음 음절 초성에 오면, 초성의 ㄱ이 경음화되어 /ㄲ/ 소리가 된다. 두 번째 열의 낱말들은 'ㄷ'이 종성에 있고 ㄱ이 그다음 음절 초성에 이어서, ㄱ이 경음화되어 /ㄲ/ 소리가 된다. 즉, 이 모든 낱말은 두 가지의 다른 음운 환경에서 초성에 쓰인 ㄱ이 ㄲ으로 경음화되는 경우다. 교사가 낱말들을 분류하는 것을 시범을 보인 후 교사와 아동들이 함께 낱말을 분류한다. 그리고 분류한 낱말이 어떻게 유사하고 어떻게 다른지 논의한다. 아동들은 자신의 낱말 종이를 가위로 잘라 분류한다. 잘라놓은 낱말들은 학생별로 봉지나 편지 봉투 등에 ziplock 넣어 보관하면 다음날 수업에 용의하다.

학교	묻기
축구	듣기
국가	걷고
작가	받고

화요일 – 분류 연습과 쓰기

학생들이 월요일에 잘라 놓은 낱말들을 다시 분류하고 왜 그렇게 분류했는지 설명한다. 분류한 것을 공책에 정리한다.

수요일 – 짝과 분류하고 쓰기

같은 낱말들을 짝과 함께 서로 순서를 바꾸어 가며 낱말을 분류한다. 분류해 놓은 낱말을 한 명은 불러 주고 다른 한 명은 공책에 쓴다. 동일한 방법으로 짝과 역할을 바꾼다.

목요일 – 낱말 찾기

짝과 함께 스피드 분류한다. 한 명이 낱말들을 재빨리 정확하게 분류하고 분류한 이유를 말한다. 역할을 바꾸어 한다. 스피드 분류가 끝난 후 학생들이 교실에서 읽고 있는 책들에서 같은 유형의 낱말을 찾아 공책에 적는다.

금요일 – 평가 및 복습

받아쓰기 형식으로 평가를 할 수 있는데 두 가지로 할 수 있다. 한 가지 평가방법은 낱말들을 임의적 순서로 불러서 쓰는 받아쓰기다. 또 하나의 평가방법은 같은 조건과 패턴을 따르는 낱말 별로 불러서 받아쓰기를 하는 것이다. 즉, '학교, 축구, 국가, 작가' 낱말들을 임의적 순서로 받아쓰게 한 후 '묻기, 듣기, 걷고, 받고'를 임의적 순서로 받아쓰게 한다. 알맞은 범주에 적은 것에 1점, 바르게 철자한 것에 1점을 부여한다. 각 낱말들은 총 2점이 가능하다.

제7장

맞춤법/철자 능력

맞춤법/철자 능력이란

맞춤법 능력은 알맞은 자모 글자를 선택해서 정확한 순서에 의해 낱말을 철자하는 능력이다. 맞춤법은 소리를 글자로 부호화하는 것이며, 반면 낱말 읽기는 글자를 소리로 바꾸는 해독이다. 맞춤법은 정확한 글자를 사용해서 바른 순서로 나열해야 하므로 낱말 읽기보다 더 정확성이 필요하다. 가령, 읽기에서는 맏(맏아들), 맛(맛있다), 맞(옷이 맞니?), 맡(냄새를 맡다) 등의 낱말을 보고 받침 글자의 철자는 상이하더라도 모두가 /ㄷ/ 소리가 난다는 것을 인식해서 읽으면 되지만 맞춤법에서는 어떤 낱말에서는 어떤 글자로 /ㄷ//t/ 소리를 표기할지에 대해 정확한 지식이 필요하다.

왜 맞춤법 능력이 중요한가

맞춤법 능력은 문식성 발달에 아주 중요하다. 첫째, 문식성의 기반적인 글자와 소리의 관계를 인지하는 데 중요한 관문이다. 아동이 낱말을 쓰려면, 그 낱말에 들어 있는 소리를 깨달아서 그 소리를 글자로 나타내야 한다. 즉, 글자-소리의 관계를 명시적으로 지도받지 않더라도, 철자를 통해 소리-글자의 관계를 은연중에 어느 정도는 깨닫게 된다. 사실, 음운 인식과 그 중요성은 읽기에서가 아니라 아동의 철자 연구에서 먼저 발견되었다(Read, 1975).

둘째, 아동의 맞춤법 능력은 읽기 능력과 양방향성 관계를 가지고 있으며, 발달 초기에는 특히 아주 밀접한 관계를 가지고 있다(Ehri, 2002; Kim, 2011; Treiman, 1998). 즉, 낱말 읽기는 맞춤법 발달을 촉진하며 맞춤법은 낱말 읽기의 발달을 촉진한다. 마지막으로, 맞춤법 능력은 글짓기에서 빼놓을 수 없는 매우 중요한 능력이다(글짓기는 12장에 상세히 설명되어 있다.). 철자 능력의 부진은 글짓기에 매우 부정적인 영향을 미친다.

맞춤법 능력 발달 단계

맞춤법 능력은 갑자기 발달하지 않고 발현 문해력을 기반으로 서서히 발달한다. 발현 초기에는 끄적거리기부터 시작해서 점차 글자와 그림이 어떻게 다른가를 인지하게 되고 낱말 쓰기의 시도로 이어진다(이영자, 이종숙, 1990; Sulzby, 1996). 만 4~5세 아동의 철자 발달을 약 2년간 종단적으로 살펴보았을 때 대체적으로 다음과 같은 발달 단계를 보였다. 여기서 단계는 경계가 뚜렷한 계단식이 아니라 단계의 경계가 서로 중복되는 'phase'다.

- **1단계 소리-글자 관계 이해 전:** 글자와 그림이 분화되었으나 아는 자모 글자의 자형이 한두 개 우연히 나타나는 단계
- **2단계 소리-글자 대응 초기 단계:** 소리-글자의 관계를 부분적으로 이해하고 이것을 적용하는 단계. 맞춤법은 소리를 그에 대응하는 글자로 표기한다는 것에 대한 이해가 있으나, 이것이 모든 소리-글자에 대한 완전한 이해로는

발달되지 않아 부분적으로 발달한 단계다. 소리-글자 대응의 오류와 정자법이나 정자에 대한 오류가 주로 발생한다.

- **3단계 소리-글자 이해 단계:** 소리와 자모 글자의 대응에 대한 이해가 완전한 단계다. 이 단계에서는 아동이 소리(음소)와 그에 대응하는 자모 글자의 관계를 알고 이것을 대부분의 낱말 철자에 적용할 수 있다. 그러나 겹받침과 음운변화 등의 불투명한 관계에 대한 이해는 미흡하다.
- **4단계 소리-글자 통합 단계:** 소리-글자의 이해뿐 아니라, 소리-글자 관계가 불투명한 음운변화, 겹받침 등에 대한 이해를 가지고 틀린 글자 없이, 정확하게 철자할 수 있는 단계

맞춤법 발달에 중요한 능력은 무엇인가

맞춤법 발달에는 어떤 기반 능력들이 필요한가? 맞춤법 능력의 발달은 단순 암기로 성취되는 것이 아니라, 발현 문해력, 즉 음운 인식력, 소리-자모 글자 대응 지식, 정자법 그리고 형태소 인식을 바탕으로 해서 점진적으로 발달한다([그림 7-1]). 낱말을 철자할 수 있다는 것은 활자를 어떻게 사용하고, 그 낱말에 어떤 일련의 음소가 들어 있는지, 그 음소는 어느 글자들로 표기되는지, 글자 조합은 어떻게 하는지, 그리고 음소-철자가 불일치할 경우에 어떤 어근, 접사, 어미 등이 사용되었는지에 관한 정확한 이해가 되어 있어야 한다. 앞서 다룬 바와 같이 이 모든 발현 능력은 발달을 필요로 한다. 즉, 다른 것과 마찬가지로 명시적이고 체계적인 지도가 필요하다. 단순 암기로도 물론 맞춤법을 학습할 수는 있으나, 이것은 원리를 바탕으로 하지 않아 비효율적이며 지속성이 떨어진다.

영어에서뿐 아니라 한글 철자 능력에도 발현 문해성 능력이 아동의 철자 능력에 중요함은 연구에서 입증되었는데(Kim, 2010; Kim & Petscher, 2013), 발현 문해력이 높은 아동이 철자 능력이 높았다. 즉, 음운 인식과 형태소 인식이 높은 아동이 맞춤법 능력이 뛰어나다. 맞춤법은 소리를 활자로 바꾸는 능력이므로 각 낱

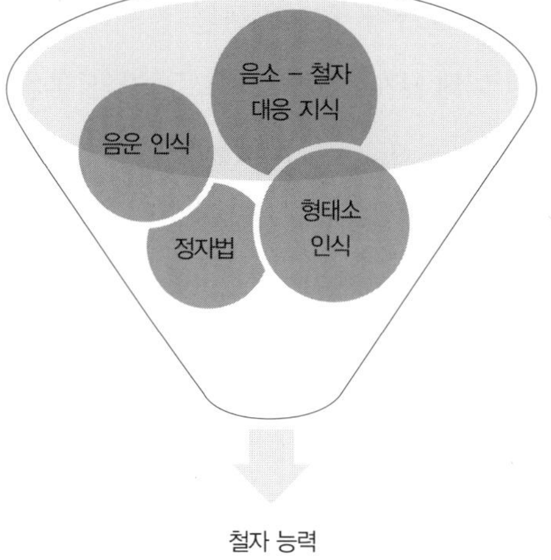

그림 7-1 철자 능력에 기여하는 여러 발현 문식성 능력

말에 어떤 소리가 들어 있는지에 대한 인식력이 높으면 각 소리에 대응하는 자모 글자를 사용하여 철자하게 된다.

또한 앞서 언급했듯이 한글은 형태적 음운 문자이기 때문에 자모 글자들이 소리를 나타내는 것을 기본으로 하되 형태소를 보존하는 것이 중요한 원칙이다. 연음과 구개음화 등 여러 음운 현상으로 어근 또는 어간이 조사나 접사 등과 합쳐질 때 소리가 변하지만 맞춤법은 변하지 않는다(예: '같이'는 /가치/로 소리가 난다.). 아동이 어근과 접사 등의 형태소를 잘 알고 각 형태소를 철자할 줄 안다면, 소리 나는 대로 철자하지 않고 형태소를 보존하여 바르게 철자하게 된다.

맞춤법 평가

맞춤법 평가는 대체적으로 받아쓰기로 행해지는데, 받아쓰기는 간단하면서도,

아동의 현재 읽기와 맞춤법 능력의 수준, 발달 단계에 관한 풍부한 정보를 제공해 주는 아주 훌륭한 평가방법이다. 맞춤법 평가에서 특히 다음 두 가지가 중요하다.

첫째, 낱말의 특성을 고려해서 낱말을 주의 깊게 선택해야 한다. 아동의 맞춤법 발달 단계를 정확히 알기 위해서는 각 단계에 대한 정보를 충분히 알려 줄 낱말들을 선택해야 한다.

둘째, 평가에서 답이 맞는지 틀리는지만 살펴보는 것은 학습지도에는 의미가 없다. 오히려 오류 분석을 통해 아동이 현재 알고 있는 맞춤법 지식과 혼동하는 부분, 그리고 모르는 부분에 관해 파악하여야 한다. 또한 오류 분석을 통해 오류의 원인을 알아야 한다. 음운 인식, 소리-자모 글자 대응 지식, 또는 형태소 인식의 부족으로 인한 오류인지 분별함으로써 오류 분석 결과를 지도에 활용해야 한다.

맞춤법 발달 단계 진단평가

같은 학년의 아동 간에도 실력의 편차가 크므로 이것을 감안해서 아동의 맞춤법 실력을 제대로 평가해야 한다. 이를 위해서는 아동의 학년 수준에 적절하면서도 쉬운 낱말부터 어려운 낱말 등을 고루 포함해서 변별력이 있어야 한다. 예를 들어, 유치원과 초등학교 저학년에서는 쉬운 자음-모음으로 구성된 단음절 낱말부터 음운변화가 있는 다음절 낱말까지 포함할 수 있다.

또한 소리-글자 대응 지식 정도를 측정하기 위해서는 여러 가지의 소리-글자 대응 관계를 포함하는 낱말을 선택해야 한다. 예를 들어, 단모음과 단자음뿐 아니라, 복자음, 복모음이 들어간 낱말들도 고려해야 한다. 또한 음운변화와 겹받침에 대한 지식을 평가하고자 한다면 목표 음운변화와 겹받침이 포함된 낱말들을 선택하여야 한다. 통상적으로 받아쓰기에서는 목표 낱말을 먼저 읽어 주고, 그 낱말이 들어간 문장을 읽어 주며, 마지막으로 목표 낱말을 한 번 더 읽어 준다. 〈표 7-1〉은 예시 낱말들과 그 낱말들이 들어간 문장, 그리고 낱말들의 특성이다.

예를 들어, '곰'은 초성-중성-종성으로 이루어진 단음절 낱말인데 소리-글자의 관계가 투명하다. 또한 '꽃'의 경우, 초성-중성-종성으로 이루어진 단음절 낱말이지만 받침소리 /ㄷ/이 ㅊ으로 철자된 경우다.

표 7-1 맞춤법 발달 분석을 위한 받아쓰기 예시

	단어가 들어간 문장	낱말 특성
나	나는 다섯 살이에요. 나.	투명성 낱말; 초성-중성 단음절
곰	공원에서 곰을 보았어요. 곰.	투명성 낱말; 초성-중성-종성 일치 단음절
팔	사람은 팔이 두 개 있어요. 팔.	투명성 낱말; 초성-중성-종성 일치 단음절
북	북이 둥둥둥 하고 소리를 냈어요. 북.	투명성 낱말; 초성-중성-종성 일치 단음절
땅	비가 온 후 땅이 젖었어요. 땅.	투명성 낱말; 초성-중성-종성 일치 단음절
꼬마	꼬마야 꼬마야 어디 있니? 꼬마.	투명성 낱말; 초성-중성 일치 다음절
개구리	개구리가 폴짝하고 뛰었어요. 개구리.	투명성 낱말; 초성-중성-종성 일치 다음절
밭	농부가 밭에서 열심히 일을 했어요. 밭.	ㅌ 종성
맛	반찬이 맛있어요. 맛.	ㅅ 종성
쥐	쥐가 한 마리 살고 있었어요. 쥐.	복모음
꽃	장미는 꽃의 한 종류예요. 꽃.	ㅊ 종성
왜	왜 여름에는 더워요? 왜.	복모음
외로운	혼자 있으면 외로운 법이에요. 외로운.	복모음, 다음절
닭	닭이 아침에 꼬끼오 하고 울었어요. 닭.	겹받침
물고기	물고기는 강과 바다에 살아요. 물고기.	경음화
입고	드레스를 입고 가세요. 입고.	경음화
햇볕	오늘은 햇볕이 따뜻해요. 햇볕.	불투명성 낱말: ㅅ탈락, 경음화
읽기	이 책을 읽기가 어려워요. 읽기.	겹받침, 경음화
걸어서	학교에 걸어서 와요. 걸어서.	연음화

국화	국화는 노란색과 흰색이 있어요. 국화.	격음화
놓고	공책을 책상에 놓고 왔어요. 놓고.	ㅎ 받침
많아요	오늘은 숙제가 많아요. 많아요.	겹받침
값이	사탕 값이 비싸요. 값이.	겹받침, 연음화, 경음화
같이	학교에 같이 갈까요? 같이.	구개음화
끝을	오늘은 숙제를 끝을 낼 거예요. 끝을.	구개음화
설날	설날에는 새 옷을 입어요. 설날.	자음동화
학년	나는 3학년이에요. 학년.	자음동화
괜찮니	넘어졌는데 괜찮니? 괜찮니.	겹받침

맞춤법 지도를 위한 평가

아동의 맞춤법 발달 단계를 파악한 후, 아동의 수준에 적절한 맞춤법 지도가 있어야 한다. 지도 시 아동의 맞춤법 학습을 평가하기 위해서는 배운 내용에 대한 수행평가(progress monitoring) 또는 형성평가(formative assessment)가 필요하다. 이것은 맞춤법 지도 단위에 따라 다르겠으나, 일주일 단위의 평가가 가능하다. 즉, 낱말의 특성에 따라 신중히 선택한 낱말을 일주일 동안 명시적으로 지도한 후 금요일에 평가하는 방법이다.

맞춤법 오류 분석

맞춤법 능력 평가 시 단순히 철자를 바르게 했는지 아닌지만 평가하는 것은 학습지도에 유용한 정보를 얻지 못한다. 맞춤법 능력 평가는 아동이 현재 철자에 관해 가지고 있는 지식을 보여 주는 중요한 단서가 되므로 오류의 형태를 살피는 것이 중요하다. 다음은 한국 유치원 아동의 맞춤법 발달을 약 2년간 종단으로 연구했을 때 발견한 오류의 종류를 정리한 것이다(Kim, Petscher, & Park, in review).

대치 오류

초성, 중성, 종성에 해당하는 글자를 잘못된 글자로 대치한 경우다. 예를 들어, '책'을 '잭' 또는 '객'으로 철자함으로써 /ㅊ//tʃ/ 소리를 잘못된 글자 'ㅈ' 또는 'ㄱ'으로 대치하는 경우다. 이것은 아동이 오류에 해당하는 음소에 관한 인식이 부족하거나, 또는 음소는 인식하더라도 그 음소에 해당하는 자모 글자에 대한 지식이 부족해서 기인한 것일 가능성이 높다.

받침 오류

대치 오류 중 수준이 높은 오류는 소리의 음가를 따졌을 때는 정확하나, 맞춤법상 틀린, 즉 소리-글자의 관계의 관점으로 보았을 때에는 타당성이 있는 철자를 한 경우다. 이것은 주로 받침 글자에 많이 나타나는 현상이다. 왜냐하면, 받침에는 7개의 소리가 27개의 글자와 겹받침으로 표기되기 때문이다. 앞서 언급했듯이 한글에서 모음 글자는 거의가 일대일의 관계를 가지고 있고, 음운현상의 영향을 받지 않는다. 또한 초성에 오는 자음 글자 또한 일부 음운변화 이외에는 글자와 소리의 관계가 일정하다. 그러나 같은 자음 소리라 하더라도 받침 위치에서의 철자는 더 어렵다(Kim, Petscher, & Park, in press). 다음은 한국의 유치원 아동들에게서 나타난 실제 철자 오류의 예시들이다.

옷 → 옸　꽃 → 꽀　꽃밭 → 꽃빹　햇님 → 했님

이 낱말들에서는 받침 글자를 같은 소리를 나타내는 다른 타당한 대용의 자음자로 대치했다. 즉, /ㄷ//t/ 소리는 ㅅ, ㅆ, ㅌ 등 여러 자음자로 표기되는데, /ㄷ/ 소리를 이처럼 여러 가지 글자, 특히 ㅆ으로 대치한 경우가 많았다. 앞서 언급했듯이 철자에서는 소리-글자의 관계가 일 대 다수일 때, 다수의 글자 중 어느 글자가 어느 낱말에서 쓰이는지에 대한 정확한 지식이 필요하다.

음운변화로 인한 오류

맛이 → 마시, 마씨, 맛씨, 맜이, 맜시
작아 → 짜가
짧아요 → 잛아요, 잛바요, 짤바요
낮잠 → 나짬
같이 → 갔이, 갔치
끝이 → 끋치, 긑치, 그치

앞의 예로 든 낱말들은 음운변화에 영향을 받는 경우다. 즉, '맛이'는 연음현상으로 소리는 '마시'로 나지만 철자는 형태소를 보존해 '맛이'로 한다. 예시에서 보이는 바와 같이 어떤 아동은 그대로 소리 나는 대로 표기하기도 했고(마시), 또는 받침에 ㅅ 종류가 있었던 것을 기억해 '맛'으로 철자하고 그다음 글자에 '씨' 또는 '시'를 넣기도 했다. '짧아요'의 경우도 연음화이지만 이 경우에는 겹자음이 받침에 사용되는 경우로, 일상생활에서 발음은 '짤바요'로 겹받침의 앞뒤 글자, ㄹ과 ㅂ 모두 각각 소리가 나지만, 철자에서는 형태소를 살려 ㄼ이 받침에 들어간다. '낮잠'은 경음화 낱말이다. 마지막으로 '같이'와 '끝이'는 구개음화에 해당하는 낱말들이다.

이 낱말들의 오류 패턴은 대부분 소리 나는 대로 표기한 것이다. 소리 나는 대로 표기하는 것은 표음문자인 한글에 적합하지만 한글에서는 형태소 보존 또한 중요하다. 그러므로 명시적 지도를 통해 각 낱말들이 작은 의미 단위인 형태소로 구성되어 있으며, 그 형태소가 합쳐졌을 때 소리는 변하더라도 그 형태소 철자는 그대로 유지 또는 보존된다는 것을 지도해야 한다.

받침이나 음운현상의 예시에 나오는 철자 오류는 아동이 적어도 두 가지에 대한 지식을 잘 적용하고 있다. 첫째, 낱말에 무슨 소리가 들어 있는지에 관한 음운 인식이 있다. 둘째, 각 낱말에 들어 있는 소리에 대응하는 글자들을 사용했다. 비록 정식 맞춤법에 따르지는 않지만 나는 소리에 충실한 이러한 철자 오류는 발명 철자라고 하는데, 이것은 아동의 맞춤법 발달에 있어 중요한 긍정적인 단계다.

음운 인식과 음소-자모 글자 대응 지식은 표음문자 철자에서 가장 기본적인 능력으로 아동이 낱말에 들어 있는 소리를 인식하지 못한다면 어떤 자모 글자를 사용해야 할지를 모르게 된다. 음운 인식의 부족으로 인한 오류와 자모 글자와 음소 대응 지식의 부족으로 생긴 오류에서는 소리와는 관계없는 일련의 자모 또는 암기해 놓은 몇 가지의 낱말을 나열해 놓은 경우를 들 수 있다.

정자법 오류

의사 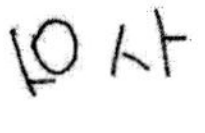　　　왜 

읽어요

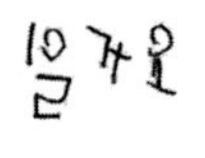

앞의 예들은 정서법에 관련된 오류로서 모두 모음자의 위치가 바르지 못한 경

우다. 모음 글자는 초성 오른쪽이나 아래에 위치하게 된다. 주된 선이 수직일 경우에는 초성 자음 글자 오른쪽에 쓰이며 주된 선이 수평일 경우에는 초성 자음 글자 아래에 쓰인다. 앞의 예에서 보이는 것처럼 모음자를 허용되지 않은 위치인 초성 자음 왼쪽에 쓴 경우들이 발견되었다.

국 

땅콩 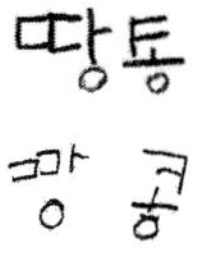

먹고 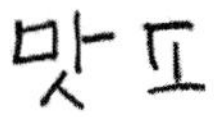

껌 

땅콩 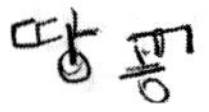

끝이(ㅌ 방향성 고빈도) 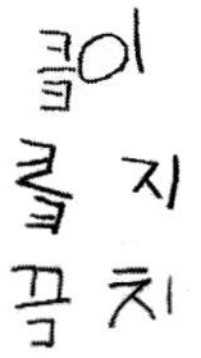

같이 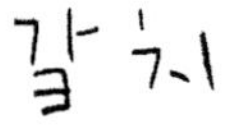

이 예시에서는 정자 오류들이 단자음 글자와 복자음 글자의 방향성과 관련이 있다. 즉, ㄱ, ㄸ, ㅌ의 방향이 정자와는 반대의 방향들이다. 또한 허용되지 않는 쌍ㅋ이 사용되기도 했다.

짧아요 

읽어요 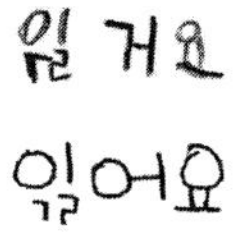

많아요 

넓은 

이 오류들은 모두 겹자음 받침과 관련이 있다. 겹자음은 맞춤법에서 매우 어려운 부분으로서 예시에서와 같이 많은 오류가 겹자음의 순서를 바꾸거나 잘못된 겹자음을 사용하는 경우다. 몇몇 겹자음은 앞의 낱말들처럼 몇 개의 고빈도 낱말에 사용된다. 그러므로 이러한 고빈도의 낱말에 나오는 겹자음은 아동에게 명시적인 지도가 필요하다. 또한 겹자음은 소리－글자 대응 관계로만 익히기에는 어려우므로 교실 벽 게시판 등에 게재해서 아동들이 자주 접할 수 있도록 한다.

맞춤법 지도

언제 맞춤법 지도는 아동이 소리－자모 글자를 완전히 익힐 때까지 기다릴 필요가 없다. 아동이 이름과 음가를 서너 글자에 대해 알고, 글자를 쓸 수 있으면 맞춤법 지도를 시작한다.

어떻게

- 다른 영역과 마찬가지로 아동의 평가를 바탕으로 학생 수준과 필요에 적합한 교수가 필요하다. 맞춤법 수준에 따른 아동 간 격차를 고려하여 수준이 비슷한 아동들끼리 모아 소규모로 학습을 하는 것이 효과적이다.

- 명시적이며 체계적이고 장기적으로 지도한다. 즉, 소리-글자의 관계와 원리를 명시적으로 지도한다. 소리-글자 관계가 단순하고 규칙적인 단음절 낱말(예: 나, 너, 무, 비, 소)부터 다음절 낱말(나무, 나비)로 진행한다. 아동이 초성-중성으로 이루어진 간단한 낱말들을 익히고 난 후 초성-중성-종성으로 구성된 단음절 낱말을 소개한다.
- 정자법에 관한 명시적인 지도 또한 필수적이다.
- 앞서 여러 번 지적한 형태소에 관한 지도를 빠트려서는 안 된다.
- 맞춤법 정확성뿐만 아니라 맞춤법 유창성의 발달을 위한 지도를 한다.
- 읽기와 맞춤법 수업을 병행한다. 낱말 읽기와 맞춤법 능력은 밀접한 관계가 있으며 서로 양방향적인 관계로 발달한다. 즉, 낱말 읽기는 맞춤법 능력 발달을 도와주고, 맞춤법 능력 발달은 낱말 읽기의 발달을 도와준다. 예를 들어, 맞춤법 지도를 한 후 지도한 낱말들을 문맥에서 찾는 기회를 제공하고 권장한다.

맞춤법 지도 원리에서 강조할 점이 두 가지 있다.

단순암기식 맞춤법 지도는 비효율적이다.

첫째, 단순암기식 맞춤법 지도는 비효율적이다. 일반적으로 가장 흔한 맞춤법 지도 방법은 매주 각 단원에 나오는 낱말들을 골라 아동에게 제시한 후 평가하는 방법이다. 이런 접근은 선택된 낱말이 단원에 나왔다는 이유 외에는 체계성이 없다. 이렇게 체계성이나 관련이 없는 일련의 낱말을 주고 단순암기를 하게 되면 평가만을 위해 암기하게 되고 평가 후에 곧 잊어버리게 된다. 연구에 따르면 훌륭한 맞춤법 지도는 비슷한 패턴을 가진 낱말들을 신중하게 골라 지도한 후 평가하는 것이다. 앞 장에서 소개했던 낱말 분류가 한 예다. 즉, 같은 형태소가 들어 있거나, 같은 음운현상이 들어 있는 낱말들을 신중하게 선택하여 한 주 동안 체계적으로 지도한 후 금요일에 평가하는 것이다. 특히 한글과 같이 체계적인 글자-소리 관계를 가지고 형태소를 보유하는 글자 체계에서는 단순암기는 비과학적이며 비효율적이다. 단순암기는 체계적인 관계나 원리가 없는 것을 기억하기 위한 방법이므로 한글 철자에 적용하는 것은 비논리적이며 비과학적이다.

발명적 또는 구상적 철자에 관한 이해가 필요하다.

둘째, 발명적 또는 구상적 철자(invented spelling)에 관한 이해가 필요하다. 발명적 철자는 통상적인 글자의 관점으로는 옳지 않지만 아동이 자신이 알고 있는 지식을 적용한 철자다. 114쪽부터 118쪽까지 열거된 철자 오류들은 발명 철자의 예다. 궁극적으로는 오류이지만 발명 철자는 아동의 맞춤법에 관한 현재 이해와 실력, 그리고 오류의 원인을 알 수 있는 중요한 자료다. 발명적 철자는 한글에서만 발견되는 것이 아니라 많은 다른 언어의 철자 발달에서 발견된다. 영어에서의 발명적 철자의 한 예는 [그림 7-3]에 나와 있다. 이 발명적 철자들은 철자와 읽기 초기 단계인 미국에 있는 만 5세 아동이 실제 사용한 예들이다. 첫 낱말은 'dirty' 였는데 이 낱말을 이 아동은 'DRD'로 철자하였다(다음 그림은 두건을 쓴 해적이 더럽다는 것을 표현한 그림이다.). 이것은 오류로만 보일 수 있으나, DRD는 음운적으로 보았을 때 아주 훌륭한 시도다.

첫째, 이 아동은 이 낱말 'dirty'에 어떤 소리가 들어 있는지 알고 있고, 각 소리에 해당하는 영어 알파벳 글자의 이름과 음가의 지식을 잘 적용하였다. 첫 소리 /d/를 'd'로 정확하게 철자했고, 중간의 /r/소리는 글자 'r'로, 그리고 마지막

그림 7-3 발명적 철자의 예(dirty와 boat)

/ti/는 글자 'D'로 표현했다. 글자 'r'은 /r/ 소리가 나므로 'r'로 철자한 것 또한 타당한 것이며, /r/ 소리가 'ir'로 철자되는 것은 매우 어려운 것이다. 왜냐하면, 영어에서 /r/ 소리는 'r', 'ar', 'er' 'ir' 'or' 등 여러 가지로 철자되기 때문이다. /ti/ 소리를 'D'로 나타낸 것은 이 아동이 아주 상관없는 글자를 사용한 것처럼 보일 수도 있겠으나 'ty'는 사실상 /di/처럼 발음이 된다. 다시 말해, 글자 D의 이름이 /di/이므로 /di/ 소리를 D로 표현한 것이다. 언뜻 보기에 DRD 철자는 dirty에는 맞지 않는 엉뚱한 철자로 보일 수도 있겠으나, 이 아동은 훌륭한 음운적 철자를 한 것이다. 'Boat'를 'bot'로 철자한 것도 글자 'O'는 글자 이름이 /오우/이기 때문에 같은 맥락으로 음운적으로는 훌륭하게 철자한 것이다.

발명 철자는 아동의 철자 발달에 해로운 것이 아니라 오히려 도움이 된다.

많은 연구에서 아동의 발명 철자는 아동의 철자 발달에 오히려 도움이 되는 것으로 밝혀졌다(McBride-Chang, 1998). 음운 인식과 소리-자모 글자 대응 지도를 받은 아동은 발명적 철자 능력이 향상되었고(Silva & Martins, 2003; Tangel & Blackman, 1992), 이 아동들은 종단 연구에서 통상적 철자를 더 빨리 배우는 것으로 밝혀졌다. 즉, 발명 철자를 잘하는 아동이 철자 발달이 더 우수했다. 발명적 철자는 올바른 철자법을 익히기 전에 거치는 과도기의 일시적인 단계이므로 무조건 틀린 것으로 간주하며 발명 철자를 하지 못하도록 막지 않고 대신 발명 철자를 주의 깊게 살펴보고 아동에게 즉각적으로 올바른 피드백을 제공해 주어야 한다. 피드백은 오류에만 집중하는 것이 아니라 아동이 제대로 철자한 것에 대해 칭찬을 해 주어 아동의 바르게 철자한 부분에 대한 지식을 강화하고 기억에 더 정확하게 표상하게끔 도와주어야 한다. 그리고 오류의 원인을 설명해 주고 바르게 철자해 주어야 한다. 발명 철자에 익숙하지 않은 교사나 학부모에게는 이 발명 철자를 보고 아동이 철자에 부진하다고 우려할 수 있으나 발명 철자는 과도기이며, 아동이 소리-글자 관계를 잘 적용하는 부분과 그렇지 않은 부분을 잘 고려해 지도하면 발명 철자는 철자 지식 발달에서 아주 중요한 단계다.

음운 인식과 글자 지도 예시

앞서 제6장에서 소개한 낱말 분류는 철자 지도의 아주 훌륭한 지도 방법의 하나다. 다음은 이것을 철자 지도를 중심으로 다소 변형한 지도 방법의 예다.

> "각각 나오는 소리 숫자만큼 손뼉을 칠 거예요. 손뼉을 치면서 낱말에 들어 있는 소리를 말해 보세요. 선생님이 먼저 해 볼 테니까 잘 들어 보세요. /강/. /ㄱ/ /ㅏ/ /ㅇ/."

각각의 소리를 또렷이 또박또박 발음해 준다. 아동이 같이 따라 하도록 도와준다. 다음 낱말을 가지고 같은 식으로 반복한다. '감, 간, 갑, 갈.'

> "이제는 이 낱말들을 쓰는 방법을 배워 볼까요? 낱말에 들어 있는 소리를 하나하나씩 생각해 보고 그 소리에 맞는 글자를 하나씩 적어 볼 거예요. 소리 하나에 글자 하나를 적으면 돼요."

/ㄱ/ 소리를 천천히 조음하며 기역을 적는다. /ㅏ/ 소리를 길게 또렷이 조음하며 ㅏ를 기역 옆에 적는다. /ㅇ/ 소리를 조음하며 이응을 '가' 아래에 적는다. 이와 같은 방법으로 아동과 함께 '강'을 소리 내며 적는 것을 도와준다. 나머지 낱말들, 감, 간, 갑, 갈도 같은 방법으로 반복한다.

〈다음 지도 시간〉

칠판에 다음 글자들을 적어 놓는다.

이 글자들의 음가를 복습한 후 다음과 같이 지도한다.

"선생님이 낱말을 말하고, 그 낱말에 들어 있는 소리를 말할 거예요. 그리고 그 소리에 맞는 글자를 가리킬 거예요. 그러면 선생님이 가리키는 글자를 사용해서 공책에 낱말을 적어 보세요."

'강'에 들어간 /ㄱ/ /ㅏ/ /ㅇ/ 소리를 천천히 조음하며 칠판에 적힌 기역, 아, 이응 글자를 손으로 가리킨다. 아동이 공책에 '강'을 적는 것을 돌아본다. 이것을 '감, 간, 갑, 갈'의 낱말들을 사용해서 반복한다.

"공책에 쓸 때에 소리가 나는 순서대로 글자를 써야 해요."라고 상기해 준다.

"이번에는 여러분이 쓴 낱말에는 어떤 소리가 들어 있는지 각 글자를 가리키며 말해 보세요. 예를 들어, '강'에는 /ㄱ/ /ㅏ/ /ㅇ/ 소리가 들어 있어요."

각 글자를 손가락으로 가리키며, 소리를 천천히 조음한다. '감, 간, 갑, 갈' 낱말들을 차례차례 살펴보며 소리를 뜯어 읽는다.

"이번에는 적어 놓은 낱말들에 다른 모음 소리를 넣어 볼까요? '강'에서 /ㅏ/ 대신에 /ㅗ/ 소리를 넣으면 무슨 말이 되나요?" (공.) "맞아요. 공이에요. 그러면 /ㅗ/ 소리는 어느 글자를 사용해서 쓰나요? 'ㅗ' 글자예요. 그러면 '공'을 쓰려면 /ㄱ/ /ㅗ/ /ㅇ/ 소리가 들어가니까 기역, 오, 이응을 쓰면 돼요. 기역 오 이응."

각 글자들을 손으로 가리킨다.

"자, 그러면 '공'을 써 보세요."

같은 방식으로 곤, 골, 곰, 곱을 지도한다.

제3영역: 글 읽기 유창성

유창한 글 읽기는 글에 나오는 낱말들을 정확하고 신속히 그리고 표현력 있게 읽는 능력이다. 글 읽기가 유창한 아동은 낱말 읽기가 거침이 없고 평상시 말할 때와 같은 속도로 음운의 높낮이를 가지고 읽는다. 글 읽기 유창성이 부진한 아동은 읽기가 떠듬거리고 부드럽지 않다. 연구에 따르면 글 읽기 유창성은 낱말 읽기 그리고 언어 이해력과 읽기 이해력을 이어 주는 교량적 역할을 하는 중요한 변인이다. 제8장에서는 글 읽기 유창성의 정의, 요소, 발달 그리고 지도 방법에 대해 다룬다.

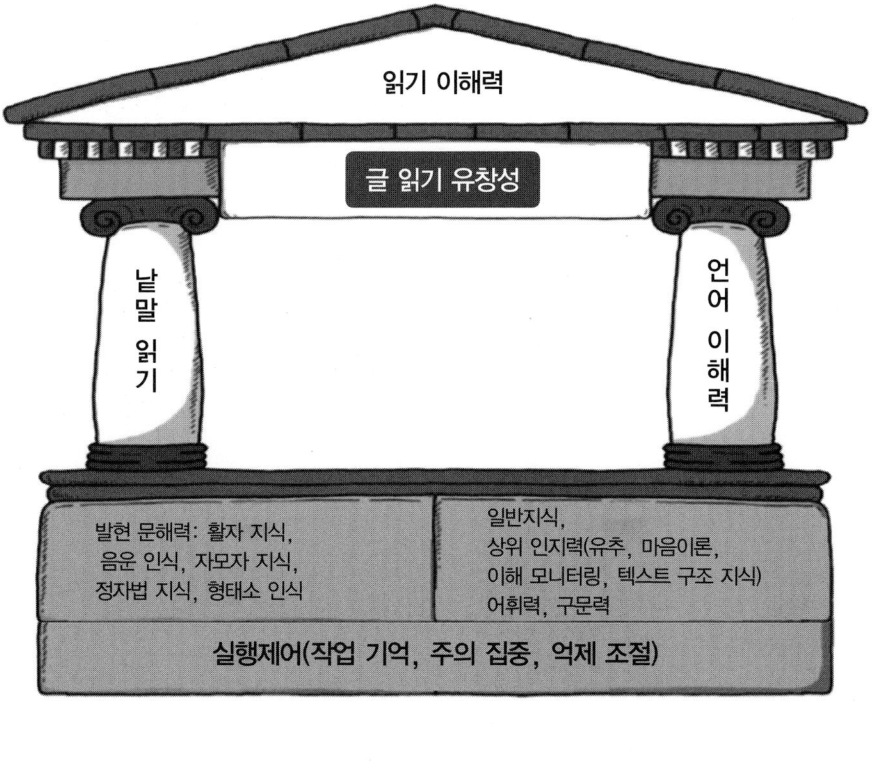

제8장

글 읽기 유창성

글 읽기 유창성이란

글 읽기 유창성이란 낱말 이상의 글, 즉 문장이나 문단을 정확하고 빨리 그리고 운율적 표현력을 가지고 읽는 능력을 지칭한다(NICHD, 2000, pp. 3-5). 즉, 글에 나오는 낱말을 정확하고, 빨리, 거침없이 유창하게 읽으며 음률의 높낮이를 제대로 표현하며 읽는 능력이다. 이 정의에 따르면 글 읽기 유창성은 낱말 읽기 정확성, 낱말 읽기 신속성, 읽기 운율성의 세 가지 측면을 가지고 있다. 글 읽기 유창성이 떨어지는 아동은 문단을 읽을 때 정확하지만 떠듬떠듬, 고르지 못하게, 힘들게, 애쓰며 읽는다.

왜 글 읽기 유창성이 읽기 이해력에 필요한가

수많은 연구에서 글 읽기 유창성이 아동의 읽기 이해력과 상관관계가 .67부터 .91까지의 높은 계수를 보인다고 보고하였다(Kim & Wagner, 2015). 이는 영어뿐 아니라 한국어에서도 마찬가지다(Kim, 2015a; Kim, Park, & Wagner, 2014). 상관관계 계수는 -1부터 1까지 가능한데, 0은 두 능력이 아무런 관계가 없는 것을 나타내고, 1에 가까울수록 더욱 강한 관계성을 나타낸다. 긍정적인 관계는 0부터 1까지이며, 부정적인 관계는 -1부터 0까지다. [그림 8-1]은 글 읽기 유창성과 읽기 이해력의 관계를 보여 주는데, 이 그림은 상관관계가 강한 계수 .79인 예다. X축에는 아동의 글 읽기 유창성 그리고 Y축에는 아동의 읽기 이해력이다. 각 점들은 각 아동의 글 읽기 유창성과 읽기 이해력 점수를 나타낸다. 예를 들어, '가' 아동은 글 읽기 유창성이 약 30점이며 읽기 이해력이 약 17점 정도다. 반면, '나' 아동은 글 읽기 유창성이 약 73점이고 읽기 이해력 점수가 80점이다. 아동들의 점수 분포에서 보이듯이, 글 읽기 유창성 점수가 높은 아동은 읽기 이해력이 높고, 글 읽기 유창성이 부진한 아동은 읽기 이해력 실력도 부진하다. 그리고 점수 분포 또한 촘촘히 모여 있다. 이것은 글 읽기 유창성과 읽기 이해력 사이에 강한 긍정적인 관계가 있음을 나타낸다. 이론과 여러 연구에 따르면 글 읽기 유창성과

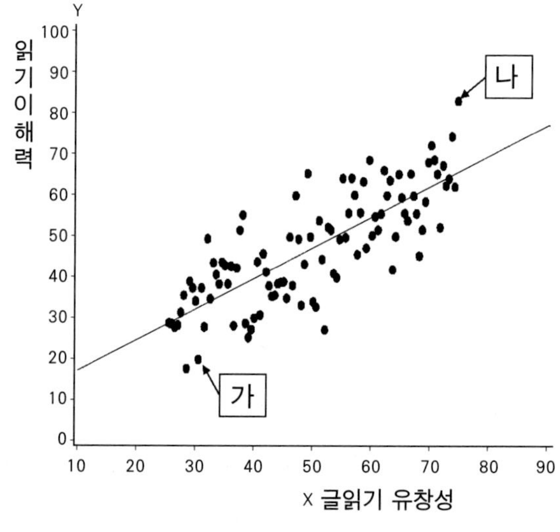

그림 8-1 글 읽기 유창성과 독해의 상관관계가 .79일 경우의 분포

읽기 이해력은 단순한 상관관계가 아니라 인과적 관계로서, 글 읽기 유창성은 읽기 이해력에 도움이 되는 필수적 요소 중의 하나다.

왜 글을 정확하게 빠르게 읽는 것이 읽기 이해력에 영향을 미칠까 모든 인간은 주의 집중이나 작업기억 등의 정신적인 인지(cognitive) 또는 심적 자원(mental resources)이 한정되어 있다. 인지 자원은 무한한 것이 아니라 제한된 양이 있어서 하나의 일을 처리하는 데 인지 자원이 사용되면 다른 과정 처리에 사용할 인지 자원이 줄어들게 된다. 즉, 여러 가지 정보처리가 동시에 필요한 과제를 수행할 때, 한 과정을 수행하는 데에 많은 인지 자원이 사용되면 다른 과정을 수행하는 데 심적 자원이 남을 수 없게 된다.

기초적 인지 자원에는 작업기억과 집중력이 주로 포함된다. 작업기억(working memory)은 정보를 저장하고 동시에 처리할 수 있는 능력을 말한다(Baddeley, Eysenck, & Anderson, 2009). 예를 들어, 다음에 나오는 각 문장을 읽고 각 문장이 참인지 거짓인지 마음속으로 답해 보라.

새는 하늘에 날아다닌다.	참	거짓
고래는 바다에 사는 동물이다.	참	거짓
돼지는 운전을 잘한다.	참	거짓

앞에서 읽은 문장들을 보지 말고 각 문장에서 나왔던 첫 단어들을 바른 순서대로 기억해 보라.

이 간단한 과제에서는 각 문장을 이해하는 처리 과정과 각 문장의 첫 단어를 기억하는 두 가지 처리 과정이 필요하다. 즉, 각 문장 첫 단어에 관한 정보를 유지하는 동시에 각 문장을 이해하는 과정을 동시에 처리한 것이다. 이것이 작업기억의 한 예로써, 작업기억은 정보를 저장하는 것에 중점을 두었던 단기기억에서 한 단계 더 나아간 개념이다.

기초 인지 자원의 또 다른 하나인 집중력은 동시에 제공되는 많은 다른 자극(시각적 사물들, 청각적 자극들, 다른 생각)들에 주의를 뺏기지 않고 현재 목표 과제에 전심을 다하는 능력이다.

앞서 언급한 제한된 인지 자원의 원리는 아주 복잡한 여러 가지의 인지 능력을 요구하는 읽기에도 마찬가지로 적용된다. 아동이 글 읽기 유창성이 발달되지 않으면, 글에 나오는 낱말을 읽는 데 많은 작업기억과 주의 집중을 소모해야 하며 그로 인해 읽은 내용을 이해하는 데에는 작업기억과 주의 집중을 사용할 여지가 없게 된다. 글 읽기가 자동화되면 글 읽는 데에 주의 집중과 작업기억의 소모가 줄게 되고 글 내용을 이해하는 데 주의 집중과 작업기억을 사용할 수 있게 된다. 간단한 실험을 해 보자. 다음에 나오는 짧은 글을 읽어 보기 바란다. 이 글의 문장에는 대문자와 소문자가 뒤섞여 사용되었다. 이 글을 읽는 동안 이 뒤섞인 글자들이 읽기 이해력에 어떤 영향을 미치는지 생각해 보기 바란다.

> eAcH moRnING ALwAYs BeGAn in tHe sAMe wAY. Mr. bRadY wOuLd StArt oUt to fEeD thE aNImaLS. aT THe SAme tImE, mRs. BRaDy wOULd StArt off for hEr JoB aS a mUSIc tEAcHeR. "hAVe a GoOd dAY. bE SurE to sING to the aNImaLS. ANiMalS lIkE MUsIc jUsT like pEoPLE do." With THoSe words, mRs. bRaDy WOulD LeAve and Mr. bRAdy WoULd hEAd out to FeEd the AnImAls.

독자 여러분은 대소문자가 뒤섞인 낱말을 읽기가 어떠했는가? 낱말을 바로 알아보는 것이 힘들었을 것이다. 그래서 잠시 읽기를 정지하고 낱말들이 무엇인가 천천히 뜯어 읽어야 했을 것이다. 그러면 낱말들을 뜯어 읽고, 한 문장을 다 읽어 냈을 때 그 내용이 확실히 잘 이해가 되었는가? 저자는 이 간단한 실험을 영어 모국어 화자를 포함한 많은 사람에게 해 보았는데, 대부분의 사람은 대소문자가 뒤섞인 글자들이 읽기 이해력에 방해가 되었다고 했다. 왜냐하면, 낱말들을 제대로 읽어 내는 데에 정신을 쏟다 보니 한 문장을 다 읽었을 무렵에는 그 읽은 내용을 기억하지 못해, 문장을 다시 읽어야 한다는 것이다. 여기에서 대소문자가 뒤섞인 낱말들은 아동이 낱말이나 글을 자동적으로 바로 유창하게 읽지 못하는 것을 조금이나마 모방함으로써, 읽기를 배우는 아동이 경험하는 것을 독자들이 조금이나마 대리 경험을 해 보기 위함이다. 요약하자면, 아동이 글을 자동적으로 읽어 내는 유창성이 발달하지 않으면 읽기 이해에 어려움을 겪게 된다.

다음은 대소문자가 제대로 사용된 같은 글이다. 이 글을 읽을 때에는 윗글에서 경험했던 이해의 어려움은 겪지 않을 것이다.

Each morning always began in the same way; Mr. Brady would start out to feed the animals. At the same time, Mrs. Brady would start off for her job as a music teacher. "Have a good day. Be sure to sing to the animals. Animals like music, just like people do." With those words, Mrs. Brady would leave and Mr. Brady would head out to feed the animals.

글 읽기 유창성은 어떻게 발달하는가 글 읽기 유창성의 발달에는 어떤 능력이 필요할까? 왜 어떤 아동은 글 읽기 유창성에 어려움을 겪는 것일까? 글에 나오는 낱말을 정확하게 빨리 읽기 위해서는 우선 낱말 읽기가 제대로 되어야 한다. 즉, 글이라는 문맥 안에서 주어진 낱말들을 제대로 읽기 위해서는 같은 낱말들을 글 밖에서 정확히 그리고 유창하게 읽을 수 있어야 한다. 그러므로 '낱말' 읽기 유창성은 '글' 읽기 유창성의 토대가 된다. 다음과 같은 예가 있다.

옛날옛날 어느 마을에 홀어머니와 아들이 단둘이 살고 있었습니다.

이 문장에 나오는 낱말을 재빨리 정확하게 읽기 위해서는 여기에 나오는 각각의 낱말들을 문맥 밖에서 정확하게 읽을 줄 알아야 한다. 마을, 아들, 어느, 옛날 등의 각 낱말들을 문맥 밖에서 정확하고 빠르게 읽는 능력을 낱말 읽기 유창성이라고 한다. 낱말 읽기 유창성은 글 읽기 유창성의 전제 조건이다.

낱말 읽기 유창성과 글 읽기 유창성은 어떻게 다른가 이론과 연구 결과에 따르면 낱말 읽기 유창성과 글 읽기 유창성은 서로 상관관계가 높지만 별개의 능력이다. 낱말 읽기 유창성이 있다고 해서 글 읽기 유창성이 자연적으로 생기는 것은 아니라는 것이다. 낱말 읽기가 유창함에도 불구하고 글 읽기가 유창하지 않은 아동이 있다. 즉, 낱말 읽기 실력이 같은 두 아동이 글 읽기 유창성에서는 차이가 날 수 있다는 것이다.

그러면 낱말 읽기 유창성과 글 읽기 유창성은 왜 다른 능력인가? 낱말 읽기 유창성과 글 읽기 유창성이 다른 점은 문맥의 유무다. 낱말 읽기에서는 문맥 밖에서 낱말들을 읽는 능력이다. 글 읽기에서는 낱말들이 문맥 안에 있다. '문맥'이라는 것은 낱말들이 다른 낱말들과 함께 제시되고, 그러므로 낱말들이 다른 낱말들의 의미와 연결이 된다. 문맥에서 낱말을 읽을 때 독자들은 그냥 낱말만 읽는 것이 아니라 낱말과 구절, 문장의 의미를 순식간에 처리한다. 이 의미 과정은 독자가 의식적으로 처리하는 것이 아니라 자동적으로 순식간에 처리된다. 이때에 처리되는 의미는 깊은 이해의 의미가 아니라 어휘와 문장의 기본 의미를 처리하게 되고(Kim, 2015a), 이런 의미 이해는 그다음에 어느 낱말이 나올 것인지 예측을 가능하게 한다(Jenkins et al., 2003; Stanovich, 1980). 따라서 아동과 성인을 대상으로 실험했을 때, 똑같은 낱말을 문맥 속(문장 또는 문단)에서 읽을 때와 문맥이 없이 낱말을 쭉 나열한 것 또는 낱말을 임의적으로 섞어서 문장처럼 섞어 놓았을 때 읽는 속도에 차이가 나며 문맥 속의 낱말을 더 빨리 읽게 된다(Kim, Park, & Wagner, 2014; Stanovich, Cunningham, & Feeman, 1984).

이 결과들은 아동의 의미 처리 또는 의미 해석 능력, 즉 '언어 능력'이 글 읽기 유창성에 기여 또는 관여를 한다는 것을 의미한다(Kim, Wagner, & Foster, 2011; Kim et al., 2014). 글에서는 낱말들이 문맥 안에 있고, 문맥 안에 있는 낱말들을 읽을 때는 문맥에 기인한 의미를 아동이 언어 능력을 사용해서 그 글을 더 빨리 읽게 된다. 이것에 관해 구체적인 예를 들어 보면 다음과 같다.

동수와 철수는 1학년이다. 동수와 철수는 낱말 읽기 유창성 실력이 동일하다. 둘 다 1분에 약 50개의 낱말을 읽을 수 있다. 그런데 동수는 철수보다 언어 능력이 뛰어나다. 그러면 같은 글을 제시했을 때 누가 더 빨리 정확하게 읽을까? 동수와 철수는 낱말 읽기 능력은 동일하더라도 언어 처리 능력이 좋은 동수가 글을 더 빨리 읽을 것이다. 왜냐하면, 동수는 의미 이해와 의미 처리 능력이 더 우수하기 때문에 다음 낱말들이 무엇일지 순식간에 예측이 되기 때문이다.

지금까지 설명한 글 읽기 유창성과 낱말 읽기, 언어 이해력 그리고 읽기 이해력의 관계를 그림으로 표현하면 [그림 8-2]와 같다. 글 읽기 유창성은 낱말 읽기와 언어 능력을 바탕으로 한 기술로, 이것은 읽기 이해력의 밑바탕이 된다. 그래서 글 읽기 유창성은 낱말 읽기와 언어 이해력을 읽기 이해력과 연결해 주는 **교량** 역할을 한다(Kim et al., 2014; Kim & Wagner, 2015).

그림 8-2 글 읽기 유창성의 교량적 역할

읽기 표현력

글 읽기 유창성 정의의 한 측면은 표현력(expression) 또는 운율(prosody)이다. 표현력 또는 운율은 억양의 높낮이, 리듬과 강세, 억양과 어절을 끊어 읽기 그리고 문장 읽을 때 쉼(pause) 등을 포함한다(Kuhn et al., 2010). 글을 정확하고 빠르게 읽는다 하더라도 로봇처럼 운율이나 억양의 높낮이 없이 단조롭게 읽는 것은 유창한 읽기가 아니다. 일반적으로 평서문은 문장 끝에서는 억양이 내려가고 의문문은 억양이 올라간다. 장단도 달라서 모음이 어떤 곳에서는 길어지고 어떤 곳에서는 짧아진다. 야채의 한 종류인, '가지'를 표현할 때와 나무의 끝부분 '가지'(나뭇가지) 그리고 동사로 끝날 때의 '가지'(학교에 가지.)의 경우, 각각 장단과 억양이 다르다. 강세 역시 어느 단어에 더 강세를 주는지에 따라 그 문장의 의미가 달라진다. 예를 들어, "밥 먹으러 가자."라는 문장에서 '밥'에 강세를 주면 다른 음식이 아닌, '밥'을 먹자는 의미이고 어느 특정 단어에 강세를 주지 않고 말하면 식사를 하자는 의미다.

표현력 있는 읽기는 읽기 이해력에 중요할까 이론에 의하면 운율은 연속적으로 이어져 나오는 청각적 자극(즉, 문장의 낱말들)을 작업기억에 잠시 유지할 수 있는 인지적 구조를 제공한다고 추측된다(Kuhn et al., 2010). 어절 등의 정보 단위를 인지적으로 표시해 줌으로써 작업기억에서 어절의 의미 분석을 수행할 수 있게 해 주는 것이다. 예를 들어, 앞의 '가지'의 경우 여러 의미가 있다. 그러면 이 '가지'라는 낱말이 들어간 의미나 문법적으로 모호한 문장을 이해하는 데 강세 또는 운율이 도움을 줄 수 있다. 연구에 따르면, 글 읽기 표현력은 아동의 읽기 이해와 연관이 있으나 낱말 읽기 유창성을 참작하고 나면, 그 관계가 아주 강하지는 않은 것으로 보인다(Schwanenflugel et al., 2004). 더구나 표현력 있는 읽기가 아동의 글 이해에 도움을 주는 것인지, 아니면 읽기 표현력은 아동이 읽는 글을 이해하기 때문에 나타나는 부수적인 현상인지는 아직 분명하지 않다. 다시 말해, 아동이 글을 읽을 때 평상시 언어 생활에서처럼 억양을 제대로 사용하고 쉴 때 쉬는 것이 원인적으로 아동의 글 이해를 돕는 것인지, 아니면 아동이 읽고 있는 글을 이해하기 때문에 표현력을 가지고 읽는 것인지의 문제다. 읽기 표현력과 읽기 이해력은 서로 영향을 주고받는 쌍방향적 관계라는 가설이 있으나, 이 관계의 원인적 방향성은 아직 분명하지 않으며 연구 과제로 남아 있다.

글 읽기 유창성 평가

정확성과 속도 평가

대부분의 연구에서는 글 읽기 유창성을 평가할 때 글 읽기 표현력을 제외한 정확성과 속도를 평가한다. 이것은 신뢰도 있는 표현력 평가가 어렵기 때문이다. 표현력을 제외한 글 읽기 유창성 평가는 다음과 같다.

- 아동의 학년에 적합하고, 아동이 이전에 접하지 않은 글을 준비한다. 동일한 글을 아동용과 평가자용으로 준비한다.
- 아동에게 글을 주며 글을 정해진 시간 내에 정확하고 빠르게 소리 내어 읽게 한다. 측정 시간은 주로 1분 또는 40초가 사용된다.
- 아동이 첫 낱말을 읽기 시작하자마자 초시계를 누른다.
- 아동이 읽을 동안 평가자는 아동이 틀리게 읽는 글자 또는 없는 글자나 단어를 삽입해 읽는 것을 표시한다.
- 아동이 낱말을 3초 이상 읽지 못하면 그 낱말을 읽어 준 후 그다음 낱말로 넘어가도록 한다.
- 정해진 시간이 다 되면 아동에게 그만 읽으라고 말하고 아동이 마지막으로 읽은 글자 부분을 표시한다.

점수는 정해진 시간 내에 바르게 읽은 글자 수다. 바르게 읽은 글자 수에 해당하는 것은 다음과 같다.

- 틀리게 읽었다가 다시 고쳐 읽은 글자
- 읽은 글자를 다시 반복해서 읽을 경우 오류는 아니나 반복한 글자는 두 번 점수를 주지는 않는다.
- 아동이 사투리를 일관적으로 쓰는 경우에 사투리인 경우가 확실하면 오류로 처리하지 않는다(/쌀/을 /살/로 읽는 경우).

바르게 읽은 글자 수에 포함되지 않는 경우는 다음과 같다. 즉, 다음은 오류로 처리한다.

- 틀리게 읽은 글자('레'를 '리'로 읽은 것)
- 빠뜨린 글자('시골길을'을 '시골길'로 읽을 때, '을'을 빠뜨림)
- 다른 글자로 대치해서 읽은 글자('도로'를 '길'로 읽은 것)
- 순서를 바꾸어 읽은 경우('조용히 무거운 발걸음'에서 '무거운 조용히 발걸음'으로 읽은 경우에는 '무거운'과 '조용히' 둘 다 오류로 처리)
- 읽는 데에 3초 이상 걸린 글자
- 글에 없는 것을 삽입한 글자는 점수 처리에 감안하지 않는다.

점수 계산

- 평가 시간을 1분으로 한 경우 1분 동안 읽은 글자 수 = 1분 동안 읽으려고 시도한 글자 수 − 틀리게 읽은 글자 수
  예를 들어, 1분 동안 150 글자를 읽으려고 시도했는데 이 중에서 15개 글자를 바르게 읽지 않았다면 유창성 점수는 135점이다(150−15).
- 아동이 1분이 종료되기 전, 50초 만에 글을 다 읽었다면 비례 분배로 계산한다. 즉, 아동이 50초에 150글자를 읽었다면, 1분에 읽은 글자 수는 다음과 같다.

$$(60초\times150)/50=180글자$$

읽기 표현력의 평가

읽기 표현력 평가는 주로 두 가지 방법으로 수행된다. 첫 번째 방법은 채점 기준을 정해 놓고 이에 따라 등급을 매기는 방법이다. 예를 들어, 어절 단위 끊어 읽는 능력을 채점할 때 아동이 주로 한 낱말 한 낱말 별로 읽을 때는 1점, 두 단어 단위로 끊어 읽으면 2점, 서너 단어 또는 문장이나 구절 사이에 쉬어야 할 곳에 쉬지 않고 읽으면 3점, 마지막으로 큰 의미 단위로 읽으면 4점을 부여한다(Pinnell et al., 1995). 두 번째 방법은 스펙토그램(Spectrogram)으로 아동의 발화를 정확하

게 측정하고 억양의 높낮이(F0 변화량)와 쉬는 시간을 정확하게 측정할 수 있다. 두 번째 평가 방법은 정확성은 있으나 분석을 위해서는 음성학에 대한 전문적 이해가 요구되며, 분석에 많은 시간과 재원이 필요하다. 그래서 이 방법은 주로 연구에서 사용되며, 학교 현장에서 사용하기에는 용이하지 않다.

글 읽기 유창성 평가 및 지도 시 활용

글 읽기 유창성은 읽기 이해력과의 강한 관계와 평가가 용이한 점(표현력을 뺀 정확성과 속도 평가)으로 인해 아동의 읽기 실력을 가늠하는 선별 또는 진단평가(screening assessment)와 아동의 읽기 발달 정도를 평가하기 위한 정기적인 수행평가(progress monitoring assessment)로 많이 사용된다. 선별평가는 학년 초에 아동이 읽기에 잠재적으로 어려움이 있는지 알아보기 위한 평가다. 선별평가에서 적신호가 발견되면 이 아동들은 정밀심화평가(diagnostic assessment)를 통해 읽기 어려움의 원인을 찾게 된다. 정기적인 수행평가는 학기 초, 중간, 말에 수행해 아동의 읽기 발달을 관찰하는 것이다. 그리고 선별평가와 심화평가를 통해 읽기장애가 있거나 읽기에 어려움이 있는 아동들은 정기적인 수행평가를 일주일에 한 번씩 수행해서 아동이 학습지도에 반응을 하는지 읽기 실력 발달 정도를 정밀하게 관찰한다. 그리고 진전 정도를 살펴보고 지도의 강도를 더 강화할지 등의 지도 방향을 정하게 된다.

아동의 글 읽기 유창성의 '발달'을 측정하기 위해서는 두 가지 방법이 있다. 첫 번째는 유창성 읽기 지도 방법인 반복 읽기 방법으로, 첫 번째 읽었을 때와 두 번째, 세 번째, 네 번째 읽었을 때의 점수를 그래프로 기록한다. 두 번째는 장기간(예: 한 학기 또는 한 달) 아동의 글 읽기 유창성 발달 궤도를 살피는 것으로, 읽기 검사 시 난이도가 비슷한 글을 사용해야 한다. 그리고 아동의 진전 정도를 그래프를 사용해서 그 발달 과정을 기록한다. 그래서 전 기간의 진전 정도를 한눈에 살펴볼 수 있다. 다음의 지도 안에 그래프 예가 포함되어 있다.

아동 이름:

110														
100														
90														
80														
70														
60														
50														
40														
30														
20														
10														
유창성 점수														
날짜														

글 읽기 유창성 평가에서 주의해야 할 점 아동의 학년 수준에 맞는 글을 사용해야 하는데, 같은 학년의 글이라고 하더라도 글 난이도에 차이가 난다. 글 난이도는 아주 복잡하고 측정하기가 쉽지 않은 개념이다. 글 난이도 도구들은 주로 글에 사용된 어휘와 문장 구조, 글의 구조, 글의 내용 등 여러 가지를 고려한다. 그러나 연구에 의하면 이런 여러 가지를 고려한 글 난이도 지수가 아주 유사한 글인데도 글 읽기 유창성은 다르게 나오는 것으로 보고되었다(Francis et al., 2008; Petscher & Kim, 2011). 이 문제점을 다소 보완하기 위해서 평가 시 학년 수준에 맞는 글을 하나가 아니라, 3개를 읽게 하고 그 중간(median) 점수나 평균(mean)을 사용하고 있다. 물론 아동의 글 읽기 유창성을 전국 아동과 비교해서 알아보고자 한다면 표준화된 도구를 사용해야 한다. 결론적으로, 정기적인 수행평가 때 사용할 글은 난이도를 고려해서 신중하게 선택해야 한다.

글 읽기 유창성 지도

언제 아동이 낱말을 정확하게 읽고 낱말을 조금씩 유창하게 읽기 시작하면 뜯어 읽기 쉬운 글을 주어 정확하게 빨리, 표현력을 가지고 읽도록 지도한다. 이 시기는 아동의 낱말 읽기 실력에 따라 다르다. 미국의 경우 대부분의 경우에는 1학년 중반부터 글 읽기 유창성 지도가 시작된다. 그러나 아동의 실력에 따라 1학년 초나 유치원 말부터 유창성 지도가 가능하다. 한국 아동의 경우 연구 결과에 따르면 많은 아동이 유치원 또는 1학년 초에 읽기 유창성 지도가 가능한 것으로 보인다. 물론 아동의 실력 편차로 인해 어떤 아동은 이보다 더 일찍 유창성 지도가 가능하고 어떤 아동은 이보다 더 늦게 지도하는 것이 적합하다.

어떻게 라진스키(Rasinski, 2003)에 따르면 글 읽기 유창성 지도의 기본 원칙은 다음과 같다.

- 교사나 다른 아동의 유창한 읽기의 시범
- 아동이 바르지 않게 읽은 것 바로 고쳐 주기
- 주어진 글 반복해서 연습하기
- 통사적으로/구문적으로 적절하고 의미가 있는 어절 단위를 표현력 있게 읽기

즉, 교사의 시범을 통해 유창한 읽기가 어떤 것인가를 아동들에게 들려주어야 한다. 미리 녹음된 동화 구연 등을 아동이 들으며 따라 읽는 것도 한 방법이다. 아동이 주어진 글을 읽다가 실수로 잘못 읽을 경우 바로 수정을 해 주어 아동이 즉각 고쳐 읽을 수 있게 도와주어야 한다. 읽기 표현력을 발달시키기 위해서는 의미 단락을 어디에서 어떻게 끊어서 쉬는지 그리고 질문형 문장은 억양이 올라가고 평서문 문장은 억양이 내려가는 것을 교사가 시범을 통해 보여 주는 것이 중요하다.

반복 읽기 모든 기술 또는 능력 습득의 기본은 연습이다. 같은 것을 반복적으로 수행해서 숙달의 수준에 이르는 것이다. 유명한 피아니스트나 바이올리니스트, 운동선수들, 또한 어떤 직업에서든 기술을 익히는 데에서 가장 중요한 핵심의 하나는 반복을 통한 연습이다. 물론 읽기 발달도 예외는 아니다. 반복 음독은 연구에서 아동의 읽기 유창성뿐 아니라 읽기 이해력도 향상시키는 중요한 방법임이 밝혀졌다(유영미, 박순길, 김혜인, 2013; Kuhn & Stahl, 2003).

반복 음독에서는 아동이 같은 글을 정해 놓은 목표 유창성에 도달할 때까지 반복해서 읽는 것이다. 반복 음독은 시간을 정해 놓고 반복 음독, 반 전체 같이 읽기, 파트너와 같이 읽기, 읽기 연극 등 여러 형태가 있다. 가장 대표적인 지도 방법인, 시간을 정해 놓고 반복 음독하는 것은 실례 지도안(p. 141)에 소개되어 있다.

광범위하게 두루 읽기 또 하나의 연구로 입증된 글 읽기 유창성 향상 방법은 다른 글을 두루 읽는 것이다(Kuhn, 2005; Kuhn et al., 2006; Schwanenflugel et al., 2009). 다른 글들에는 상이한 낱말들이 나오지만 사용 빈도가 높은 낱말들의 경우 같은 낱말이 반복적으로 사용된다. 그러므로 같은 낱말들이 다른 문맥에서 사용된 것을 경험하게 되는 것이다. 다른 글들을 두루 읽을 때의 장점은 새로운 낱말을 접하게 되는 기회를 제공할 뿐 아니라 다른 내용에 접하게 됨으로써 일반(세상) 지식을 늘리게 된다는 것이다.

언어 이해력 글 읽기 유창성 발달을 위해서는 단순히 낱말 읽기에만 중점을 두어서는 안 되며, 언어 이해력 지도가 필요하다. 특히 언어 이해력이 낮은 아동들에게는 집중적인 관심이 필요하다. 이것은 한국어가 모국어인 아동과 다문화 가정의 아동에게 모두 적용된다. 언어 이해력은 아주 광범위하고 복잡한 능력들을 요하는 것인데(Kim, 2015b; Florit, Roch, & Levorato, 2014; Lepola et al., 2012), 어휘력 지도가 한 방법이다. 글에 나오는 어휘 중 아동이 익숙하지 않은 어휘는 유창성 지도에서 아동이 글을 읽기 전에 먼저 그 의미를 지도해야 한다. 어휘 지도는 단순히 사전적인 의미를 제시하는 것만으로는 효과가 없으며, 아동이 이해할 수 있는 아동 친화적 정의가 필요하다. 또한 어휘가 바르게 사용된 예와 올바르지 않게 사용된 예를 들어 주는 것이 도움이 된다(예: Beck et al., 2002; Coyne, McCoach, & Kapp, 2007; 자세한 내용은 9장에서).

기초적 낱말 읽기 능력 앞서 말한 반복 읽기와 두루 읽기는 낱말 읽기가 어느 정도 수준에 도달해서 글을 읽을 수 있는 아동들에게 효과적이다. 그러나 낱말 읽기가 아직 덜 발달되거나 어려운 아동의 경우에는 앞 장에서 지적한 발현 문해력과 낱말 읽기 지도를 먼저 선행하여야 한다.

지도 시 글의 선택 글 읽기 유창성에서 또 한 가지 중요한 것은 어떤 읽기 글이 적절한가 하는 것이다. 반복 읽기를 위해서는 읽는 데에 시간이 많이 걸리는 장문의 글보다는 전체를 읽는 데에 약 1분 30초 또는 2분 정도 걸리는 글이 알맞을 것이다. 또한 한 장르의 글보다는 여러 장르를 섞는 것이 좋다. 즉, 동화, 이야기 등의 글뿐 아니라 설명문 등 정보체의 다양한 글이 필요하다. 글의 내용 흥미도 또한 중요하다. 흥미로운 글은 여러 번 읽게 되더라도 덜 지겨워하게 된다. 특히나 읽기에 어려움을 겪는 아동들은 글을 읽는 것 자체를 두려워하거나 지루해하기 때문에 아동이 관심을 가질 만한 내용의 글을 선택하는 것이 매우 중요하다.

글의 난이도는 어떤 것이 적합할까 이것에 대한 확실한 답은 없다. 그러나 아동이 글에 나오는 단어들의 80~90%의 단어를 정확하게 읽을 수 있는 글이 바람직하다고 보고된다. 또한 난독이나 읽기에 어려움을 겪는 아동의 경우에는 처음에는 아동의 현재 수준보다 조금 낮은 글로 시작해서 아동에게 자신감을 준 다음, 조금씩 아동의 수준에 맞게 난이도를 조절하는 것이 효과적이다.

반복 읽기 학습지도안 예시

아동에게 글을 주고 다음과 같이 알려 준다.

"이야기나 글을 읽을 때 정확하게, 빨리 그리고 표현력 있게 읽는 것이 중요해요. 그래야 그 글을 이해하는 데 도움이 돼요. 선생님이 준 글을 목표에 도달할 때까지 여러 번 반복해서 읽을 거예요."

아동에게 글을 준다.

"이 글의 제목이 무엇인가요? 이 글은 무엇에 관한 것일까요? 자, 이제는 이 글을 소리 내어서 읽어 보세요. 선생님이 그만 할 때까지 정확하게 빨리 표현력 있게 읽으면 돼요. 읽다가 막히는 낱말이 나오면 읽는 것을 내가 도와줄 거예요."

아동이 글을 읽는 동안 초시계로 시간을 1분 내지 40초로 정하고 아동이 읽는 글에다 바르게 읽는 것과 틀리게 읽는 것을 표시한다. 정해진 시간이 지나면 아동에게 '그만하세요.'라고 말한 후 바르게 읽은 글자 수를 계산한다. 아동이 틀리게 읽은 단어는 예를 들어 다음과 같이 바르게 고쳐 준다. 틀린 낱말을 가리키며,

"'손수레'를 '손수리'로 읽었어요. 읽어 보세요. 손수레(아동이 따라 읽게 한다.). 잘했어요. 그럼 이제 이 문장을 다시 한 번 읽어 보세요."

40초 동안 읽은 글자 수 계산

= 40초 동안 읽으려고 시도한 글자 수 − 틀리게 읽은 글자 수

예) 40초 동안 150 글자를 읽으려고 시도했는데 이 중에서 15개 글자를 틀리게 읽었다면 유창성 점수는 135점이다(150−15).

아동에게,

"잘 읽었어요. 40초 동안 135 글자를 바르게 읽었어요. 그럼 이번에는 다시 한번 정확하게 더 빨리 읽어 보도록 해 볼까요? 이번에는 40초 동안 150 글자를 정확하게 읽는 것이 목표예요."

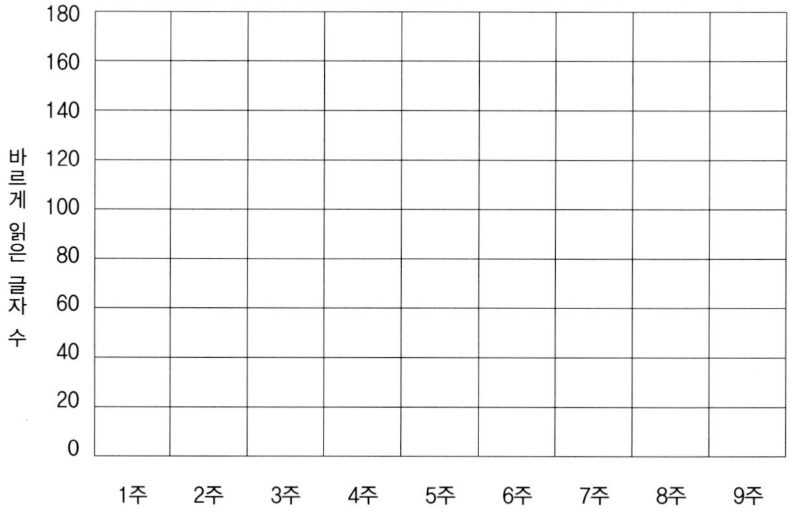

이러한 방법을 반복한다. 여러 번 반복 읽기를 통해 아동이 그날의 목표 점수에 도달하면 잘했다고 칭찬한다. 그리고 아동 유창성 점수를 그래프에 기록한다. 그래프는 각 지도 차시에서 진전 정도를 기록하거나 또는 매주 평균 점수를 기록한다.

제4영역: 언어 이해력

이 영역에서는 언어 능력을 살펴본다. 언어 능력은 일상생활에서 듣고 표현하는 데뿐 아니라 읽기 이해력과 쓰기 발달에 아주 중요한 필수요건이다. 다음 그림에 보듯이, 언어 이해력은 읽기 이해력의 한 축이다. 그러므로 구두 언어 숙달은 읽기, 쓰기 능력 발달의 핵심 능력 중의 하나다.

언어 능력은 어휘, 구문력, 덩이말 이해력 등을 포함하는데, 어휘와 구문력은 기초적, 토대적 언어 능력이고, 덩이말 이해력은 고차원적 언어 능력이다. 궁극적인 언어 이해력은 덩이말 이해력이며, 덩이말 이해력은 많은 언어 인지 능력을 바탕으로 발달한다. 제9장에서는 기초 언어 능력인 어휘력과 구문력에 관해 살펴보고, 제10장에서는 덩이말 이해력과 이에 필요한 고차원적 인지 능력을 살펴본다.

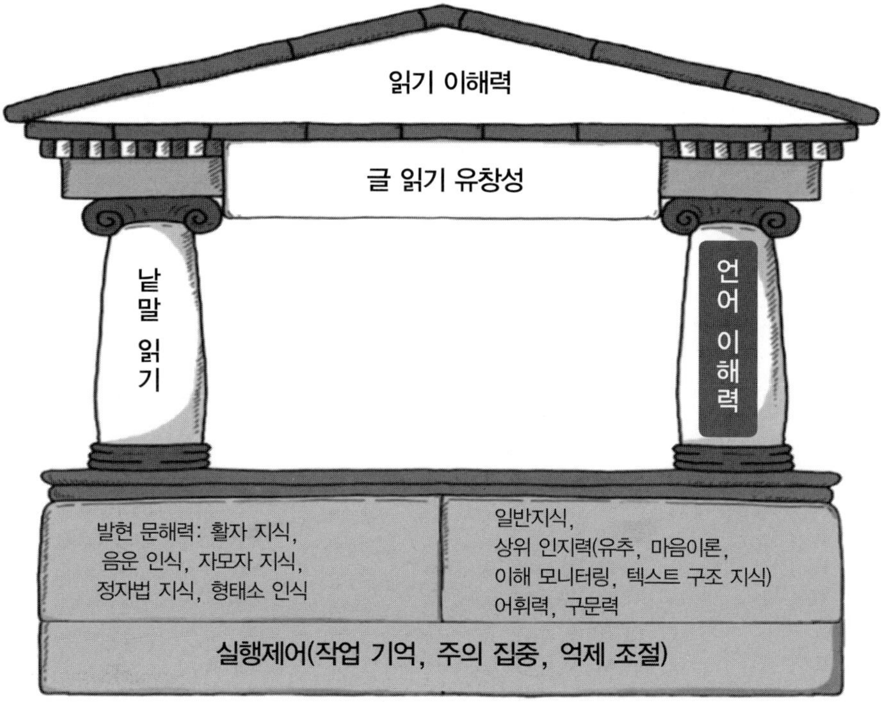

제9장

언어 능력

언어 능력이란

언어 능력은 광범위해서 상위－하위 위계 구조를 살펴보면, 낱말 단위의 어휘력(vocabulary)과 문장 단위의 구문력(sentence or syntax) 그리고 덩이말 단위의 담화력(discourse) 등을 포함한다. 또한 측면적으로 살펴보면, 음운, 형태, 의미, 활용 등이 있다. 음운에 관해서는 음운 인식력에서, 형태에 관해서는 형태소 인식력을 앞 장에서 다루었다. 이 장에서는 언어 능력을 어휘, 문장, 덩이말 등을 포함하는 광범위한 능력으로 어휘, 구문, 덩이말을 이해하며, 맥락에 알맞고 정확하게 표현할 수 있는 능력으로 정의한다. 덩이말은 문장 이상 단위 이상의 언어 사용으로 정의하는데, 이것은 여러 발언을 주고받는 대화와 이야기, 강의 등 광범위한 언어 사용을 포함한다.

왜 언어 능력이 문식력 발달에 중요한가

읽기는 활자화된 언어를 해독해서 이해하는 것이며, 쓰기(글짓기)는 작가의 생각을 언어로 표현해서 활자로 표기하는 것이다. 읽기와 쓰기는 활자를 매개로 한 언어인 것이다. 그러므로 구어 언어 능력이 읽기와 쓰기에서 중심적 역할을 하는 것은 당연한 것이다. 그러면 읽기 이론은 언어 능력과 읽기 발달과의 관계를 어떻게 구체화하고 있는지 살펴보자. 읽기 이해력(독해력) 이론 중 중요한 이론의 하나는 읽기단순이론(simple view of reading)이다. 이 이론에 따르면 읽기 이해력에 필수 요건은 두 개인데, 첫째는 낱말 읽기이고, 둘째는 언어 이해력이다. 이 이론은 영어, 한국어, 스페인어, 중국어, 그리스어 등 여러 언어에서의 읽기 이해력을 훌륭하게 설명해 주는 것으로 입증되었다. 또한 글 읽기 유창성에서 살펴보았듯이 언어 이해력은 글 읽기 유창성에도 아주 중요한 역할을 한다.

언어 발달 장애 또는 지연은 읽기 이해력 장애의 원인이다.

읽기 이해력에 두 필수 요건이 있다는 것은, 다시 말해 읽기 이해력 장애는 이 두 요소의 장애 또는 지연이 있을 때 발생하게 된다는 것을 의미한다. 그러므로 언어 발달 장애 또는 지연은 읽기 이해력 장애의 원인이다. 또 하나 주목할 점은 언어 능력이 읽기 이해력에 주는 영향의 비중이 아동의 읽기 실력이 발달하면서 더 증가한다는 것이다. 즉, 읽기 발달 초기 단계에서는 낱말 읽기 실력 차이가 아동의 읽기 이해력에 큰 영향을 주지만 초기 이후 단계부터는 언어 능력 차이가 아동의 읽기 이해력을 좌우한다는 것이다. 미국에서의 연구 결과를 살펴보면 초등학교 1, 2학년에서는 낱말 읽기 실력이 상대적으로 더 중요하고, 3학년 이후에는 언어 능력의 차이가 읽기 이해력 차이에 더 영향을 주는 것으로 나타났다(Kim & Wagner, 2015). 특히 중학생 이상과 대학생들에서는 낱말 읽기가 아니라 언어 능력의 개인별 차이가 읽기 이해력의 차이를 압도적으로 좌우하는 것으로 드러났다(Adlof, Catts, & Little, 2006; Gernsbacher, Varner, & Faust, 1990).

한국 아동을 대상으로 한 연구에서는 아동의 언어 실력 차이가 낱말 읽기보다 읽기 이해력에 더 많은 영향을 미치는 것은 경우에 따라 이미 1학년부터인 것으로 드러났다(Kim et al., 2014). 이것은 아마 한국에서는 아동들 대부분이 1학년에 입학하기 전에 기본적인 읽기 실력을 습득하는 관행에 기인하는 듯하다. 즉, 어느 정도 학년에 달하면 대부분의 아동은 낱말 읽기 능력이 필요한 만큼 발달하게 되고, 차이가 나는 것은 언어 능력이며, 이것이 읽기 이해력을 좌우하게 된다. 또한 학년이 올라갈수록 글에 나오는 언어 구조가 복잡해지므로 결국 언어 능력 차이가 읽기 이해력 차이를 낳는 것이다.

학구적 언어 또는 문어체 언어 능력

다음 두 아동의 이야기를 읽어 보자.

'가' 아동 이야기

개구리가 살았어요. 음, 더워서 나무 그늘에 갔어요. 근데 아이가 첨벙첨벙했어요. 물이 개구리를 막 때렸어요. 그래서 아이 머리에 폴짝 뛰었어요. 아이는 아이는 놀라서 아아아아아 했어요. 그 아이는 밖으로 뛰쳐나갔어요.

'나' 아동 이야기

이 이야기 제목은 개구리의 하루입니다. 어느 날 개구리가 기지개를 펴고 일어나 연못 주변에 있는 풀잎 위를 폴짝폴짝 뛰어다니며 운동을 하였습니다. 그런데 배가 무척 고팠습니다. 그래서 한쪽 구석에 있는 연꽃 위에 올라갔습니다. 저기 있는 벌레 한 마리를 긴 혀를 내밀어서 잡아먹었습니다. 그러고는 그늘에 살며시 앉아서 잠을 청하며 눈을 스르르 감았습니다. 그런데 어디서인지 모르게 갑자기 요란한 소리가 들리면서 파도가 쳤습니다. 그래서 개구리는 물속으로 내동댕이쳐지며 떨어졌습니다. 물방울들이 장대비처럼 개구리의 몸을 마구 때렸습니다. 그런데 파도가 오는 게 아니라 어떤 작은 꼬마가 더워서 연못에서 물장구 헤엄을 치면서 물장구로 놀이를 하고 있었습니다. 그래서 몹시 화가 난 개구리는 그 꼬마 옆으로 갔습니다. 그래서 꼬마의 얼굴 정면으로 개구리는 폴짝 뛰어 올라갔습니다. 소년은 목청껏 소리를 지르며 연못가로 뛰쳐나왔습니다.

앞의 글은 초등학교 1학년 아동이 평가자가 읽어 준 짧고 생소한 동화를 듣고 이 동화를 다시 말하는 과제에서 발췌한 것이다. 이 두 아동 중 어느 아동의 언어 실력이 높은가? 어느 아동의 이야기가 더 문어체적인가?

'나' 아동이다. 어떤 면에서 이 아동의 언어 능력이 높다는 것을 알 수 있을까? 먼저, '나' 아동의 이야기는 내용이 상세하고 충실하다. 이야기 내용을 제외하고 언어 사용만을 살펴보아도 '가' 아동과 '나' 아동은 차이가 난다. '가' 아동은 '–어요' 어미를 사용하고, '나' 아동은 '–ㅂ니다' 어미를 사용했다. 또한 '가' 아동은 '근데' '막' 등의 구어적인 어휘를 사용했다. 이에 비해 '나' 아동은 살며시, 잠을 청하며, 스르르, 내동댕이, 목청껏 등의 표현력이 풍부하고 문어체적인 표현들을 많이 사용했다. 또한 '나' 아동은 구조가 다양한 문장을 구사했다.

'나' 아동이 사용한 언어체를 **학구적 언어**(academic language) 또는 **문어체 언어**라고 한다. 학구적 언어는 연구자와 학계(예: 언어학, 교육심리, 심리, 언어병리)에 따라 정의가 다소 다르지만 그 주 개념은 학문을 목적으로 쓰이는 언어는 일상생활에서 쓰이는 언어와 다르다는 것이다. 여기서 학문이란 대학이나 고등교육에서의 고차원적인 학문에 한정이 되는 것이 아니라 초등학교와 중 · 고등학교에서의 교과 과목도 포함한다. 책에 사용되는 언어는 구어와 조금 다른 면이 있다. 서적에 사용된 언어는 대체로 어휘력이 더 고급스럽고 어려우며 문장 구조도 구어에서보다 더 복잡하다. 아동 서적 또한 대체적으로 구어보다 사용 빈도가 낮은 어

> 학문을 목적으로 쓰이는 언어는 일상생활에서 쓰이는 언어와 다르다.

표 9-1 구어체와 문어체 또는 학구적 언어의 용례

구어체	문어체
-하고(연결어미), 랑(연결어미)	-과/-와
-해, -해요	-ㅂ니다
-하려고(구)	-기 위해
근데, 하지만	그런데, 그러나
진짜, 짱(짜증 또는 최고)	나직히, 육식동물, 초식동물, 감전, 결국

려운 어휘들과 복잡한 문장 구조가 쓰인다. 〈표 9-1〉에는 구어체 언어와 문어체 또는 학구적 언어의 간단한 용례를 보여 준다.

학구적 언어 능력은 주로 모국어가 아닌 언어로 읽기를 배우는 외국어 읽기에서 관심을 받아 왔다(예: Lesaux, Kieffer, Faller, & Kelley, 2011). 미국에는 이민자들이 전체 인구의 높은 비율을 차지하고 있는데 이런 이민 가정의 아동 중 많은 아동이 가정에서는 모국어를 쓰는 경우가 많고, 그러므로 가정 언어와 사회 언어(영어)가 다르다. 따라서 이민 자녀 아동들이 학교에 입학할 때 대체적으로 영어 실력이 영어 모국어 화자보다 떨어지고 이 아동들이 영어로 읽기를 배우는 것에 어려움을 겪는다. 모든 이민 아동이 어려움을 겪는 것은 아니지만, 특히 남미 계통의 많은 아동이 저소득층 가정 출신이며, 학교에 입학할 때 영어 실력이 현저히 낮다. 그래서 미국의 많은 지역의 학교들은 이런 영어 실력이 낮은 아동들의 읽기 교육에 많은 노력과 관심을 기울인다.

한국 사회에서의 비슷한 상황은 다문화 가정 어린이들이다. 즉, 부모님 중 한 분이 한국어가 모국어가 아닌 아동의 경우로서 연구에 따르면 다문화 가정 아동들의 한국어 언어 능력은 전반적으로 한국어가 모국어인 아동에 비해 낮으며, 읽기 학습에도 어려움을 겪는다(배승아, 김영태, 오소정, 2012). 그러나 여기서 강조

언어 발달의 개인차는 다문화 가정 아동이나 이민자 가정의 아동에게만 국한되는 것이 아니다.

겉보기에 일상생활에서 언어 사용이 무난한 아동이 학구적 언어 능력이 부족해서 학업에 부진을 겪을 수도 있다.

할 중요한 점은 언어 발달의 개인차는 다문화 가정 아동이나 이민자 가정의 아동에게만 국한되는 것이 절대 아니라는 것이다. 모국어 언어 능력에서 개인차는 뚜렷하며, 다문화 가정 아동이나 한국어 모국어 아동 모두가 언어 학습자인 것이다. 일반적으로 기초적인 언어 발달은 만 4~5세경에 이루어지지만, 그 이후에도 아동의 언어 발달은 중 · 고등학교까지 계속된다. 그러므로 학구적 언어라는 개념을 다문화 아동에게만 적용하는 것이 아니라, 아동의 언어 배경과는 관계없이 모든 아동에게 적용해야 한다. 그래서 겉보기에 일상생활에서 언어 사용이 무난한 아동이 학구적 언어가 부족해서 학업에 부진을 겪을 수도 있다. 즉, 일상에서 사용하는 어휘와 문장 구조에 대한 능력을 가진 아동이 낱말 읽기가 중요한 저학년에서는 별 문제가 되지 않지만, 저빈도의 어려운 어휘와 복잡한 구문이 담긴 교과서를 읽고 이해하는 능력이 중요해지는 초등학교 고학년과 그 이상의 학년에서는 언어 능력, 특히 고차원의 언어 능력인 학구적 언어 능력이 중요하다. 다음은 초등학교 5학년 아동에게 요구되는 언어 능력을 구체적으로 보여 주기 위해 과학 교과서 내용을 인용하였다.

체온 유지의 비밀, 첨단 기술로 만든 옷

2012년 10월 오스트리아 스카이다이버인 바움가르트너는 39km 높이에서 뛰어내려 가장 높은 곳에서 뛰어내리는 신기록을 세웠습니다. 바움가르트너가 뛰어내린 곳의 기온은 영하 60℃로 매우 추운 곳입니다. 이렇게 온도가 매우 낮은 환경에서 체온을 유지하면서 안전하게 뛰어내릴 수 있었던 것은 첨단 과학 기술로 만든 특수복과 헬멧 덕분입니다. 특수복은 영하 68℃부터 영상 38℃까지의 온도를 견딜 수 있습니다. 한편, 1000℃ 이상의 뜨거운 불길에서 견딜 수 있는 방화복도 있습니다. 주로 소방관이 입는 방화복은 외부의 열이 몸으로 잘 전달되지 않고 불길에 닿아도 타거나 변형되지 않는 특수 소재로 만듭니다. 이처럼 온도가 매우 낮거나 높은 환경에서 사람의 몸을 보호하고 체온을 유지하기 위하여 첨단 기술을 이용한 옷이 개발되고 있습니다.

(5학년 과학 교과서, pp. 42-43)

이 글을 이해하기 위해서는 '신기록, 영하, 체온, 첨단, 특수복, 방화복, 변형' 등의 어휘를 알아야 하며, 구문적으로 복잡한 문장들을 이해해야 한다. 예를 들어, '이렇게……'로 시작하는 세 번째 문장은 명사절이 이 문장의 주어이며 이 명사절을 이해하고 이것이 문장의 나머지 부분과 어떤 관련이 있는지 이해해야 한다. 요약하자면, 학구적 언어 능력 또는 문어체 언어 능력은 언어 능력 발달의 한 선상에서 좀 더 고차원적인 능력으로 아동의 문식성 발달에 중요한 능력이다.

언어 능력 발달 요인은 무엇인가

개인별 언어 능력의 차이는 어디에서 기인하는 것일까 타고난 인지적 요소들도 영향을 미치지만 언어 발달에서 중대한 요소 중의 하나는 언어 환경이다. 많은 연구가 환경이 학습에 큰 영향을 미치는 것을 증명했는데 언어 능력 또한 예외는 아니다. 인간은 '언어 환경'에서 아예 차단되는 극한 환경이 아니면 언어를 배울 능력을 타고 태어난다. 그러나 모든 사람이 언어를 배운다고 해서 모든 사람의 언어 능력이 동등하거나 비슷하다는 것은 아니며, 언어 능력은 타고난 인지 능력뿐 아니라 언어 환경에 의해 많이 좌우되어 개인차가 크다. 여기서 환경이란 건물이나 가정의 부유함 등의 물질적 환경이 아니라 **'언어 환경'**이다. 아동의 주변 언어 환경, 즉 가정, 학교, 지역사회에서 사용하는 언어가 얼마나 다양하고 풍부한가다. 모든 학습에서 중요한 메커니즘은 반복적 노출이다. 이 원리는 언어 학습에서도 마찬가지로 적용되어서 아동이 많은 어휘를 배우려면 다양한 환경에서 다양한 어휘에 반복적으로 노출이 되어야 한다(McMurray, Horst, & Samuelson, 2012). 즉, 다양한 어휘를 사용하는 환경에 반복적으로 노출되어야 한다. 또한 아

> 아동이 많은 어휘를 배우려면 다양한 환경에서 다양한 어휘에 반복적으로 노출이 되어야 한다

동이 고급스러운 문장 구조로 표현된 언어를 이해하고 사용하려면 고급스러운 문장 구조가 담긴 문장을 자주 들어야 된다.

미국의 유명한 한 연구(Hart & Risley, 1995)에서는 아동을 만 1세부터 만 3세까지 한 달에 한 번씩 집을 방문해 부모와 아동의 언어 상호작용을 녹음하고 그것을 글로 그대로 옮겨(transcribe) 각 가정에서 사용되는 언어 패턴을 분석했다. 그 결과는 다음과 같았다. 가정에 따라 언어 사용 빈도와 사용 언어의 질이 현저하게 차이가 났다. 언어 사용 빈도수가 낮은 가정에서는 사용 언어의 질도 낮아서 사용 어휘도 제한되고, 문장도 설명이나 안내보다는 명령조가 많았다. 언어 사용 빈도수가 높은 가정에서는 고급의 문어적 어휘 사용이 많았고 아동에게도 칭찬 등 긍정적인 내용과 상세히 설명하는 내용이 많았다.

가정에 따라 언어 사용 빈도와 사용 언어의 질이 현저하게 차이가 있다.

[그림 9-1]은 아동이 가정에서 노출된 어휘 숫자이고, [그림 9-2]는 아동이 구사할 수 있는 어휘 숫자를 가정 환경별로 나눈 것이다. 생후 3세까지 아동이 어휘에 노출된 빈도수를 축적해서 계산했을 때, 극빈층의 아동은 노출된 빈도수가 약 1천만 번이었다. 반면, 교육을 받은 고소득층 아동이 노출된 빈도수는 거의 4천만 번에 육박했다.

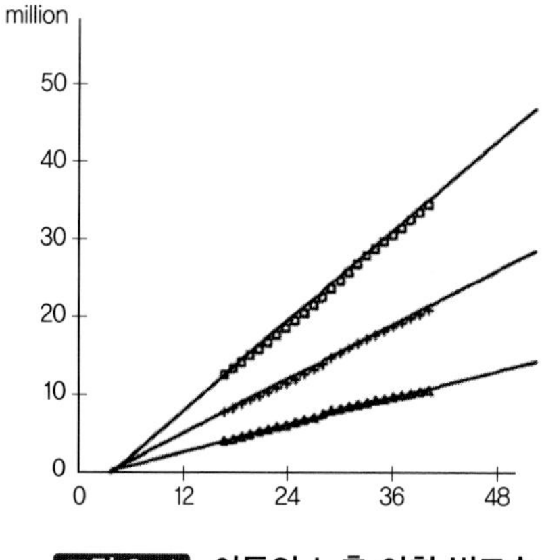

그림 9-1 아동의 노출 어휘 빈도수

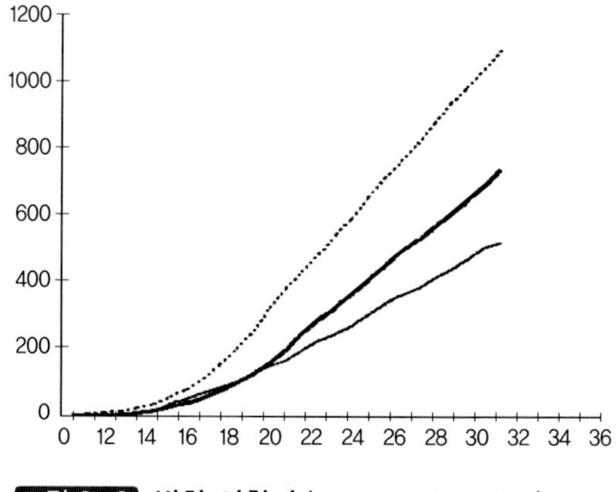

그림 9-2 발화 어휘 수(Hart & Risley, 1995)

이 그래프들을 보면서 주목할 것은 노출 빈도수 차이는 아동의 어휘 구사력과 일치된 패턴을 보여 준다는 것이다. [그림 9-2]에 보이듯이, 극빈층의 아동의 발화 어휘 숫자는 만 3세에 약 500개였다. 이에 반해 고소득층 아동의 발화 어휘 숫자는 약 1,100개였다. 다시 말해, 어휘 사용의 빈도수가 낮은 가정에서 자란 아동의 어휘 구사는 만 12개월부터 3세까지 어휘 구사가 제한된 단어들이었고, 어휘 사용 빈도가 높은 가정에서 자란 아동의 어휘는 구사 숫자가 훨씬 높으며, 고급 어휘들이었다. 이 그래프에서 나타나는 또 하나 중요한 패턴은 가정 환경이 다른 아동의 어휘 수 격차가 시간이 갈수록 커진다는 것이다. 만 24개월에 극빈층과 고소득층의 발화 어휘 수의 차이는 약 120개였으나, 만 36개월에는 약 600개였다.

가정 환경이 다른 아동의 어휘 수 격차는 시간이 갈수록 커진다.

이 연구 결과는 다른 연구에서도 확인되었다. 한 보고에 따르면, 어휘력이 평균인 아동은 하루에 약 2.4개의 어휘를 익히는데, 하위 25%에 속하는 아동은 하루에 평균 1.6개의 어휘를 배운다. 그렇다면 습득 어휘 숫자 차이는 시간이 갈수

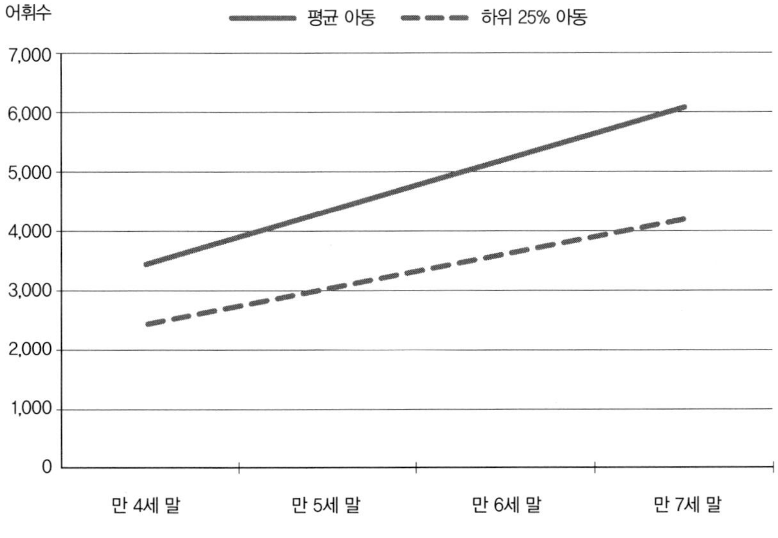

그림 9-3 **발화 어휘 수**(Biemiller, 2005)

록 축적되어 해가 갈수록 점점 더 커지는 것이다. 이것을 그래프로 표현해 보면 [그림 9-3]과 같다. 시간이 갈수록(아동이 나이가 들어 갈수록) 어휘의 격차는 점점 커지는 것을 볼 수 있다.

언어 노출이 아동의 언어 발달에 미치는 영향은 가정에서만 나타날까? 유아원, 유치원 그리고 학교에서의 언어 환경은 아동의 언어 발달에 영향을 미칠까? 연구에 따르면 교사의 언어 행동이 아동의 언어 발달에 영향을 미치는 것으로 보고되었다(Dickinson & Tabors, 2001). 유아원 교사 연구에서 아동에게 '예/아니요'의 질문이 아니라 확장 가능한 질문을 하고 아동의 대답을 더 확장하는 교사와 그렇지 않은 교사에게 교육을 받은 아동은 1년 후 언어 향상 정도가 달랐다. 물론 더 고급스러운 어휘와 언어 확장을 하는 교사에게서 지도를 받은 아동들의 어휘력과 언어 실력이 높았다. 이런 연구 결과들은 아동의 언어 발달을 위해서는 풍부한 언어 환경을 제공해 주는 것이 중요하다는 것을 입증한다. 풍부한 언어 환경은 아동의 언어 발달을 촉진하고, 이것은 또다시 아동의 읽기 이해력과 쓰기 능력에 영향을 주게 된다.

> 아동의 어휘력과 언어 능력 발달을 촉진하기 위해서는 풍부한 언어 환경을 조성해야 한다.

그러면 이런 연구 결과들이 시사하는 점은 무엇인가? 아동의 어휘력과 언어 능력 발달을 촉진하기 위해서는 풍부한 언어 환경을 조성해야 한다. 그러면 풍부한 언어 환경은 어떻게 조성하는가? 첫 번째 방법은 아동과 자주 대화를 하며 언어를 듣고, 사용할 기회를 제공하는 것이다. 또한 언어 화자가 아동과 대화 및 언어 소통을 할 때 어휘와 문장에 신경을 써서 숙달된 언어를 사용해야 한다. 아동이 이해하지 못할 것이라는 두려움으로 일상에서 흔히 사용하는 단어에만 국한하지 않고 고급스럽고 학구적인 언어와 어휘를 사용하되 아동 친화적인 설명을 해 주어야 한다. 또한 아직 책을 읽지 못하는 아동에게는 책을 읽어 주는 것도 중요한 방법이다. 책에 사용된 어휘와 문장 구조는 대체적으로 일상생활에서 성인들이 사용하는 언어나 텔레비전에서 사용하는 언어보다 더 문어적 특징이 있다. 책을 자주 읽어 줌으로써 책에 사용되는 다양한 어휘와 문장 구조를 익히게 되는 것이다. 또한 책 내용만 읽어 주는 것이 아니라 책에 나오는 내용에 관해 논의를 하면서 언어를 확장해 주는 것이 중요하다. 책을 읽어 주며 언어를 확장해 주는 법은 다음 지도의 예를 보기 바란다.

책을 통해 풍부한 언어 환경에 접하는 또 하나의 중요한 방법은 아동 자신의 독서다. 지금까지 초점은 아동의 읽기 이해력을 키우기 위해서 아동의 언어 능력을 키우는 것이었다. 그러나 아동이 한글을 읽을 수 있게 되면, 독서가 어휘와 언어 능력을 키우는 중요한 수단이 된다. 즉, 독서가 아동에게 언어 환경을 제공해 주게 되고 숙련된 언어에 노출이 되는 수단이 된다. 독서의 양이 늘어날수록 책에 나오는 갖가지의 풍부한 어휘와 표현법에 노출이 되고 반복적 노출로 인해 아동은 이런 언어들을 학습하게 된다. 다시 말해, 구어 언어 실력과 읽기 능력은 상호 영향을 미치며 발달해 나간다. 스타노비치(Stanovich, 1980)에 따르면, 아동의 구어 어휘 능력은 아동의 읽기 이해력에 영향을 주고, 읽기 이해력이 발달한 아동은 독서에 더 많이 접하게 되며, 아동은 독서를 통해 언어 능력을 더욱 향상시키는 순환이 이루어진다고 가정했다. 이것이 서두에서 소개한, 가난한 자는 더 가난해지며, 부유한 자는 더 부유해진다는 마태효과다.

어휘력 발달 지도

언제 언어 능력 발달 지도는 빠르면 빠를수록 좋다. 언어 능력은 언어 환경이 아주 중요한 요소이므로 가정에서 언어 환경과 학교에서의 언어 환경이 중요하다. 즉, 언어 사용이 질적으로 풍부한 환경을 조성해야 한다. 다음에서는 연구가 지금까지 가장 활발하게 된 어휘 지도에 관해 다룬다.

언어 사용이 질적으로 풍부한 환경을 조성해야 한다.

어떻게 어휘 지도를 명시적이고 체계적으로 한다. 즉, 어휘를 지도 목표의 하나로 삼고 구체적 어휘를 신중하게 선정해 명시적으로 지도한다.

지도 어휘 선택

모든 어휘를 가르치는 것은 불가능하며 명시적으로 지도할 수 있는 숫자는 한정되어 있다. 그러므로 지도할 어휘는 주의 깊게 여러 면을 고려해서, 가장 유용한 어휘를 선택해야 한다. 예를 들어, 손목, 근면한, 음운 인식의 세 가지 단어가 있다. 이 셋 중 어느 어휘를 초등학교 1학년을 대상으로 가르치는 것이 적합할까? 벡, 맥커운과 쿠칸(Beck, McKeown, & Kucan, 2002)에 따르면 어휘는 크게 세 가지로 나눌 수 있다. 일상에서 흔히 사용하는 거의 모든 아동이 아는 단어(기본 일상용어), 일상 단어는 아니나 여러 교과나 학습에서 빈도가 높은 단어(고효율 단어), 그리고 마지막으로 전문용어다. 일상용어에는 '신발, 가방, 손목' 등이 있다. 고효율 단어에는 '근면한, 상서로운, 변형 또는 변신, 가정(hypothesis)' 등이 있다. 전문용어는 특정 분야에서 사용되는 용어로 전반적으로는 빈도가 낮은 용어들이다. 예를 들어, 전문적인 음악, 과학, 사회, 교육, 심리 등에서 사용하는 용어들로서, 가령 '음운 인식', '음소'도 전문용어에 속한다.

아동의 나이와 학년에 따라 고효율 단어와 전문용어에 속하는 단어들이 달라진다. 1학년의 경우에는 '근면한'이라는 단어는 고효율 단어다. 왜냐하면, 이 단어는 책에서나 여러 상황에 전반적으로 사용할 수 있어서 아동이 알아 두면 두루두루 유용한 어휘다. 반면, '손목'은 기본 일상용어로 1학년이면 기본적으로 알고 있어야 할 단어다. 마지막으로 '음운 인식'이라는 단어는 어려우면서 사용 빈도도 매우 낮으며, 아주 특정한 분야에서만 사용하는 어휘이므로 그 효율성이 낮다. 물론 지도의 적합성은 교과에 따라서 달라진다. 과학이나 사회 교과에서 가르쳐야 할 용어들이 그 예다. 어휘 지도에 해당하는 단어는 각 교과에서 지도할 내용의 어휘뿐 아니라 전반적으로 효율성이 높은 어휘를 선택하는 것을 원리로 한다. 정리하자면 지도 어휘 선택 시에 고려해야 할 점은 다음과 같다.

- 기본 일상용어: 아동의 나이와 학년을 고려했을 때 아동이 이미 알고 있어야

할 기본 용어들인가?
- 예시 단어: 반찬, 자전거, 조금, 학교, 저녁, 개구리
- 지도 방법: 이 용어들은 대부분의 아동에게는 지도가 필요하지 않다. 그러나 예외적으로 다문화 가정 아동들 중 어떤 아동은 기본 일상용어를 지도할 필요가 있다.

- 고효율 용어: 아동의 나이와 학년을 고려했을 때 아동이 잘 모를 수 있는 용어인가? 그렇다면 여러 상황에서 사용 빈도가 높은 용어인가? 교과 지도에 도움이 될 용어인가?
  - 예시 단어: 수군거리다, 허풍, 책임, 결과, 저울, 관계, 가정(hypothesis)
  - 지도 방법: 명시적인 지도가 필요하다.
- 전문용어: 아동의 나이와 학년을 고려하였을 때 아동이 잘 모를 용어인가? 특정 교과 과목에서 다루어지고 일반 상황에서는 사용 빈도가 낮은가?
  - 예시 단어: 가감법, 함수, 귀납법, 등온선, 병렬
  - 지도 방법: 필요 과목에서 지도한다.

어휘 지도 내용

효과적이고 명시적인 어휘 지도는 정의뿐 아니라, 어원 등 형태론에 관련된 내용, 그 어휘의 문법적 성격(문장에서 어떻게 사용되는지), 유사한 낱말, 반대말, 올바르게 사용된 용례와 바르지 않게 사용된 용례를 보여 주어야 한다. 예를 들어, 아동에게 '육식동물'에서 '육식'이라는 단어를 가르칠 때, 그 정의뿐 아니라 육식의 형태적 구성도 가르쳐야 한다. 한국어 어휘 학습에서는 특히 형태적 구성을 가르치는 것이 아주 중요하다. 왜냐하면, 한국어의 60%의 어휘는 한자의 영향을 받은 것인데 한자의 어휘 구성의 기본은 합성이기 때문이다. 육식에서의 예를 보면 육식은 고기 육肉에 먹을 식食을 합친 것이다. 그러므로 아동에게 이 원리를 가르치게 되면 아동이 같은 의미로 쓰인 '육'이나 '식'이 담긴 새로운 어휘를 접했을

때(음식, 식당, 회식) 그 의미를 유추해 내는 데 도움이 되기 때문이다.

다음 문장을 살펴보자.

집에 잘 들어갔다.
정신이 들었다.
비용이 많이 들었다.
올해는 풍년이 들 것 같다.
감기가 들었다.
산악회에 들었다.
지갑이 아주 마음에 들었다.

다의어는 중심 의미와 그 중심 의미에서 부차적으로 파생된 여러 주변 의미가 있다.

이 문장들에 공통적으로 쓰인 낱말은 '들다'다. 그러나 각 문장에서 '들다'의 의미는 조금씩 다르다. 이처럼 두 가지 이상의 의미를 가진 단어들을 다의어라고 한다. 다의어는 중심 의미와 그 중심 의미에서 부차적으로 파생된 여러 주변 의미가 있다. 예를 들어, 신체 부위의 '발'을 중심 의미로 여러 가지의 주변 의미가 있다. 가령, '그 사람은 발 빠르다.'라고 할 때, 신체 부위가 아니라 달리기를 빨리 한다 또는 행동이 신속하다는 뜻으로 쓰인다. 또한 '그 사람은 발이 넓다.'라는 문장에서는 신체 부위인 발의 크기가 넓다는 의미보다 인간관계가 넓다는 뜻으로 자주 쓰인다. 이 예들처럼 아동들이 일상생활에서 쉽게 접하는 사용 빈도가 높은 낱말들이 다의적인 낱말인 경우가 많다. 다의어의 정확한 의미를 이해하는 것은 덩이말이나 글의 전반적 내용 이해에 중요하다. 그러므로 단어 지도에서 다의어는 중심 의미와 주변 의미를 명시적으로 지도할 필요가 있다. 다의어 지도는 165쪽에 설명된 개념 지도를 사용하는 것이 여러 가지 의미의 관련성을 보여 주는 데 용이하다.

어휘 지도 방법

전통적인 어휘 지도 방법은 어휘의 사전적 정의를 가르치거나, 아동에게 사전을 찾아보라고 하는 것이다. 그러나 수많은 연구가 이 교수법이 효과가 없음을 보여 주었다. 벡과 동료들의 연구에 따르면 효과적인 어휘 지도 원리는 다음과 같다(Beck et al., 2002).

- **아동이 이해하기 쉬운 용어로 정의 알려주기:** 사전적 의미가 아니라 아동이 이해할 수 있는 '아동 친화적 언어'를 사용하고, 문맥을 통해서 학습을 해야 의미가 정확하게 와 닿는다. 예컨대, 육식동물이라는 어휘를 지도할 때 '육식'이라는 것을 사전적 정의는 '동물이 다른 동물의 고기를 먹이로 하는 일' 또는 '음식으로 고기를 먹음'으로 나와 있다. 아동에게 첫 번째의 의미를 문맥에서 설명하려면, 아동에게 단순히 "육식은 동물이 다른 동물의 고기를 먹이로 하는 일이에요."라고 하는 것보다는, 동물들은 어떤 것들을 먹이로 하는지를 물어보고, 초식과 육식을 설명하며, 다른 동물들을 먹이로 삼는 동물들을 육식동물이라고 설명해 주면 더 효과적이다.
- **어휘 사용의 바른 예와 바르지 않은 예를 명시적으로 지도:** 앞의 예를 사용할 경우, 육식의 두 번째 뜻 '음식으로 고기를 먹음'은 어떤 문맥에서는 바르지 않다. 과학 과목에서 자연생태계와 동물의 먹이사슬의 문맥에서는 이 의미의 육식은 적합하지 않다. 즉, 채식의 반대말인 육식과 초식의 반대말로 쓰인 육식은 다른 경우에 사용된다.
- **다양한 문맥에서 여러 번 노출:** 앞에서 언급했듯이, 학습의 기본은 의미 있는 환경에서의 지속적이고 반복적인 노출이다. 같은 어휘를 같은 문맥에서 무조건 반복하는 것이 아니라 다른 문장, 다른 문맥에서 반복적으로 경험함으로써 그 단어의 의미에 대한 이해가 더 깊어지고 단어가 어떤 상황에서 사용되는지를 배우게 된다.

학습의 기본은 의미 있는 환경에서의 지속적이고 반복적인 노출이다.

어휘에 대한 관심 일으키기

비밀러(Biemiller)의 연구에 따르면 초등학교 6학년까지 아동은 매년 약 800개에서 1,000개의 기초 어원(root word)을 익힌다. 즉, 하루에 2.4개를 익히는 정도다. 앞서 언급한 바와 같이 2.4개의 어휘는 평균 아동의 경우이고, 편차가 있어서 어떤 아동은 더 많이, 어떤 아동은 적게 배우게 된다. 미국의 아동 어휘 지도 연구 결과에 따르면 명시적인 지도로 학습할 수 있는 어휘는 한 주에 약 8~10단어라고 보고되고 있다(Biemiller, 2005; Beck et al., 2002). 그러면 1년 내내 방학 없이 어휘를 가르친다고 하더라도 최고 520개의 어휘를 학습 지도할 수 있다는 결론이다.

그러나 이것은 어휘 수준이 낮은 아동이 평균 수준을 따라잡기에는 턱없이 부족한 숫자다. [그림 9-2]에서 보여 준 것처럼 아동이 만 4세가 될 때쯤이면 평균 아동과 하위 25%에 있는 아동 사이에는 벌써 어휘가 1,000개가량 차이가 나고, 이는 해가 갈수록 어휘가 많아지며 격차가 더 벌어지게 된다. 결국 학습 지도로 모든 어휘를 가르치려고 하는 것은 불가능한 일이다. 그러므로 어휘 학습에서 중요한 지도 원리의 하나는 어휘 학습에 대한 원리를 아동에게 지도하고, 아동이 어휘 학습의 중요성을 깨닫고, 명시적 지도를 통해 배운 어휘 학습 방법을 사용해서 스스로 어휘 학습을 할 수 있는 능력을 키우는 것이다. 즉, 명시적 지도를 통해 배운 학습 방법을 사용해서, 아동 자신이 독서나 구어 환경에서 접하게 되는 어휘들에 관심을 가지고, 스스로 배워 나가게끔 도와주어야 하는 것이다. 예를 들어, 아동에게 낱말의 형태적 구조를 지도하면 아동은 이것을 이용해 새로운 단어를 접할 때 새 단어의 형태적 구조에 주의를 기울이게 될 것이다.

> 어휘 학습에서 중요한 지도 원리는 아동이 어휘 학습의 중요성을 깨닫고, 명시적 지도를 통해 배운 어휘 학습 방법을 사용해서 스스로 어휘 학습을 할 수 있는 능력을 키우는 것이다.

책 읽기를 통한 어휘 지도 예시

책은 아동에게 적합한 내용과 난이도여야 하며, 책을 읽기 전에 명시적으로 지도할 어휘들을 앞에서 살펴본 효율성과 책의 전반적 이해에 중요성을 고려해 선택한다. 책을 읽다가 목표 어휘나 어려운 어휘가 나오면 잠시 멈추고 그 의미를 짧게 설명해 준다. 책을 읽고 난 후 목표 어휘에 대해서는 자세한 교수가 필요하므로 책을 읽을 동안에는 짧게 설명을 해 주는 선에서 그친다. 책을 읽고 난 후 목표 어휘를 하나씩 소개한다. '허풍'을 목표 어휘로 가정했을 때, 다음과 같이 지도한다.

이야기의 문맥을 통해 지도 어휘를 소개한다.

"이 이야기에서 개구리는 허풍을 떨었어요."

'허풍' 부분을 강조해서 말한다.

아동에게 목표 어휘를 음운적으로 기억하게 하기 위해 아동에게 목표 어휘를 말하게 한다.

"자, 다 같이 말해 보세요, 허풍. (아동이 따라 하게 한다.) 무엇이라고요?" (허풍.)

아동에게 적합한 용어로 의미를 설명해 준다.

'허풍'의 의미를 아동이 이해할 수 있는 일상용어로 설명해 준다.

"허풍은 있는 사실보다 더 크게 부풀려서 이야기하는 것을 말해요."

다른 문맥 또는 상황에서 목표 어휘를 사용한다.

"내 동생은 어제 피자를 10쪽을 먹었다고 허풍을 떨었어요."

아동이 목표 어휘를 사용할 기회를 제공한다. 여러 가지가 가능한데, 예를 들어 목표 단어가 들어간 문장이 제대로 사용된 것인지 아닌지를 알아맞히는 게임이다. 목표 어휘가 제대로 사용된 것이면 아동들이 목표 어휘(허풍)를 소리치고 아니면 머리를 좌우로 흔든다.

"나는 동물원에서 트럭만한 사슴을 보았습니다." (허풍.)

"나는 배가 너무나 고파 짜장면을 반 그릇만 먹었습니다." (머리를 좌우로 흔든다.)

"재준이의 나무는 아주 키가 커서 하늘의 구름을 뚫고 올라갔습니다." (허풍.)

마지막으로, 목표 단어를 다시 말하게 한다.

"자, 다 같이 말해 보세요. 사실보다 더 크게 부풀려서 이야기하는 것을 뭐라고 말해요?" (허풍.)

다른 목표 어휘도 이러한 방식으로 지도한다. 다른 어휘들을 모두 지도한 후 지도 어휘들을 모두 사용하여 할 수 있는 과제를 한다.

학습한 단어를 교실 밖 환경에서 활용할 수 있도록 지도한다.

마지막으로 학습한 단어를 교실 밖 환경에서 활용할 수 있도록 지도한다. 학습한 단어를 듣거나 글에서 찾았을 때 그것을 교사나 반 친구들에게 어떤 문맥에서 들었는지 서로 나눈다. 또는 **'어휘력 공책'**을 만드는 것도 한 가지의 방법이다. 어휘력 공책에는 새로 배운 어휘들과 그 뜻, 그리고 그 어휘의 사용 용례를 정리해서 기록한다.

개념 지도를 통한 어휘 지도 예시

교사 시범: 어휘 지도는 학생들이 어휘가 어떻게 개념적으로 서로 연결되어 있는지를 시각적으로 보여 준다([그림 9-4]). 학생들에게 어휘 지도를 만든다고 알린 후, 학생들이 이미 알고 있는 어휘를 사용해서 예를 보여 준다. 학생들에게 '수군거리다'라는 말을 아는지 묻는다.

(학생이 대답한다.)

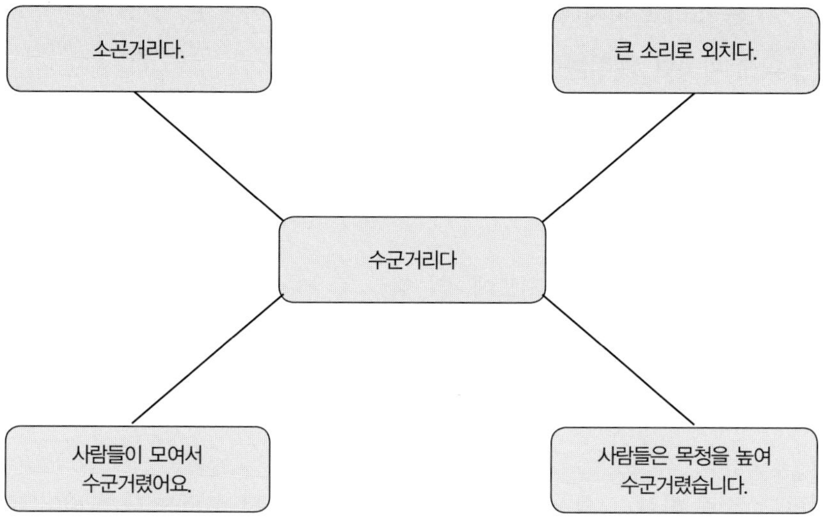

그림 9-4 **개념지도의 예**

"맞아요. '수군거리다'는 말은 사람들이 목소리를 낮게 해서 말하는 것이에요. '수군거리다'라는 말을 어떻게 사용하는지 예를 들어 보겠어요?"

칠판에 '수군거리다'를 적는다. 그리고 줄을 그어 '예'라고 적고 "사람들이 모여서 수군거렸어요."라고 적는다.

"'수군거리다'에 해당하지 않는 문장은 어떤 것이 있을까요?"

(사람들은 목청을 높여 수군거렸습니다.)

칠판에 적는다. 그리고

"'수군거리다'의 비슷한 말은 '소곤거리다'예요. '소곤거리다'는 작은 목소리로 말하는 거예요. 수군거리다와 소곤거리다는 둘 다 비슷한데 조금 달라요. 수군거리다는 낮은 목소리로 말하는 것이고, 소곤거리다는 다른 사람들이 잘 못 듣게 작은 소리로 얘기하는 거예요."

소곤거리다를 칠판에 적는다.

"'큰 소리로 외치다'는 '수군거리다'의 반대말이에요."

'큰 소리로 외치다'를 칠판에 적는다.

학생과 함께 "이제는 선생님과 함께 해 봐요. 수군거리다를 사용한 문장을 만들어 보세요."

아동이 만든 문장을 어휘 지도에 적는다.

"'수군거리다'와 비슷한 말은 또 어떤 것이 있을까요?" (웅성거리다.) '수군거리다'와 반대말은 또 뭐가 있는지 생각해 볼까요?" (또렷하게 말하다.)

학생 스스로 하기 학생들에게 책 속에서 발견한 단어 또는 다른 단어(예: 모험)를 가지고 어휘 지도를 만들도록 한다. 학생들이 다 마치고 난 후, 학생 한두 명에게 자신이 만든 어휘 지도를 발표하게 한다.

형태 구성 분석을 통한 어휘 지도 예시

복합어는 두 개 이상의 형태소가 합쳐져서 만들어진 단어다.

앞서 말한 바와 같이 한국어 어휘는 복합어가 차지하는 비율이 높다. 그러므로 형태소 분석은 어휘력뿐 아니라 낱말 읽기, 철자 지도에서 중요하다. 복합어는 두 개 이상의 형태소가 합쳐져서 만들어진 단어다. 다음에 예시된 것처럼 한국어에서는 순수 한국말뿐 아니라 한자에서 차용된 단어들도 복합어가 무수히 많다. 그러므로 복합어를 구성하고 있는 형태소를 알게 되면 그 의미가 더 분명하고 확실해지며 의미 기억을 촉진하게 된다. 복합어는 합성어와 파생어가 있는데, 합성어는 두 개 이상의 어근이 결합하여 만들어진 복합어다. 파생어는 어근에 그 뜻을 제한하는 한 개 이상의 접사가 결합해서 이루어진 복합어다. 〈표 9-2〉에 여러 종류의 복합어가 정리되어 있다.

표 9-2 복합어의 예

	합성어의 예		파생어의 예
합성 명사	쌀밥, 물고기, 불고기, 햇빛, 건널목, 해돋이, 고무신, 턱걸이, 줄넘기, 몸가짐, 밤낮, 돌다리, 비빔밥, 볶음밥, 늦더위, 팥죽, 흔들바위, 새해, 등산, 등불	파생 명사	오른손, 군소리, 맨손, 풋사과, 헛발질, 놀이, 여닫이
합성 동사	빛나다, 빰치다, 오르내리다, 날뛰다, 맛있다, 멋있다, 뛰놀다, 감싸다, 뛰어넘다, 병들다, 정들다	파생 동사	헛되다
합성 형용사	높푸르다, 굳세다	파생 형용사	새파랗다, 지혜로운
합성 부사	온종일, 새록새록, 우물쭈물, 길이길이	파생 부사	외따로
합성 조사	으로부터, 에게로, 에게부터		

교사 시범 학생들에게 '돌다리'는 '돌'과 '다리' 두 단어가 합쳐져서 만들어졌다고 설명한다. 돌 그림과 다리 그림 또는 글자를 따로 두 장의 종이에 준비해서 아동에게 보여 준다.

"돌다리는 돌로 만들어진 다리라는 뜻이에요. 그래서 돌이라는 단어와 다리라는 단어를 합쳐서 만들어졌어요. 이런 단어를 합성어라고 하는데, 합성어의 뜻을 알기 위해서는 개별 단어의 의미를 알면 도움이 돼요."

아동에게 돌 그림을 보여 주며,

"이것은 돌이에요."

아동에게 다리 그림을 보여 주며,

"이것은 다리예요."

돌다리 그림을 보여 주며

"이것은 돌다리예요."

아동에게 다음과 같이 묻는다.

"돌로 만들어진 다리를 무엇이라고 해요?" (돌다리.)

아동에게 다음 질문을 한다.

"그럼 김치를 신선하게 보관하는 냉장고는 무엇이라고 불러요? (김치 냉장고.)

"밥을 비빈 것을 무엇이라고 불러요?" (비빔밥.)

"콩으로 만든 죽을 무엇이라고 불러요?" (콩죽.)

"벌이 사는 집을 무엇이라고 불러요?" (벌집.)

학생과 함께 옷, 비, 가게, 집, 강아지, 새, 밥, 콩, 보리 단어가 적힌 단어 카드를 칠판 위에 나열한다. 그리고 학생들과 단어들을 읽는다. 학생들에게 이 단어들을 사용해서 합성어를 만들어 보자고 한다. 학생들이 만드는 합성어를 두 단어 카드를 합쳐서 만들어 보여 준다. 예를 들어, "꽃을 파는 가게를 꽃가게 또는 꽃집이라고 한다."(옷가게, 비옷, 강아지옷, 새집, 강아지집, 콩밥, 보리밥, 집밥, 강아지밥)

학생 스스로 하기 학생들에게 합성어가 많이 사용된 어휘가 들어간 짧은 동화를 준다. 아동이 눈으로 따라 읽을 동안, 동화를 소리 내어 읽는다. 학생들에게 동화에 나오는 단어 중 합성어를 찾아 동그라미를 치게 한다. 아동이 동그라미한 후, 아동이 찾은 합성어를 칠판에 적는다. 책을 읽지 못하는 아동들을 지도할 때에는 책을 읽을 동안 합성어가 나올 때마다 아동이 '합성어'라고 소리치게 한다. 찾은 합성어를 구성하고 있는 두 단어에 밑줄을 친다. 두 단어의 의미를 합쳐서 합성어의 의미를 다 같이 살펴본다.

확장 학습 한국어에는 한자가 합쳐져서 만들어진 합성어가 많다. 특히나 어려운 전문용어들은 한자를 바탕으로 한 합성어가 많다. 그러므로 이런 합성어의 의미와 합성어 구성 낱말의 뜻에 주의를 기울이는 것은 어휘 학습과 아동의 학업 성취에 중요하다. 지도 방법은 앞의 예와 비슷하다. 한자를 아는 것이 도움이 되나, 한자에 대한 지식이 필수적이지는 않다. 중요한 점은 아동에게 같은 단어(어근)가 들어간 개개의 낱말들이 합쳐져서 어떤 비슷한 의미를 나타내는가에 대한 이해인 것이다. 예를 들어, 학교, 학년, 학생, 학원, 학용품의 예를 사용해서 '학'은 공부에 관련되어 있음을 가르칠 수 있다. 이런 낱말들은 **'낱말 가족'**으로 소개하고 관련된 낱말들을 체계적으로 지도한다.

제10장

덩이말 이해와 상위 인지력

덩이말 이해력이란

덩이말(discourse 또는 text) 이해력은 덩이말, 즉 한 문장 이상의 여러 문장을 주고받는 대화나 문단, 이야기 등을 듣고 이해하는 '언어' 능력이다. 덩이말은 담화 또는 텍스트로 표현되기도 한다. 덩이 '글'은 덩이 단위의 언어가 글로 적힌 것을 지칭하므로 덩이글은 읽기 이해력에 사용되며, 덩이말[1]은 같은 개념이지만 언어 이해에 사용된다. 덩이말 이해는 기초적 언어 능력인 어휘력과 구문력보다 더 고차원적인 능력으로, 여러 가지 언어와 인지력을 바탕으로 하고 있다(Kim, 2015b, 2016).

1) 덩이말 이해는 주로 성인을 대상으로 덩이 '글'을 이해하는 과정에 대한 연구가 주류였으나, 최근 연구에 의하면 덩이말 이해 또한 인지처리 과정이 다르지 않다고 밝혀졌다.

덩이말 이해력 발달에 필요한 능력은 무엇인가

수길이는 목이 말랐습니다. 냉장고 문을 힘차게 열었습니다. 문을 열자 '쿵' 하는 소리와 함께 무언가가 떨어졌고, 수길이의 발은 점점 차가워졌습니다.

일상생활에서 접하는 문장과 이야기 등의 덩이말을 이해하는 데는 어떤 능력이 필요할까? 이것은 "여러 문장과 단락들로 구성되고 연결된 덩이말의 내용을 우리는 어떤 과정을 통해 이해하고 기억하는가?"라는 질문이다. 덩이말 또는 텍스트의 궁극적 이해는 상황모델(situation model 또는 심성모델)을 성립함으로써 이루어진다(van Dijk & Kintsch, 1983). 상황모델은 덩이글이 전하고자 하는 내용을 이해자가 마음에 구성한 작은 세상(microworld; Graesser, Singer, & Trabasso, 1994)이다. 이는 덩이말에 담긴 명제를 구성하고, 명제와 명제 사이를 연결하고, 이해자의 일반 세상 지식과 연결하고 통합해서, 덩이말의 전체적 주제를 이해한 것이다(Kintsch & Rawson, 2005).

명제(proposition)는 서술부와 논항으로 구성되며, 생각 또는 사고의 기본 단위다. '수길이는 목이 말랐습니다.'의 문장에는 하나의 명제가 들어 있다. '밖에서 뛰었던 수길이는 목이 말랐습니다.'라는 문장에선 '밖에서 뛰었던 수길이'라는 명제와 '수길이는 목이 말랐다'라는 두 명제가 포함되어 있다. 명제에 관한 자세한 심리학적 접근은 이정모 외(1998)를 참조하기 바란다.

앞의 이야기를 듣고 이해하기 위해서는 먼저 이 이야기에 나오는 각 어휘와 문장을 분석하고 이해하여 지엽적 의미 표상이 되어야 한다. 목, 마르다, 냉장고 등의 어휘를 알아야 하며, 낱말들이 조합되어 어떤 의미를 나타내는지 알아야 한다. 목이 마르다, 냉장고를 열다 등의 명제를 다른 명제들과 연결 구조를 성립하여, 이를 작업기억에 유지하면서 새로 들어오는 언어 자극을 동시에 처리해야 한다.

더 나아가서, 명제들을 이해자가 가지고 있는 일반 지식 또는 세상 지식과 연관시켜 의미를 통합하고, 재구성하고, 정교화해야 한다. 목이 마른 것과 냉장고 문을 연 행위가 어떻게 관련이 있는지는 이야기에 직접적으로 명시되어 있지 않다. 그리고 앞의 짧은 덩이말에서는 '물'이라는 단어가 직접적으로 언급되지 않지만 청자나 이해자는 이 이야기가 '물'과 관련 있음을 안다. 이렇게 명시적으로 언급되지 않은 내용을 이해하는 것은 이해자의 세상 지식(또는 일반 지식)을 사용해 유추 또는 추론을 해낼 때 가능하다. 즉, 덩이말 이해는 단순히 문장에 나오는 어휘와 문장 구조를 이해하는 것으로는 불가능하며, 문장에 담긴 명제들과 의미들이 이해자의 사전 지식과 연결이 됨으로써 덩이말 전체의 응집성(coherence)이 실현되어야 한다. 응집성은 덩이말 내용이 하나의 중심 주제와 연결되어 통일성을 이루는 것이다. 덩이말의 내용이 서로 연관이 없이, 앞뒤가 맞지 않는 여러 개념과 명제의 나열이 아니라, 하나의 응집성이 있는 의미 덩이로 이해가 되는 것이다.

덩이말 이해는 단순히 문장에 나오는 어휘와 문장 구조를 이해하는 것으로는 불가능하며, 문장에 담긴 명제들과 의미들이 이해자의 사전 지식과 연결이 됨으로써 덩이말 전체의 응집성(coherence)이 실현되어야 한다.

그렇다면 이러한 일련의 과정에 필요한 능력들은 무엇인가? 연구에 따르면 덩이말 이해력은 기초 인지력인 작업기억, 주의 집중, 기초 언어력인 어휘력과 문장력 그리고 상위 인지력인 추론력, 마음이론, 이해 모니터링(점검) 등의 언어와 인지 능력이 필요하다(Kim, 2015b, 2016; Lepola et al., 2012). 이들의 최근 연구 결과에서 밝혀진 관계를 나타내면 다음과 같다([그림 10-1]참조).

작업기억은 어떤 정보를 저장하고 동시에 다른 정보를 처리할 수 있는 능력이다. 대화나 이야기 등에서는 언어 정보가 계속해서 이해자에게 유입된다. 이해자는 들은 문장의 의미를 즉각적으로 처리하고 그 의미(명제)를 작업기억에 저장하는 동시에 새로 계속 유입되는 어휘와 문장의 의미를 처리하고, 명제와 명제를 연결해야 한다. **주의력**은 주어진 과제에 집중하고 다른 자극에 주의가 흐트러지거나 산만해지지 않는 능력이다. 언어 상황은 항상 수많은 다른 자극들(시각적, 청각적)이 동시에 제공된다. 예를 들어, 상대방 화자가 이야기를 할 동안, 그 입 모

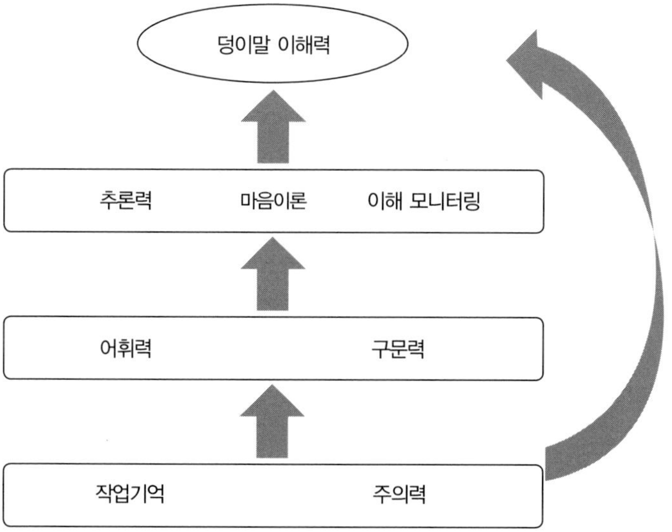

그림 10-1 **덩이말 이해력에 관련된 능력과 그 구조적 관계**(Kim, 2016)

양, 머리 색깔, 또는 주변 가구 등의 시각적 자극이나, 주변의 다른 소리 등의 청각적 자극에 주의를 뺏기지 않고 화자의 발화에 주의를 기울여야 한다. 작업기억과 주의집중력은 언어 이해뿐 아니라 모든 학습에 필요한 기본적 심적 자원이다.

어휘력과 **문장력** 또한 덩이말 이해 과정에 필수적이다. 계속해서 들어오는 언어 정보를 처리하기 위해서는 어휘와 문장의 구조에 대한 이해, 즉 통사적 또는 문법적 지식이 필요하다. 어휘와 문장이 이해가 되지 않으면 그 문장이 전하고자 하는 의미, 지엽적 명제가 성립이 되지 않는다. 즉, 언어 지식은 덩이글 이해에 빠질 수 없는 요소다.

지엽적 명제는 성립과 동시에 바로 이해자가 점진적으로 형성하고 있는 이해 표상과 통합되어야 한다. 이 통합은 명제와 명제를 서로 연결하고, 명제가 이해자의 사전 지식과 연결되어 부합되어야 한다. 이 연결 과정에 절대적으로 필요한 것이 추론이다. 덩이말에서 명시적으로 제공되지 않은 내용을 파악하고, 명제 간의 연결 고리를 잇고 인과관계를 성립하는 데에 **추론력**이 필요하다. 또한 인과관계는 화자(speaker), 이해자(comprehender) 또는 청자(listener)의 목적과 의도, 주인공과 인물들 간의 행위와 동기 등을 연결하는 것이 중요하다. 그러므로 이해자의 관점뿐 아니라 다른 이의 마음 상태와 관점을 이해하는 능력(마음이론)이 덩이말 이해에 중요한 역할을 한다. 개념과 명제를 연결하고 연결 구조를 형성하는 데에는 이해자가 자신의 이해 처리 정도를 점검하는 **모니터링**이 필요하다.

일반 지식(general knowledge) **또는 세상 지식**(world knowledge)은 일상 그리고 특정 내용에 대한 지식이다. 즉, 목이 마르면 물을 마시고, 냉장고 안의 물은 차갑다는 것에 대한 지식이다. 사회, 경제, 심리, 과학, 교육 등의 구체적인 특정 내용에 관한 전문 지식과 절차에 관한 지식 등도 일반 지식에 포함된다. 독자가 읽고 있는 이 책의 내용, 즉 읽기와 쓰기 능력의 발달과 지도에 관한 내용은 전문 지식이다. 절차에 관한 지식은 운전, 주차, 식당과 레스토랑에 가서 어떻게 하는지의 지식이다. 이 절차적 지식은 스크립트라고 불리는데, 예를 들어 일반 식당에서는 들어가 자리를 잡고, 음식을 주문하고, 수저는 어디에 있으며, 식사 후 커피나 다른 간단한 음료는 어디서 가져오는지를 안다. 그러나 이와 다른 절차를 따라야 하는 곳도 있다(예: 서양식의 고급 레스토랑)—바로 자리를 찾아가지 않고, 자리를 웨이터나 웨이트리스가 안내해 줄 때까지 기다리고, 음료, 주 요리, 디저트의 순서로 주문한다. 앞의 예에서 본 것처럼 이 일반 지식은 언어(구어)와 글의 이해에서 절대적으로 중요한 역할을 한다.

앞 장에서는 기초 언어 능력인 어휘력과 구문력을 다루었으므로, 여기에서는 상위 인지 능력에 대해 좀 더 자세히 기술한다. 인지력은 흔히 말하는 사고력이다. 사고력은 광범위한 개념으로 여러 가지 능력을 일컫는데, 여기에서는 덩이말 이해력에 필요한 상위 인지력, 즉 추론력, 마음이론, 이해 모니터링에 대해 조금 더 살펴본다.

추론력은 말이나 글에 직접적으로 언급되지 않은 내용을 배경 지식이나 내용을 유추해서 이해하는 능력이다. 일상 대화나 이야기, 뉴스 등의 덩이말에는 우리가 이해하는 데 필요한 모든 정보가 제공되는 것이 아니라 필요한 정보가 많이 빠져 있다. 예를 들어, "탁자 위에 꽃병이 놓여 있었다. 고양이가 탁자 밑을 지나갔다. 바닥에는 산산이 부서진 유리 조각이 널려 있었다." 이 지문을 들었을 때 청자는 비록 고양이가 탁자를 쳐서 유리병이 깨어진 것이 명시적으로 지문에 나오지 않았지만 이것을 유추해 내서 정보를 통합해야 이 지문이 이해가 된다. 즉, 첫 두 문장에 나오는 탁자는 같은 물체를 지칭하고, 꽃병과 유리 조각이 서로 관련이 있음을 연결해야 한다. 또한 꽃병은 주로 유리로 만들어지며, 탁자 위에 놓인 꽃병은 고양이가 지나가면서 꼬리나 다른 부위로 칠 때 넘어졌을 것이라는 것을 모두 연결해야 한다. 각 문장에 나오는 명제와 이해자가 가진 세상 지식을 활용해 명제들을 연결하는 이 과정이 추론이다. 연구에 따르면 아동 간의 추론력의 차이는 덩이말 이해에 중요한 변인이다(Kim, 2015b, 2016; Tompkins, Guo, & Justice, 2013).

마음이론은 다른 사람의 마음 상태를 알고 그 사람이 어떻게 할 것인지 예측하는 능력이다(de Villiers & Pyers, 2002; Howlin, Baron-Cohen, & Hadwin, 1999). 이것은 다른 사람의 마음을 헤아리는 것으로 상위 인지 능력이다. 예를 들어, 진수와 미영이가 방에서 그림을 그리고 있었다. 그림을 다 그린 후 미영이는 책상 위에 그림을 두고 밖으로 나갔다. 방에 있던 진수는 미영이 그림을 서랍에 넣고는 밖으로 나갔다. 방에 들어온 미영이는 그림을 어디에서 찾을까? 이 질문에 대해 아동은 어떤 대답을 할까? 이 이야기를 들은 청자는 진수가 그림을 서랍으로 옮겼다는 것을 알지만 미영이는 이것을 모른다. 그러므로 미영이가 어디에서 그림을 찾을지는 청자가 미영이의 관점과 청자의 지식을 분별하고 이해할 수 있어야 정확한 대답이 가능하다. 이렇게 자신과 타인의 마음 상태를 헤아리는 능력은 화자의 생각, 감정, 의도, 목적뿐 아니라, 이야기 속의 인물들의 생각과 의중을 헤아리는 데에 중요하다. 즉, 이야기나 대화 속의 인물들의 행동과 활동과 생각의 인과관계를 연결하는 데에 마음이론 능력이 핵심적 역할을 한다(Kim, 2015b, 2016).

이해 점검 또는 이해 모니터링 능력은 아동이 자신이 듣고 있는 내용이 이해가 되는지 안 되는지에 관해 인지하는 것이다. 언어가 숙련된 성인들은 이해 점검은 당연한 것이라고 생각할지도 모른다.

앞뒤가 맞지 않는 이야기를 들었을 때 모순이 되어서 말이 되지 않으면 되지 않는 것에 대해 인지를 하고 질문을 해서 확인을 해야 한다. 그런데 많은 아동이 구어나 읽기 지문에서 앞뒤가 맞지 않는 것을 탐지하거나 알아내지 못하는 것으로 보고되었다(Baker, 1984; Beal, 1990; Kim & Phillips, 2014; Markman, 1977). 예를 들어, "아침 햇살이 무척 밝고 따뜻했습니다. 준이와 현석이는 밖에 나가서 놀기로 했습니다. 준이와 현석이는 엄마한테 밖에 나가서 놀아도 되는지 물어보았습니다. 엄마는 밖은 너무 어두워서 안 된다고 말했습니다."라는 짧은 이야기를 들었을 때 아동은 이 이야기에 모순이 있다는 것을 인지하고 왜 이야기의 앞뒤가 맞지 않는지를 설명할 수 있을까? 이 능력이 이해 점검 모니터링이며, 이해 모니터링의 개인차는 아동의 덩이말 이해력과 연관되어 있다(Kim, 2015b, 2016; Kim & Phillips, 2014).

상위 인지력 지도

책 읽기를 통한 아동의 언어 발달 지도 예시 – 상호작용적, 대화적 책 읽기

> 책 읽기는 얼마나 자주 읽느냐 하는 빈도뿐 아니라 어떻게 읽느냐가 중요하다.

책 읽기는 얼마나 자주 읽느냐 하는 빈도뿐 아니라 어떻게 읽느냐가 중요하다. 책 읽기 능력이 아직 발달하지 않은 아동이나 책을 읽을 수 있는 아동 모두에게 적합한 방법 중의 하나가 대화적 책 읽기다. 이것은 아동에게 책을 읽어 줄 때 또는 아동과 함께 책을 읽을 때 책의 내용 또는 지문만 읽는 것이 아니라 아동의 언어 능력 발달을 도모하기 위해 교사나 학부모가 대화식으로 책을 읽는 방법이다(Whitehurst et al., 1994). 대화적 책 읽기의 원 목적은 아동의 어휘력 발달 향상이었으나, 점차 어휘력 이외의 덩이글 이해로 확장되었다. 이 책에서는 대화적 책 읽기의 기본 교수방법을 소개하고, 거기에 상위 인지력 향상을 위한 지도를 적용했다.

대화적 책 읽기교수를 하기 전에 미리 다섯 가지 방법에 해당하는 질문과 내용을 준비한다.

대화적 책 읽기에서 사용하는 기본 지도 방법은 다섯 가지가 있다. 대화적 책 읽기를 하기 전에 미리 이 다섯 가지 방법에 해당하는 질문과 내용을 준비한다.

- **말 채우기**: 문장을 끝내지 않고 아동이 채우게 한다. 이 지도 방법은 반복적 문장이나 반복적 구문 표현이 많은 책에서 효과적으로 사용할 수 있다. 『갈색 곰 갈색 곰』(Eric Carle, 1967) 책에서는 같은 구문이 반복되어 아동이 말을 채워 넣기에 적합하다. "갈색 곰아, 갈색 곰아. 무엇을 보고 있니? 날 쳐다보는 빨간 새를 보고 있어. 빨간 새야, 빨간 새야. 무엇을 보고 있니? 날 쳐다보는 노란 오리를 보고 있어……." 식의 내용으로 동물은 바뀌면서 구문은 계속적으로 반복된다. 교사나 학부모는 이 반복적 구문을 이용해, 문장을 끝내지 않고 아동이 채우도록 유도할 수 있다[예: (노란 오리가 나오는 그림을 보여 주며) 날 쳐다보는 ……].
- **이야기 회상 유도**: 아동에게 읽은 책의 내용을 회상하고 말하도록 유도하는 질문이다. 이 지도는 아동이 이야기나 책의 내용과 그 순서들을 기억하고 묘사함으로써 아동의 이야기에 대한 이해를 돕고 언어 연습 기회를 제공한다. 회상은 책을 다 읽고 난 후에만 가능한 것이 아니라 책을 읽는 중간중간 그때까지 읽은 내용을 기억하고 말하도록 한다. 이야기 회상(이야기 다시 말하기)은 회상 내용에 어떤 중요한 요소를 포함하는지 시범을 통해서 지도한다. 즉, 이야기의 중요 부분은 육하원칙에 따른 중요한 정보를 포함하도록 하고, 이야기 전개에 꼭 필요하지 않은 세부적인 정보는 제외한다.

- **개방적, 탄력적 질문:** '예, 아니요'의 단답이 나오는 질문이 아니라, 문장의 답변이 나오게 하는 질문이다. 예를 들면, '이 페이지에는 무슨 일이 일어나고 있나요?' '다음에는 무슨 일이 일어날까요?'와 같은 질문이다. 개방적 질문은 책에 명시적으로 언급된 내용과 그렇지 않은 내용에 관한 질문을 한다.
- '누가, 언제, 어디서, 무엇을, 어떻게, 왜'의 **육하원칙을 바탕으로 한 구체적 질문:** 육하원칙 질문은 책의 내용에 따라 쉽게 바로 명시적으로 답이 주어지는 경우도 있으며, 이와 달리 책의 여러 내용을 모아 정리하고 추론을 해야 가능한 답도 있다. 이 두 가지 양식의 질문을 모두 한다.
- 이야기 내용을 **아동의 경험과 연결하기:** 아동이 책에 나오는 내용과 자신이 알고 있는 배경 지식과 경험을 연결하도록 질문으로 유도한다. 아동과 놀이터에서 일어난 일에 관련된 책을 읽는다면, "우리 어제 놀이터에 갔었지? 거기서 시소를 재미있게 탔었어. 이 이야기에서는 무슨 일이 있을까?" 등의 질문을 해서 아동의 이야기 속 내용과 자신의 경험을 연결하도록 유도한다.

다음 예는 유아원 또는 유치원 아동 또래 대상의 대화적 책 읽기 지도의 예시다.

첫째 날

- **책 읽기 전 어휘 지도:** 책을 읽기 전에 책에 나올 어휘 중 내용 이해와 다른 용도(교과)에 중요한 것을 몇 개 선택해서 지도한다. 앞 장에서 다루었듯이 친아동적인 정의를 사용하고, 책 속에 나오는 예문을 통해 그 의미를 설명한다.
- **책 읽기:** 책을 읽을 동안, 지도한 어휘가 나올 때 아동이 주목하도록 한다. 책을 읽을 동안 1단계 질문들을 한다. 1단계 질문들은 책에 명시적으로 나와 있는 내용에 관한 것으로, 주로 무엇을, 누가, 어디에서, 어떤 일을 했는지에 관한 질문들이다. 즉, 책에 나와 있는 명시적인 내용을 학생들이 이해하는지를 점검하기 위한 기초적 질문이다. 아동이 질문에 대답을 할 때 단순히 "네,

1단계 질문들은 책에 명시적으로 나와 있는 내용에 관한 것으로, 주로 무엇을, 누가, 어디에서, 어떤 일을 했는지에 관한 질문들이다.

맞아요."에서 그치지 말고 아동의 대답을 확장해 준다. 예를 들어, "네, 이것은 소방관이에요. 소방관은 불을 끄거나 위급한 상황에 처해진 사람들을 구조하는 일을 해요."와 같이 해 준다.

둘째 날

- **복습**: 첫째 날에 소개한 어휘를 복습한다. 그림을 보여 주거나 질문을 한다. "내가 생각하는 이 단어는 사람을 도와주며 불을 끄는 직업을 가진 사람이에요." (소방관)
- **책 읽기 전 어휘 지도**: 더 소개할 낱말이 있으면 지도한다.
- **책 읽기**: 책을 읽을 동안 첫째 날의 1단계 질문에다 2단계 질문을 덧붙인다. 2단계 질문은 '예, 아니요'가 아닌 개방적, 탄력적 질문들이다. 예를 들어, 아동에게 그림을 보여 주며 "이 페이지에서는 무슨 일이 일어나고 있나요?" "좀 더 자세히 설명해 보겠어요?" "이 페이지에서 일어나고 있는 또 다른 일은 무엇인가요?"라고 질문한다. 아동이 대답할 때 아동의 대답을 확장한다. 아동이 설명하는 데 어려움을 겪으면 어떻게 대답하는지 시범을 보여 준다.

셋째 날

- **복습**: 첫째와 둘째 날에 소개한 어휘를 복습한다.
- **책 읽기**: 책 내용과 관련해 언제, 어디서, 무엇을, 어떻게 등의 질문을 한다. 질문의 답이 명시적으로 책에 나올 수도 있으나 그렇지 않고 내용을 종합해서 추론을 해야만 답을 구할 수 있기도 하다. 후자의 경우, 아동이 추론의 연결 고리를 찾는 것을 도와주어야 한다. 또한 책 내용을 아동의 경험과 연결할 수 있는 질문을 한다. 예를 들어, 애완동물에 관한 책이라면, "애완동물을 키워 본 적이 있어요? 어떤 동물이에요?"라고 질문한다.

마음이론 지도

대화적 책 읽기에 명시적으로 나오지 않는 것은 마음이론과 이해 점검이다. 마음이론은 타인의 마음을 헤아리는 것이므로, 이것은 대화 상대뿐 아니라 책에 나오는 인물의 마음 상태 그리고 저자의 의도 등으로 연장된다. 또한 책에 나오는 인물들의 마음 상태와 관련된 부분을 강조하며 논의를 함으로써 이해 점검의 발달을 도모할 수 있다. 예를 들어, 『아기 돼지 삼형제』 동화를 읽을 때, 통상적 읽기에서는 아기 삼형제가 각기 다른 집을 짓고 늑대에게 잡아먹힐 뻔한 이야기의 줄거리를 이해하는 데에 중점을 둔다. 그러나 마음이론 지도를 위해서는, 이야기가 전개되는 동안 아기 돼지 삼형제와 늑대의 감정과 생각에 관한 질문을 함으로써 인물의 다른 관점에 대해 생각을 하도록 도모한다. 예를 들어, "여기서 막내 아기 돼지는 마음속으로 무슨 생각을 할까요?" "늑대는 지금 무슨 생각을 할까요? 기분이 어떨까요?" "마음이 어떨까요?" 등의 질문을 할 수 있다.

이해 점검 또는 이해 모니터링 지도 예시

이해 점검은 듣고 있는 말 또는 덩이말이 이해가 되는지 점검하는 능력이다. 연구에 따르면, 명시적이고 체계적인 지도를 하루에 5분씩의 짧은 시간을 할애함으로써 이해 점검을 향상시킬 수 있다(Kim & Phillips, in press).

> 이해 점검은 듣고 있는 말 또는 덩이말이 이해가 되는지 점검하는 능력이다.

다음은 이 연구를 바탕으로 한 지도 방법의 예다.

"여러분이 이야기를 들을 때에는 듣는 이야기가 이해가 되어야 해요. 이해가 된다는 것은 말의 앞뒤가 맞아야 한다는 의미예요. 들어 보세요. '다람쥐는 상추를 좋아해요. 그래서 다람쥐는 상추를 많이 먹어요.'라는 말을 들었어요. 이 두 문장은 말이 앞뒤가 맞아요. 왜냐하면, 다람쥐는 상추를 좋아하니까 상추를 많이 먹어요. 이것은 말이 돼요. 또 다른 문장을 잘 들어 보세요.

'다람쥐는 상추를 좋아해요. 다람쥐는 상추를 싫어해요.' 이 두 문장은 말이 안 돼요. 왜냐하면, 앞뒤가 맞지 않기 때문이에요. 처음에는 다람쥐가 상추를 좋아한다고 했는데 뒤에서는 다람쥐가 상추를 싫어한다고 했어요. 그래서 이 말은 앞뒤가 안 맞아요. 이것처럼 우리는 이야기를 들을 때에 말과 이야기가 이해가 되는지 앞뒤가 맞는지 생각을 해야 해요.

이번에는 선생님이 그림을 보여 주고 문장을 읽어 줄 테니까 이 문장들이 앞뒤가 맞는지 생각해 보세요.

아침 햇살이 무척 밝고 따뜻했습니다.

준이와 현석이는 밖에 나가서 놀기로 했습니다.

이 이야기가 말이 되나요? 앞뒤가 맞아요? (아동의 대답을 기다린다.) 왜 그럴까요?

다음 그림을 보고 이야기를 들어 볼까요?

준이와 현석이는 엄마한테 밖에 나가서 놀아도 되는지 물어보았습니다. 엄마는 밖이 너무 어두워서 안 된다고 말했습니다.

이 이야기는 말이 되나요? 앞뒤가 맞나요? (아동이 대답하도록 한다.) 왜 그럴까요?”

이와 같은 방법으로 아동에게 짧고 간단한 이야기를 들려주고 이야기의 앞뒤가 맞는지, 또 왜 그런지, 그렇지 않은지에 관해 질문을 하고 대답을 도와준다.

또한 이 지도는 이렇게 따로 준비해 둔 이야기뿐 아니라 일상 대화에서도 지도가 적절한 순간을 포착해서 가르칠 수 있다. 예를 들어, 월요일 아침에 아동들과 인사를 하며 주말에 무엇을 했는지 아동들에게 물어본다. 그리고 아동에게 엉뚱한 내용으로 되물어 본다. 예를 들어, 아동이 동물원에 다녀왔다고 하면, “아, 놀이공원에 갔다 왔다고?”라고 되묻는다. 또한 아동이 기린을 보았다고 하면, “기린은 목이 아주 짧지요?”라고 묻는다. 질문은 아동의 상식 또는 세상 지식과 상반되거나, 아동의 이야기에 상반되는 내용으로 되물어 본다. 이것은 장난처럼 보일 수 있으나 아동의 이해 점검을 도모해 주는 한 지도 방법이다.

제5영역: 읽기 이해력

읽기 이해력은 읽기 발달과 읽기 지도의 궁극적 목적이다. 그러면 지문을 성공적으로 읽고 이해하는 데에는 어떤 능력들이 필요한가? 다음 그림에 보이는 것처럼 읽기 이해력은 여러 가지 언어와 인지 능력을 바탕으로 한 가장 고차원적인 상위 능력이다. 이제까지 살펴보았던 능력들, 즉 글 읽기 유창성, 낱말 읽기, 언어 이해력에 필요한 제반 언어 인지력 등이 모두 궁극적으로는 읽기 이해력 발달에 필요하다. 그러므로 읽기 이해력은 이 수많은 요소적 능력이 제대로 균형 잡히게 발달되어야 이루어지는 고차원적 능력이다. 이 장에서는 읽기 이해력 발달에 관련된 능력들과 읽기 이해력 지도에 관해 다룬다.

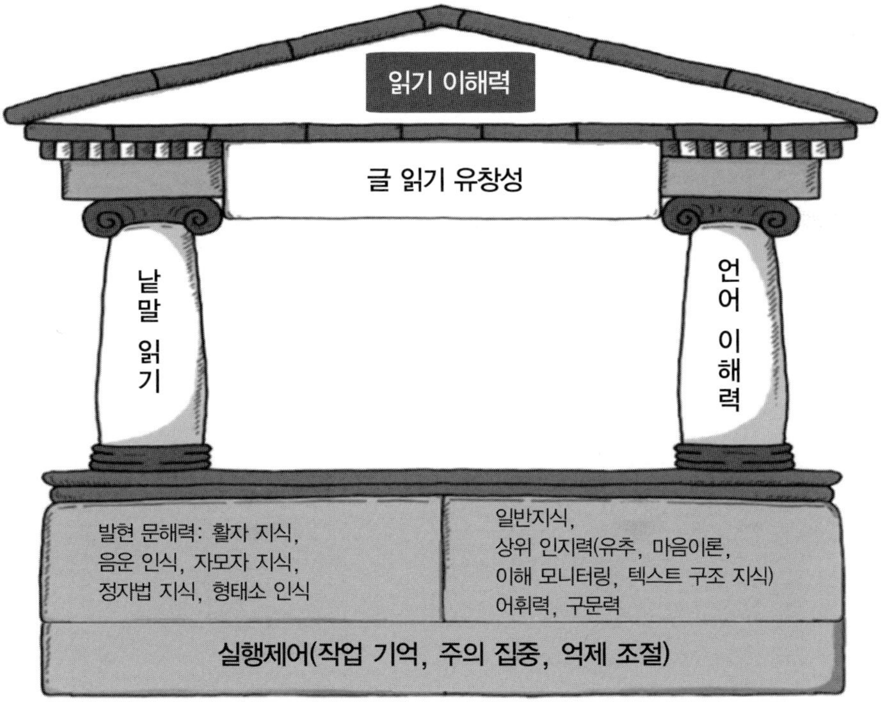

제11장

읽기 이해력

읽기 이해력이란

읽기 이해력은 독자가 글을 읽고 글과 상호작용하면서 글의 의미를 도출하고 구성하는 과정(Snow & Sweet, 2003, p. 1), 또는 글과 독자 간의 생각의 상호 교환을 통해 의미를 구성하는 것이다(Harris & Hodges, 1995). 글을 읽고 이해한다는 것은 독자가 글의 내용에 관한 정신적 모형 또는 작은 세계, 즉 상황모형을 구성하는 것이다(Kintsch, 1988, 1994).

읽기 이해력에 필요한 능력은 무엇인가

읽기 단순이론(Simple view of reading; Gough & Tunmer, 1986)에 따르면, 읽기 이해력에는 낱말 읽기와 언어 이해력 두 가지가 필수 요건이다. 낱말 읽기와 언어 이해력은 필수불가결한 요소로서 어느 하나라도 빠지면 읽기 이해력은 성립이 되지 않는다. 다음에 제시한 등식에서 보듯이, 읽기 이해력은 낱말 읽기와 언어 이해력의 곱셈의 산물이다. 낱말 읽기나 언어 이해력 중 하나가 0이면 읽기 이해력도 0이 된다.

읽기 이해력 = 낱말읽기 × 언어 이해력

읽기 발달 초기에는 낱말 읽기 능력이 읽기 이해력을 크게 좌우하며, 읽기가 발달하면서 점점 언어 이해력의 영향력이 증가하게 된다.

읽기 단순이론의 또 하나의 가설은 낱말 읽기와 언어 이해력의 영향의 정도가 아동의 읽기 발달 정도에 따라 달라진다는 것이다. 읽기 발달 초기에는 낱말 읽기 능력이 읽기 이해력을 크게 좌우하며, 읽기가 발달하면서 점점 언어 이해력의 영향력이 증가하게 된다. 아동이 읽기를 시작하는 초기에는 아동이 낱말을 얼마나 읽을 줄 아느냐가 주어진 지문 또는 덩이글을 이해하는 정도를 대부분 결정하며, 아동의 낱말 읽기 실력이 발달한 시기에는 낱말 읽기보다는 아동의 언어 실력에 따라 독해 실력이 좌우된다.

읽기 단순이론의 장점이자 약점은 단순하다는 것이다. 단순한 것은 이해하기 쉽다. 그러나 이것은 읽기 이해력에 관련된 결코 단순하지 않은 복잡한 과정을 가리게 된다. 낱말 읽기와 언어 이해력이 읽기 이해력을 잘 설명하지만, 낱말 읽기와 언어 이해력이 발달하기 위해서는 앞 장들에서 다룬 다양한 언어와 인지 과정이 필요하다. 이는 이 책에서 처음부터 지침으로 사용한 [그림 11-1]로 설명된다.

단순관점모델에서 제시한 것처럼 낱말 읽기와 언어 이해력이 읽기 이해력을 지탱해 주는 두 개의 필수 요소다. 앞 장에서 다루었듯이 글 읽기 유창성 또한 이 두 필수 요소를 바탕으로 하고 있으며, 낱말 읽기와 언어 이해력과 읽기 이해력을 연결해 주는 교량적 역할을 한다. 낱말 읽기는 2, 3, 4, 6장에서 다룬 발현 문해력, 즉 활자 지식, 자모 글자 지식, 음운 인식, 정자법 지식, 형태소 인식 등의 다양한 능력을 바탕으로 발달한다. 언어 이해력은 포괄적으로 어휘력, 구문력, 덩이말 이해력을 포함한다. 앞 장에서 다루었듯이 덩이말 이해력은 기초적 인지 능력

그림 11-1 구조적 읽기 모델

인 작업기억과 주의 집중력 그리고 언어 능력인 어휘력과 구문력, 마지막으로 고차원적 인지 능력인 추론력, 마음이론, 이해 모니터링 그리고 일반 지식이 필요하다. 결국, 낱말 읽기와 언어 이해력은 여러 언어와 인지 능력을 바탕으로 하고 있고, 읽기 이해력은 이런 낱말 읽기와 언어 능력을 바탕으로 하고 있다. 그러므로 낱말 읽기와 언어 능력에 관련된 모든 하위의 능력이 제대로 갖추어지고 발달이 되었을 때 가능한 것이 읽기 이해력이다. 많은 연구가 이것을 뒷받침해 주는데, 아동의 읽기 이해력은 낱말 읽기뿐 아니라 어휘력, 구문력, 작업기억, 추론력, 이해 점검 모니터링, 일반 지식에 의해 예측된다(김경선, 김동일, 2013; Cain, Oakhill, & Bryant, 2004; Kim, 2015b; Tunmer, Nesdale, & Wright, 1987; Vellutino, Tunmer, Jaccard, & Chen, 2007).

[그림 11-1]에 나타난 구조적 모델은 읽기단순이론과 읽기 이해력을 좀 더 총체적으로 접근하는 읽기 시스템 이론(Perfetti & Stafura, 2014)과 상응하며, 연구 결

과들이 이를 뒷받침해 준다(Cain, Oakhill, & Bryant, 2004; Kim, 2015b; Vellutino, Tunmer, Jaccard, & Chen, 2007). 결론적으로, 단순해 보이는 읽기 이해력은 결코 단순한 과정이 아니며 이 많은 요소가 빠짐없이 적절하게 발달되어야 한다.

읽기 이해력이 위계적 구조를 가진 많은 언어, 인지 능력을 필요로 한다는 것은 무엇을 시사하는가? 첫째, 읽기 이해력 발달에 관련된 많은 언어, 인지 요소 중 하나라도 빠지거나 부진하면 이해 발달에 어려움을 겪게 된다. 둘째, 읽기 이해력의 발달에 수많은 요소가 관여하므로, 성공적인 읽기 지도를 위해서는 다양한 요소에 주의를 기울여야 한다. 즉, 모든 요소적 능력들이 제대로 발달하고 작동을 해 주어야 읽기 이해력이 성취되므로 다면적이고 총체적 지도 접근이 필요하다. 또한 단기적 안목과 계획이 아니라, 장기적인 지도와 노력이 필요하다. 셋째, 읽기 이해력 부진에 체계적인 접근이 필요하다. 읽기단순모델에 의하면, 아동의 낱말 읽기와 언어 이해력 수준을 고려해서 아동들을 [그림 11-2]처럼 사분면의 네 부류로 분류할 수 있다. [그림 11-2]를 보면, 한 부류의 아동은 낱말 읽기와 언어 이해력이 모두 우수하고(고 - 고; 1 부류), 한 부류의 아동은 언어 이해력은 높은데 낱말 읽기가 낮고(저 - 고; 2 부류), 한 부류의 아동은 낱말 읽기는 잘하는데 언어 이해력이 낮고(고 - 저; 3 부류), 마지막 부류의 아동은 낱말 읽기와 언어 이해력이 모두 낮다(저 - 저; 4 부류).

> 읽기 이해력 지도에는 다면적이고 총체적 지도 접근이 필요하다.

즉, 아동이 읽기 이해력이 부진한 경우는 2, 3, 4부류에 속하는 아동으로서, 읽기 이해력의 부진이라는 결과는 동일하지만 그것을 원인적으로 살펴볼 때 다른 부류로 나뉜다. 이러한 원인적 정보는 읽기 이해력 지도와 중재에 꼭 필요한 내용이다. 즉, 읽기 이해력이 떨어지는 아동을 지도할 때는 그 주 원인이 낱말 읽기인지, 언어 이해력인지, 아니면 두 가지 모두인지를 먼저 평가하여 확인하고, 아동의 필요에 맞는 지도와 중재의 계획과 수행이 되어야 한다.

> 읽기 이해력의 부진이라는 결과는 동일하지만 그것을 원인적으로 살펴볼 때, 다른 부류로 나뉜다.

물론 여기서 한 걸음 더 나아가야 한다. 낱말 읽기가 부족하다면, 그 구체적

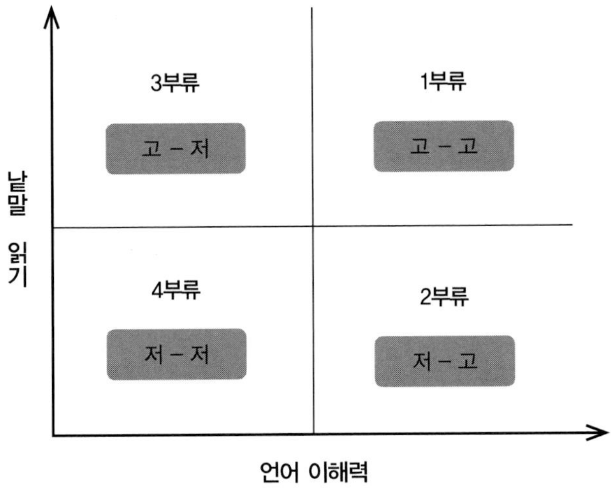

그림 11-2 언어 이해력과 낱말 읽기 능력에 따른 네 부류의 아동

인 원인을 찾아야 한다. 음운 인식력이 약할 수도 있고, 자모 글자와 음가의 지식이 약할 수도 있다. 마찬가지로 언어 이해력이 떨어지는 이유가 아동의 기초 언어 능력(어휘력과 구문력)이 약한지, 추론력이 미약한지를 정확히 파악해야 한다. 정확한 평가가 이루어지면 그 결과를 바탕으로 지도와 중재의 방향을 잡을 수 있다. 읽기 이해력 부진 방지와 중재를 위해서는 읽기 이해력에 관련된 요소를 체계적으로 평가하며, 평가 결과를 바탕으로 한 지도와 중재가 필요한 것이다.

의미통일성의 잣대

여기서 하나 소개할 개념은 의미통일성의 잣대(Standards of Coherence)다. 의미통일성의 잣대는 독자가 글을 읽을 때 글의 이해 수준을 어느 정도로 잡고 있는지의 기준이다(Kim & pilcher, in press; van den Broek, Lorch, Linderholm, & Gustafson, 2001). 의미통일성의 잣대는 개인별 차이가 있다. 높은 의미통일성 잣대를 가진 사람들은 글을 읽을 때 글에 대한 이해가 확실하고 정확해야 한다. 반면 의미통일성 잣대가 낮은 사람들은 글을 읽을 때 전체 내용 또는 부분적 내용이 확실히 이해가 되지 않더라도 대충 넘어가는 경향이 있다. 의미통일성의 잣대는 개인별 차이가 있을 뿐 아니라, 상황에 따라 달라진다. 시험 준비를 위해 책을 읽으며 공부를 할 때, 또는 관심 있는 분야의 정보를 배우기 위해 책을 읽을 때는 의미통일성의 잣대를 높게 해서 내용 이해를 하려고 할 것이다. 그러나 짬나는 시간 동안 잡지를 읽을 때는 정확하고 밀도 있게 이해가 되지 않더라도 개의치 않을 것이다.

읽기 지도에서 의미통일성의 잣대는 아주 중요한 개념이다. 글을 읽는 이유는 그 글의 내용과 메시지를 이해하기 위함이므로, 글을 읽을 때에는 의미 이해에 집중을 해야 한다. 의미 이해에 집중한다는 것은 이해가 되지 않는 부분이 있으면 그냥 대충 넘어가지 말고, 왜 이해가 되지 않는지를 파악하고 이해를 위하여 노력해야 한다는 말이다. 다시 말해, 읽기 이해력 지도 목표의 하나는 아동의 의미통일성의 잣대를 높이는 것이다. 의미통일성의 잣대가 높지 않으면, 글의 내용을 이해하는지 모니터링을 하지 않게 되고, 이해에 공백이나 오류가 있는지 인지하지 못할 가능성이 높다. 또한 이해에 공백이 있거나 실패를 했다는 것을 인식한다 하더라도 이해를 위한 노력을 기울일 필요성을 느끼지 못하며, 이해를 돕기 위해 해야 할 노력, 즉 이해가 되지 않는 부분에 대해 자신에게 질문을 하고, 글을 다시 읽는다든지 등의 노력을 취하지 않게 된다(Kim & Pilcher, in press).

> 읽기 이해력 지도 목표의 하나는 아동의 의미통일성의 잣대를 높이는 것이다.

글의 종류와 글 구조에 대한 지식

> 장르는 크게 문학적인 글(또는 이야기체) 비문학적인 글(정보체)로 나뉜다.

글에는 여러 가지의 장르가 있고, 장르마다 특징적 구조가 있다. 이것에 대한 지식을 덩이글 구조 지식 또는 텍스트 구조 지식이라고 한다. 장르는 크게 문학적인 글(또는 이야기체)과 비문학적인 글(정보체)로 나뉜다. 문학적인 글은 소설, 수필, 시 등을 포함하고, 정보체의 글은 정보 전달을 목적으로 하는 여러 종류의 설명체, 비교대조체, 인과체, 설득체 등을 포함한다. 이야기체 글의 구조는 대체적으로 다음과 같다. 발단에서는 인물들이 소개되며 장소와 시간 등에 대한 정보가 있다. 전개 부분에서는 인물들을 중심으로 일련의 일과 사건들이 벌어지며, 중심인물들을 둘러싸고 갈등과 문제 등의 위기가 발생하며, 이것은 절정으로 이어진다. 그리고 갈등 해결을 위한 시도와 노력, 갈등의 해결로 이야기가 결말이 난다. 이런 발단, 전개, 위기, 절정, 결말의 구조는 소설에만 해당하는 것이 아니라, 일상생활에 관한 글에서도 구조의 충실성에 다소 차이가 있어도 대체적으로 적용이 된다. 이야기체의 글은 아동이 어렸을 때부터 동화 등에서 자주 접하는 글이다.

정보체의 글은 정보 전달과 설명이 주된 목적이므로 이야기체의 글과는 구조가 다르다. 정보체 글들은 주로 서론, 본론, 결론의 형식을 취하게 되는데 종류에 따라 자주 사용되는 어휘나 용어가 다르다. 정보체의 글은 또한 일상생활에서 광범위하게 사용되어서 신문, 요리책, 안내문 등 어디에서나 접할 수 있다. 학생들에게는 사회, 수학, 역사, 과학 등 대부분의 학과 교과서가 정보체 글이다. 정보체 글의 종류와 정의, 그리고 각 종류의 글에 자주 사용되는 단서 용어들은 〈표 11-1〉에 정리되어 있다.

표 11-1 정보체 글의 종류와 정의

정보체 글 구조	정의	자주 사용되는 단서 용어
설명	어떤 대상(개념이나 주제)에 관한 정의, 묘사 또는 설명하는 글	예를 들어, 예컨대, -과 같은, 특히
인과적 관계	주제 또는 사건의 인과적 관계를 묘사하는 글	왜냐하면 … 때문에, 결과적으로, 초래하다, 이유, 원인
문제-해결 관계	주제에 관련된 문제를 제시하고 해결책을 제시하는 글	문제는, 결과는, 해결점
비교 대조	두 가지나 그 이상의 물체나 의견, 아이디어의 유사성과 차이점을 설명	유사성, 차이점, 비슷하다, 다르다, 동일하다, 반면, 그러나
설득/논설	저자의 의견이나 주장을 독자에게 설득하려는 의도의 글	논지, 근거, 타당, -해야 한다, 바람이다, 생각한다

글의 구조와 특징에 대한 지식은 아동의 읽기 이해력에 아주 중요한 역할을 한다.

연구에 따르면 앞에 언급한 글의 구조를 따르지 않는 글은 독자가 이해하는 데 어려움을 겪는다(Baker & Stein, 1981). 또한 글의 구조와 특징에 대한 지식은 아동의 읽기 이해력에 아주 중요한 역할을 한다. 글의 구조 지식은 정보를 기억하고, 의미를 구성하고, 유추해 내며, 분석을 용이하게 함으로써 읽은 글의 이해를 높인다(Pressley & Block, 2002). 즉, 특정 글의 구성에 관해 알고 있을 때에는 읽고 있는 내용이 구조적으로 어떻게 펼쳐질지를 알기 때문에 중요한 내용과 그렇지 않은 내용을 분별하기 쉽다. 유능한 독자는 글의 구조 지식을 이용해 글의 내용을 재구성한다. 그리고 이를 통해 상황모델을 형성하는 데에 능숙하다(van den Broek et al., 2005). 그러므로 아동들이 여러 종류의 글과 그 주된 특징을 아는 것은 아동의 읽기 이해력과 학습에 매우 중요하다. 특히 많은 아동이 초등학교 입학 전에 동화 등을 통해 이야기체를 자주 접하게 되나, 정보체의 글을 접할 기회는 상대적으로 적은 편이다(Duke, 2006). 그러므로 글의 종류와 구조에 관한 명시적이고 체계적인 지도가 필요하다.

글의 구조 지도 시에는 도식 사용이 효과적이며, 도표 사용은 아동의 읽기 이해력을 증진한다(Kim, A. Vaughn, Wanzek, & Wei, 2004). 도식은 글의 구조를 구체적으로 형상화한 것으로서, 글의 조직과 글의 내용의 상응 관계, 글 속의 여러 개념이 어떻게 서로 관련이 있는지를 이해하는 데 도움을 주는 시각적 도구다. 이것은 글의 주제와 핵심 내용을 파악하는 데 도움을 준다.

읽기 이해력 지도

언제 아동의 기본적인 낱말 읽기와 텍스트 유창성이 어느 정도 발달하면 해독이 쉬운 낱말들로 구성된 짧은 글부터 시작해서 바로 읽기 이해력 지도가 시작되어서 고등학교까지 계속되어야 한다. 읽기 이해력 지도는 아동이 낱말 읽기를 할 수 있을 때까지 기다려야 하는 것이 아니라 언어 이해력 지도의 연장으로 간주해야 한다. 또한 읽기 이해력은 초등학교 저학년에서만 지도의 초점이 되는 것이 아니라, 학년이 올라갈수록 어려워지는 글을 이해할 수 있도록 꾸준한 지도가 필요하다.

> 읽기 이해력 지도는 아동이 낱말 읽기를 할 수 있을 때까지 기다려야 하는 것이 아니라 언어 이해력 지도의 연장으로 간주해야 한다.

어떻게 읽기 이해력 지도는 앞서 언급한 여러 요소를 포함해야 하며, 명시적이고 체계적이어야 한다. 읽기 이해에 필요한 요소들을 명시적으로 분명히 지도하고, 하위 단위 요소들부터 해서 상위 단위 요소들로 체계적 · 점진적으로 지도해야 한다. 또한 읽기 이해력 지도는 국어 시간에만 제한되는 것이 아니라 다른 영역, 즉 사회나 과학 등에서도 필수적이다. 특히 사회나 과학과 같은 정보체의 내용을 다룰 때에는 정보체 내용 독해에 관한 지도가 필요하다. 읽기 이해력 지도의 내용을 요약하면 다음과 같다(Shanahan et al., 2010).

> 읽기 이해력 지도는 국어 시간에만 제한되는 것이 아니라 다른 영역, 즉 사회나 과학 등에서도 필수적이다.

- 글을 읽고 이해하며 읽은 글로부터 지식을 습득하는 '읽기 학습 책략'을 익히고 독립적으로 사용할 수 있도록 지도한다.
- 다양한 장르의 글 구성 조직을 명시적으로 지도한다. 장르마다 내용 전달을 위해 사용하는 구성 조직이 다르며, 구성 조직에 관한 지식은 아동의 읽기 이해력을 증진한다.
- 글에 대해 논의한다. 읽은 글의 내용에 대해 깊은 이해를 위해서는 기본적인 질문과 답변뿐 아니라 깊이 있는 토의가 필요한데, 이것을 교사가 시범을 보인다.
- 읽기 지도에 적합한 글을 선택한다.
- 읽기 이해는 많은 인지적 노력이 필요한 일이므로 글을 읽고 이해하는 것에 대해 아동이 흥미를 가지도록 노력하며 지도를 한다.

다음에는 읽기 이해력 지도에 필요한, 읽기 이해력 책략(strategy) 지도, 읽기 이해력 책략을 사용하는 구체적인 예인 상보적 지도, 글 구조 지도에 관해 기술한다.

읽기 이해력 책략 지도

읽기 학습 책략(reading strategies)은 독자가 읽기 이해력 증진을 위해 의도적으로 수행하는 정신적 노력과 행동을 지칭한다. 읽기 이해는 자동적 정보 처리 과정(예를 들어, 자동적인 낱말읽기)과 의식적 노력이 모두 필요한데, 많은 연구가 의식적 노력이 필요한 다음의 책략들을 사용하는 것이 읽기 이해력을 증진하는 것으로 밝혔다(Shanahan et al., 2010).

예측하기

'예측하기'는 글의 다음 부분에는 무슨 내용이 나올지를 예측하는 것이다. 이것은 읽고 있는 내용과 관련된 지식과 글에 나오는 단서를 서로 연결할 때 가능하다. 일반 지식은 읽기 이해력의 중요한 한 요소로서(김경선, 김동일, 2013; 최소영, 고성룡, 2012), 상식이 풍부한 것도 중요하지만 보유하고 있는 지식을 현재 읽고 있는 글과 관련 있는 부분과 연결하는 능력도 중요하다(Pressley & Block, 2002). 예를 들어, 제목이나 부제 등을 통해, 글의 내용이 무엇일지를 예측하고 그와 관련된 일련의 배경 지식을 끌어내야 한다. 또한 글을 읽는 동안, 글의 내용을 자신이 알고 있는 지식과 연결하여 내용을 이해하고 풍부한 상황모형을 구성해야 한다. 이를 위해서는 아동에게 글의 내용을 자신의 경험과 연결하도록 장려하고 글을 읽다가 중간에 중지하고 다음 부분에는 무슨 내용이 나올지 예측해 보도록 한다.

의문 제기하기

'의문 제기하기'는 독자가 자신이 읽고 있는 글의 주제와 주된 요점에 관해 스스로 질문을 하고 대답하는 것이다. 자신에게 질문하는 것은 독자가 독서에 더 흥미를 붙이게 하며, 질문을 함으로써 자신의 이해 정도를 가늠할 수 있게 해 준다. 질문을 하기 위해서는 글의 중요한 내용이 무엇인가를 먼저 생각해야 하고, 이것에 관한 질문을 자신에게 던지고 대답을 하려고 노력하는 것이다. 질문에는 글에 표면적으로 나오는 내용에 관한 것부터 좀 더 깊은 추론이 필요한 내용까지를 모두 포함한다. 표면적 질문은 글에 직접적으로 명시된 내용에 관한 질문이며, 유추 질문은 글에 명시적으로 적혀 있지 않아 독자가 자신의 일반 지식과 연결, 또는 글 속의 다른 명제를 연결해야 하는 것들이다. 예를 들어, 202쪽에 나오는 '고래와 물고기'에 관한 지문에서 표면적 내용에 관한 질문의 한 가지는 "엄마 고래가 아기 고래에게 얼마 동안 모유를 먹입니까?"다. 좀 더 유추가 필요한 질문은 "일반 물고기들은 엄마 물고기로부터 모유를 마십니까?"다. 정답은 '아니요.'다. 지문에 직접적으로 물고기들이 모유를 마시지 않는다는 언급은 없으나 아기 물고기들은 태어나자마자 먹이를 직접 찾아야 한다는 것과 고래와 물고기의 차이점을 서술하는 내용과 구조를 바탕으로 유추가 가능하다.

시각화하기

'시각화하기'는 글에 나오는 내용을 독자가 자신의 머리에 그림을 그리듯이 시각화하는 책략이다. 시각화는 글의 내용을 독자가 지식과 연결한 의미를 바탕으로 해서 마음에 이미지를 만들어야 하므로 독자가 능동적으로 글의 의미 이해에 참여하게 만든다. 능숙한 독자는 자동적으로 읽는 내용을 시각화한다(Gambrell & Koskinen, 2002). 그러나 이것이 익숙하지 않은 아동에게는 명시적으로 문장과 문단을 읽어 주며, 교사가 내용을 마음 속에 그리는 과정을 묘사함으로써 아동에게 지도할 수 있다.

모니터링과 보완 책략

'모니터링과 보완 책략'은 자신이 읽고 있는 내용을 이해하는지에 대해 모니터링하고, 이해가 부족하면 이것을 보완하기 위해 보완 책략을 사용하는 것을 말한다. 읽기 이해력이 부진한 학생들은 글 읽기가 단순히 글에 나오는 낱말과 문장 읽기를 끝내는 것으로 인식하고, 내용에 모순이 있는 것을 감지하지 못한다(Beal, 1990; Cain et al., 2004). 반면, 읽기가 숙련된 학생들은 자신이 읽는 내용의 이해 정도를 모니터링하고 이해가 되지 않은 부분은 천천히 읽거나, 다시 읽거나 또는 질문을 하는 등의 보완 책략을 취한다.

유추/추론하기

'**유추/추론하기**'는 글에 명시적으로 나와 있지 않고 암시되어 있는 것을 아동의 일반 지식을 통해서, 또는 글의 다른 부분 내용을 통해 의미를 끌어내는 능력이다. 글의 표면적 정보, 즉 글에 쓰인 낱말과 문장에서 명제를 통합적으로 이해하기 위해서는 글 안에 있는 명제들의 연결고리를 묶고, 독자의 일반 지식을 적용해서 유추하는 능력이 필요하다. 읽기 이해력 부진아는 유추력이 약한 것으로 밝혀졌다(Cain & Oakhill, 1999; Oakhill, 1984).

요약하기

'**요약하기**'는 글의 주된 내용을 명료하게 설명하는 것이다. 요약은 독자가 글의 구조와 글 속의 개념이 어떻게 서로 연결되어 있는지에 대해 인지하게끔 해 주어 내용을 좀 더 깊게 이해하도록 이끌어 준다(NICHD, 2000).

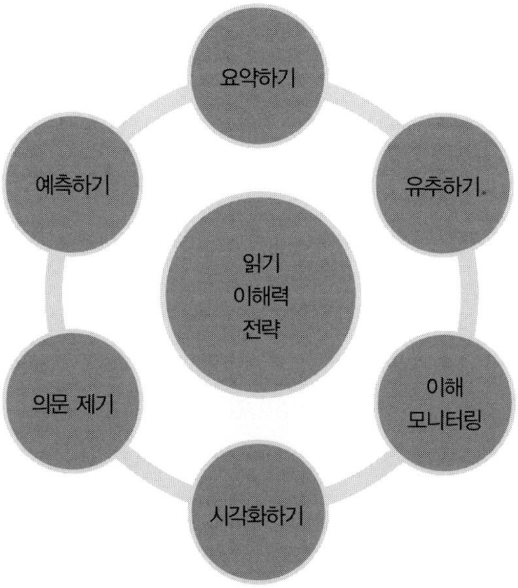

그림 11-3 **읽기 이해력 전략**

상보적 교수

상보적 교수(Reciprocal Teaching; Palincsar & Brown, 1986)는 교사와 학생이 글의 한 부분에 관해 앞에서 언급한 대부분의 책략에 중점을 두어 대화식으로 지도하는 방법이다. 먼저, 학생들에게 여러 가지 역할을 어떻게 수행하는지에 관해 반 전체를 대상으로 지도하고, 학생들이 각 역할에 대해 숙달이 되면 소그룹으로 학생들이 스스로 진행하게 한다. 다음은 상보적 읽기 지도의 예시다.

- 학생들에게 글을 나누어 주고 읽은 후 다음과 같이 질문한다.
  - 확인 질문: ________는 무슨 의미일까요? ________는 무엇인가요?
  - 의문 제기: 이 이야기의 교훈은 무엇인가요? ________에 관해 무엇을 알고 있나요?
  - 요약하기: 이 글의 주요 개념은 무엇인가요? 이 글은 주로 무엇에 관한 것인가요? 이 글의 어느 부분 또는 어느 내용을 통해 그것을 알게 되었나요?
  - 예측하기: 다음에 나오는 내용은 무엇에 관한 것일까요?
  - 시각화하기: 이 글을 들으면서 마음에 무슨 이미지가 떠오르나요? 글에서 어느 단어나 문장이 이미지를 떠오르게 했나요?
- 글의 다음 부분을 읽고 앞의 질문을 반복한다. 학생들이 상보적 읽기 과정에 관해 이해할 때까지 이 과정을 반복한다. 이때 주의할 점은 학생들이 자신의 의견을 명확하면서도 정중하게 표현하는 법을 지도하는 것이다. 이것은 학생들이 소그룹 단위로 자신들끼리 상보적 교수를 진행할 때, 서로 어떻게 질문하고 답하는지를 알아야 하기 때문이다. 대답을 할 때 답을 글의 어느 부분에서 어떻게 찾았는지 구체적으로 정확하게 답하는 법을 교사가 시범을 통해 지도해야 한다.
- 학생들이 상보적 읽기 교수 과정에 대해 익숙해지면 학생들을 5명 단위의 조로 구성한다. 학생들에게 짧은 글을 주고, 각자가 맡은 역할과 그 역할에

맞는 질문이 적힌 카드를 준다(즉, 확인질문, 의문제기, 요약하기, 예측하기, 시각화하기). 주어진 글을 읽은 후 각 조원들이 자신이 맡은 역할의 질문을 하도록 한다. 조별 활동이 끝난 다음에는 반 전체로 다섯 가지 내용에 해당하는 질문과 답을 살펴본다. 이 과정을 학생들이 각각의 역할을 이해할 때까지 반복한다.

- 학생들이 상보적 읽기 과정에 익숙해지면 조별로 독자적으로 활동할 수 있게끔 글을 주고 스스로 진행하도록 한다. 교사는 조별로 돌아보며 지도한다.

글의 특징적 구조 지도

이야기체 글 지도 [그림 11-4]의 이야기 구조 도표는 이야기체 글을 이해하는 데 도움을 줄 수 있는 구조 도표다. 학생들이 이야기체 글을 읽고 난 후, [그림 11-4]의 구조 도표를 보여 주며 다음과 같이 설명한다.

- 인물: 이 상자는 이 이야기에 나오는 주인공들의 이름을 적는 곳이에요. 주인공은 사람이나 동물 또는 무생물 등 이야기를 끌어가는 인물들이에요. 주인공과 인물에 관한 정보는 주로 이야기의 처음 부분에 나와요.
- 장소: 이 상자에는 이야기가 일어나는 장소와 시간을 적으면 돼요.
- 발단과 전개: 이야기에는 보통 여러 가지 사건이 일어나요. 처음 생기는 사건을 발단이라고 해요. 그 사건을 시작으로 그 이후에 여러 가지 사건이 전개돼요. 사건은 작고 큰 여러 가지 일이에요.
- 갈등: 갈등은 주인공이 부딪히는 문제예요. 주인공은 문제가 있거나 하고 싶거나 하고 싶지 않은 일이 있어요.
- 갈등을 풀기 위한 노력: 주인공과 주변 인물이 갈등이나 문제를 해결하기 위해서 기울이는 여러 가지 노력을 적으면 돼요.
- 결말: 이야기가 어떻게 끝나는지 적는 곳이에요. 주인공과 주변 인물이 갈

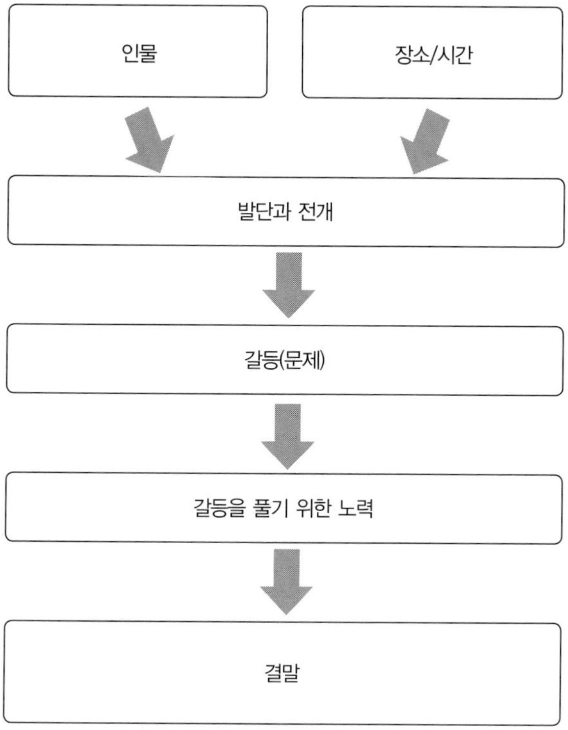

그림 11-4 이야기 구조 도표

등을 풀기 위해 노력해서 문제가 어떻게 해결되는지를 알아야 해요. 결말은 주로 이야기의 끝에 나와요.

이야기체 글을 읽고 [그림 11-4]의 구조 도표나 다른 도식 또는 활동을 통해 이야기에 나오는 구조적 요소들을 찾게 한다. 처음에는 교사가 학생들에게 시범을 보여 주고, 아동과 함께 이야기에서 요소를 찾는다. 연습을 통해 점차적으로 아동이 스스로 앞의 요소들을 찾을 수 있게 지도한다. 여기서 기억할 점은 도식의 사용이 이야기의 구조적 특징을 이해하기 위한 도구이지 목적이 아니라는 것이다. 지도의 초점이 도식을 사용함으로써 글의 이해를 증진하는 것이며 이에 상응하는 지도가 필요하다. 도식을 채우는것이 목표가 아니다. 물론 도식은 학년과 아동의 수준에 맞추어 변형되어야 한다. 저학년의 학생에게는 단순한 구조 도표를 사용하고 고학년 학생은 좀 더 복잡한 이야기의 구조를 보여 줄 도표가 필요하다(예: 여러 가지의 얽힌 갈등, 부차적 줄거리).

글의 특징적 구조 지도와 같은 체재

정보체 글은 종류에 따라 구조적 형태가 다르고 사용되는 단서 어휘들 또한 다르다(정보체 글 종류와 단서 어휘는 193쪽의 〈표 11-1〉을 참조한다.). 이 단서 어휘들은 글의 구조와 내용에 관한 핵심 정보를 제공해 주므로 단서 어휘들 또한 정보체 글의 구조와 함께 명시적으로 지도해야 한다.

다음은 물고기와 고래에 관한 비교대조적 구조의 정보체 글을 가지고 표와 벤다이어그램을 사용해 비교대조적 구조를 지도하는 예시다.

고래와 물고기

고래와 물고기는 둘 다 바다에 산다. 그러나 여러 면에서 다른 점이 있다. 고래는 덩치가 큰 수중 동물이다. 고래는 물속에 살지만, 공기를 마시기 위해서 수면 위로 올라와야 한다. 수면 위로 올라올 때, 고래는 머리 위에 있는 구멍을 통해 공기를 들이마시고 동시에 사용된 공기는 내뱉는다. 고래는 다른 물고기처럼 공기를 섭취하지 않는다. 물고기들은 물속에서 공기를 흡수한다.

엄마 고래는 살아 있는 아기 고래를 출산한다. 아기 고래는 태어나자마자 바로 수면 위로 올라와서 공기를 마셔야 한다. 아기 고래는 엄마 고래로부터 약 1년간 젖을 먹는다. 그리고는 먹이를 스스로 발견해야 한다. 이와 달리, 물고기는 아기를 다른 방법으로 가진다. 대부분의 엄마 물고기는 알을 낳는다. 아기 물고기는 알이 부화되면서 태어난다. 태어나자마자 아기 물고기는 자신의 먹이를 찾아야 한다.

고래와 물고기는 여러 면에서 비슷한 점들이 있다. 고래와 물고기는 둘 다 옆에 지느러미가 있다. 둘 다 꼬리에도 지느러미가 있다. 지느러미는 고래와 물고기가 수영을 할 수 있게끔 도와준다. 지느러미는 고래와 물고기가 물을 밀어내어서 움직일 수 있게 해 준다(Leslie & Caldwell, 2011, p. 223).

이 정보체 글의 내용을 정리하기 위해서는 〈표 11-2〉나 [그림 11-5]의 벤다이어그램을 사용해서 지도할 수 있다.

표 11-2 고래와 물고기의 차이점과 유사점

	고래	물고기	고래와 물고기의 유사성
서식지	바다	바다	바다
지느러미	옆지느러미와 꼬리지느러미가 있다.	옆지느러미와 꼬리지느러미가 있다.	지느러미가 있다.
크기	덩치가 크다.	덩치가 작다.	
호흡법	수면 위로 올라와서 공기를 들이마신다.	물속에서 공기를 흡수한다.	
출산	아기 고래를 출산한다.	알을 낳는다.	
유아기 음식 공급	1년 동안 엄마 고래의 젖을 먹는다.	부화된 아기 물고기는 태어나자마자 자신의 먹이를 찾아야 한다.	

정보체 내용 지도 예시

아동에게 읽을 내용이 물고기와 고래의 유사성과 차이점이라고 알린다. 먼저, 물고기와 고래에 관해 아는 것이 있는지 질문한다. 아동이 대답하는 것을 칠판에 정리한다. 아동에게 읽을 글의 내용이 무엇일지 예측해 보라고 한 후 아동의 대답을 칠판에 적는다. 칠판에 〈표 11-2〉 또는 [그림 11-5]와 같이 유사점과 차이점이라고 칠판에 적는다.

첫 번째 문단을 소리 내어 읽고 아동에게 첫 문단에 나오는 내용 중 유사점과 차이점에 해당하는 내용을 말해 보라고 한다. 아동의 대답을 해당 난에 적고 글의 어느 부분에서 답을 찾았는지 물어본 후 그 내용을 다 같이 확인한다. 두 번째 문단을 읽고 이것을 반복한다. 학생들이 어려워하면 교사가 시범을 보인다. 세 번째 문단을 읽고 같은 방식으로 지도한다.

글의 내용을 표나 벤다이어그램에 정리된 것을 요약하며, 이 글의 내용이 물고기와 고래를 '비교'하고 '대조'하는 것이며, 그래서 이런 글은 비교대조의 글임을 알린다. 이 글이 비교와 대조적 내용인 것을 알리는 단서적 역할을 하는 낱말이 있다고 알리고 그 낱말들이 어떤 것들인지 같이 찾아본다. 학생들과 함께 단서 낱말들을 찾아 밑줄을 친 후, 이런 비교대조체 글에서는 비슷한, 유사한, 모두 다, 서로, 그러나, 그렇지만, -와 달리, -보다 등의 단서적 낱말들이 자주 사용되며,

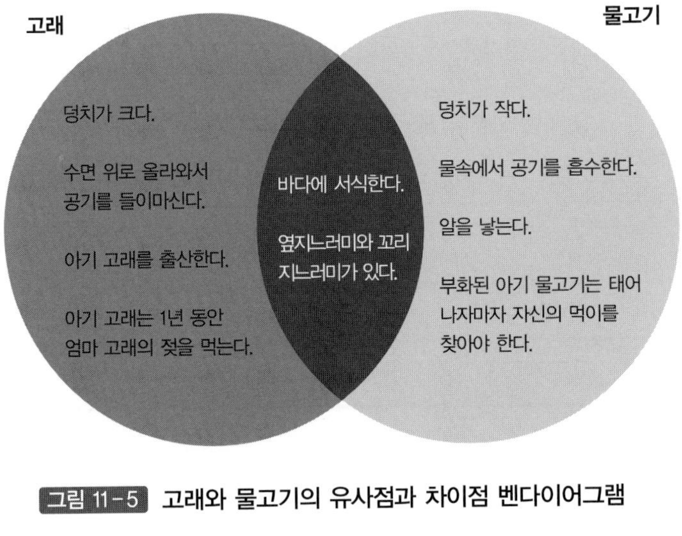

그림 11-5 고래와 물고기의 유사점과 차이점 벤다이어그램

유용하다고 알린다. 다른 정보체의 글을 읽을 때 이런 단서 어휘를 접하면 이 어휘들을 단서로 사용하여 글의 비교-대조적 내용을 이해하는 데 활용하도록 장려한다.

제6영역: 글짓기/작문

글짓기 작문은 지식 중심의 현대사회에서는 핵심적 능력이다. 그러나 작문은 매우 어려운 능력이며, 숙련된 작가에게조차도 결코 자동화되지 않는 능력이다. 켈로그(Kellog, 2008)에 따르면 작문 능력은 큰 범주로 나누었을 때 3단계의 발달 과정으로 나뉘며, 각 단계의 발달은 약 10년 정도 소요된다. 그러므로 모든 사람이 모든 단계에 도달하는 것은 아니다. 초기 단계에서의 작문은 저자가 '아는 내용을 종이에 옮겨 적는 수준'으로, 글의 내용에 대한 계획과 준비, 그리고 쓴 글의 검토가 거의 활용되지 않는다. 그다음 단계는 '지식 변환 단계'로, 글짓기 일련의 과정들이 상호작용적이며 글을 쓰는 과정이 저자의 지식에 변화를 가져다줄 수 있는 단계다. 최종 단계는 '지식 창출 단계'로, 저자는 자신의 아이디어, 글의 의미, 독자의 의미 해석을 표상하고 조정할 수 있다. 이 장에서는 작문 발달에 관련된 능력과 작문 발달을 위한 교수방법에 관해 다룬다.

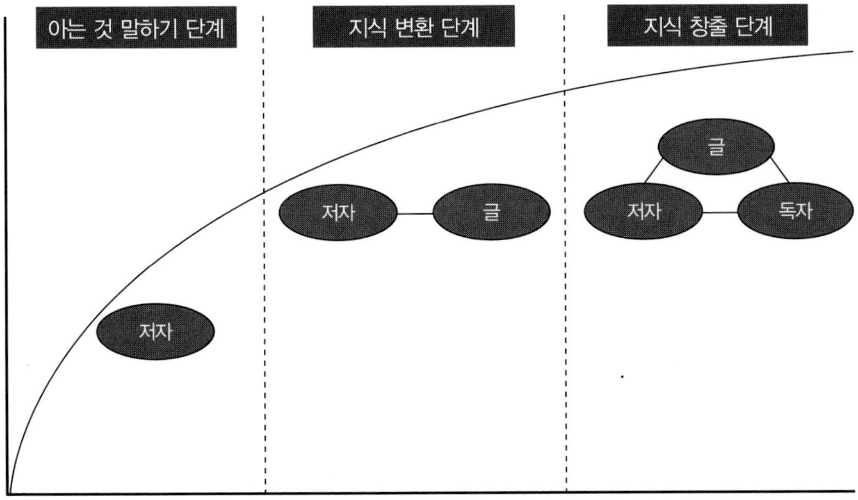

제12장

글짓기/작문

"자, 이 주제에 관해 글을 써 보세요."

몇몇 학생들은 얼마 후 종이에 뭔가를 쓰기 시작한다. 다른 학생들은 책이나 칠판을 바라보거나, 연필을 만지작거리고, 머리를 긁적이거나, 종이만 쳐다본다. 이 장면은 학교나 교육현장에서 그리 드문 장면은 아니다. 또한 "나 글짓기 못 해요."라는 말도 교육현장에서 종종 듣는 표현이다. 그러면 작문 능력은 어떻게 발달하고 어떻게 지도해야 할까?

글짓기 또는 작문이란

작문이란 저자가 자신의 생각, 느낌 또는 정해진 주제에 관련된 내용을 조리 있고 명확하게 글이라는 매체로 표현하는 것이다.

왜 작문은 중요한가

작문은 초 · 중 · 고 · 대학 학습뿐 아니라 직장생활에서 중요한 역할을 한다. 초 · 중학교에서는 주로 서술문이나 과학, 사회 등의 교과목에서 보고서를 쓰고, 중 · 고등학교에서는 자신의 주장 등을 논리적으로 설득력 있게 쓰는 능력이 중요하다(예: 대학입시에서 중요한 논설). 대학에서는 많은 과제가 보고서를 포함한다. 직장생활에서 또한 마찬가지로 여러 종류의 기획서, 보고서 등의 글쓰기는 필수적 능력이다. 특히 정보와 지식 기반 사회에서 자신의 의견과 지식을 효율적으로 글로 소통하는 능력은 많은 사회구성원이 가져야 할 핵심적 능력이다.

작문에 필요한 능력은 무엇인가

다음 두 글의 예를 보자. 이 글은 초등학교 1학년 학생들이 자기 반에 어떤 애완동물이 있었으면 좋겠는지에 관해 쓴 글이다. 아동의 글을 그대로 옮긴 것이어서 철자법의 오류가 있다.

'가' 학생

햄스터. 이유는 작고 자리를 많이 차지하지 않기에 그렇습니다. 또한 작은 것은 물고기도입니다. 하지만 빨리 죽고, 유리로 된 어항이 떨어지면 다치기 때문에 좋지 않았습니다. 햄스터는 사납기도 하지만 먹이를 빼앗거나 만지지만 않으면 됩니다. 네? 왜 햄스터는 두세 마리 키우면 어딘가 갔다 오면 죽어 있고, 또 먹이를 안 주면 비실비실 말라 있는데 왜냐고요? 한 마리만 키우면 되고 먹이를 적당히 주면 된답니다. 이 정도로 기죽으면 안 되죠. 햄스터의 매력은 바로 운동하기죠. 얼마나 귀여운 줄 아세요? 100% 알지요. 그걸 모르는 사람이 어디 있겠어요? 사실 이건 비밀인데 전 태어나서 햄스터를 보았을 때 한눈에 뽕 가고 말았답니다. 뽕 갔다는 게 뭐겠어요? 반한 거잖아요. 반한 거 설마 이걸 모르는 건 아니겠죠? 햄스터가 귀여워도 너무 귀여워요. 내 사랑을 독차지하고 있죠. 암튼 그래요. 빠이빠이!!!

'나' 학생

강아지. 강아지는 똑똑해서 우리 학교에 끼우고 싶습니다. 까치. 까치는 우리 학교에 자랑거리여서 우리 반에서 끼우고 싶습니다. 왜냐하면 다 좋기 때문입니다.

이 두 학생의 글은 그 내용의 질 면에서 차이가 난다. '가' 학생은 어떤 애완동물을 왜 원하는지 구체적인 이유와 부연 설명을 했다. 뿐만 아니라 독자의 관심을 사로잡고 유지하는 언어를 사용했다. 반면, '나' 학생은 내용의 전개나 발달이 없이 각 동물에 한 가지 이유만 제시했다. 또한 사용한 단어는 평범하며, 문장 구조 또한 반복적으로 단순한 구문을 사용했다. **그러면 이 두 아동의 글짓기 실력의 차이는 어디에서 근원하는 것일까?**

한국에서 매우 중요한 작문 과제의 하나로 빼놓을 수 없는 것 중 하나는 대학 입시의 논술 시험이다. 논술은 주로 지문을 읽고 이해한 후 그 주제와 관련된 자신의 생각을 논리적으로 정확하게 표현하는 능력이다. 대학 입시에서 논술은 입학의 당락을 결정하는 데에 큰 영향을 미치는 중요한 능력이다. 그러면 논술 실력은 어디에서 나오는 것일까?

작문 능력은 읽기 이해력보다 더 많은 여러 가지 능력과 지식을 자동화하고 효율적으로 사용하는 것을 필요로 한다.

읽기 능력이 다양하고 복잡한 언어와 인지 능력을 바탕으로 한 것이라면 작문 능력은 이보다 더 많은 여러 가지 능력과 지식을 자동화하고 효율적으로 사용하는 것을 필요로 한다(Berninger & Winn, 2006; Kim et al., 2015). 연구에 따르면,

글짓기 발달에 필요한 능력은 맞춤법 능력, 표기 유창성, 언어 능력(어휘, 구문력), 작업기억, 구두법 지식, 자기조절, 고차원적 인지(사고) 능력 그리고 읽기 이해력 등이다(Kim & Schatschneider, 2016). 즉, 지금까지 앞 장에서 살펴본 모든 능력이 필요하며, 이 다양한 언어와 인지 능력은 꾸준한 연습과 학습을 통해 점진적으로 발달된다. Kellogg(2008)의 글짓기 능력 발달에서 보이듯이, 글짓기 능력 발달은 짧은 시간에 발달하는 것이 아니라, 언어, 인지, 읽기를 바탕으로 이 능력들과 병행해서 장기간에 걸쳐 발달한다.

글짓기 발달에 관한 대표적 이론 중의 하나인 작문 단순이론을 바탕으로 해 보자. [그림 12-1]에 보이는 것처럼 작문 단순이론에 따르면 글짓기에 필수적인 요소는 아이디어 창출과 표기(transcription) 능력이다.

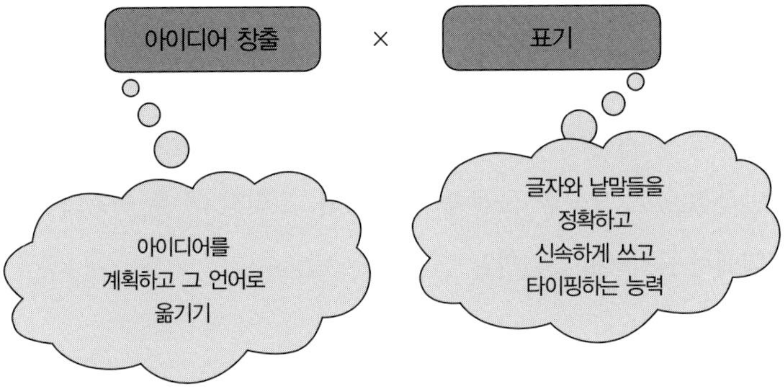

그림 12-1 작문 단순이론

아이디어 창출/생성

작문은 읽기와는 달리 글의 내용을 저자가 생성 또는 창출해 내야 한다. 아이디어를 생각해 내고, 계획하고 그 내용을 어떤 언어로 표현할지, 즉 어떤 어휘를 가지고 어떤 구문으로 표현할지, 그리고 어떤 순서와 문단 구조로 표현할지 구상해야 한다. 그러므로 이 이론에서의 아이디어 창출은 단순히 글 쓸 내용을 대략적으로 생각해 내는 것 이상의 고차원적이고 구체적인 과정이다. 아이디어 창출에 필요한 과정과 능력은 다음과 같다.

- 작문은 쓸 내용을 저자가 창출해 내야 하므로 일반 지식 또는 내용 지식이 필요하다. 만약 주제가 야생동물의 거주지라면 이 내용에 관해 지식이 많을수록 내용이 깊이가 있고 풍부하다.
- 글 내용에 관한 아이디어는 머리에 담긴 추상적인 생각이므로 이것을 전달하기 위해서는 구체적인 언어를 사용해서 표현해야 한다. 즉, 같은 아이디어라 하더라도 어휘와 표현 방법에 따라 그 글의 느낌이 달라지며, 글짓기가 숙련된 사람일수록 독자와 글의 목적에 따라 언어와 구성 방식을 달리해서 표현한다. 이렇게 생각을 언어로 '번역'을 해서 자신의 생각을 언어로 구체화하는 것이다. 예를 들어, 글 주제가 생일날 있었던 즐거운 기억이라고 하자. 이 주제와 관련해 저자는 그중에서 특히 기억에 남고 인상적인 부분, 예컨대 선물을 받은 부분에 대해 글을 쓰고자 한다. 그러면 이 같은 주제에 관한 생각은 단어나 구문 선택에 따라 여러 가지로 표현할 수 있다. 다음의 두 예를 살펴보자.

> 글 내용에 관한 아이디어는 생각을 언어로 '번역'해서 자신의 생각을 언어로 구체화하는 것이다.

① 선물을 뜯었다. 안에는 내가 원했던 로봇이 있었다. 기분이 좋았다.

② 선물 상자를 조심스럽게 조금은 떨리는 기대감으로 열었다. 나는 평소에 힘이 세고 종이를 잘 뜯지만 그날따라 선물포장지는 왜 그리 뜯기지 않던지……. 상자를 여는 순간 나는 잠시 숨을 멈추었다. 내가 평소에 고대하고 원하던 그것이 상자 안에서 자랑스럽게 나를 바라보고 있었다. 그것은 내가 꿈꾸던 메가조드 파워레인저였다.

①번과 ②번 글 중 어느 글이 더 잘 쓴 글일까? 많은 독자는 ②번 글을 선택했을 것이다. 같은 내용이지만 흥미로운 어휘와 변화가 있는 다양한 구문으로 상황과 느낌을 자세히 서술하고 묘사했으며, 독자의 관심을 사로잡는 표현을 했기 때문이다. 아이디어 자체는 비슷하나 그 표현력에서 2번 글이 훨씬 우수하다. 표현력은 곧 아동의 사고와 언어 능력에 달렸으며, 풍부하고 정확하며, 독자의 관심을 유발하고 유지하는 표현력이 있는 글이 좋은 글이다. 연구에 따르면 아동의 언어 능력은 작문 실력을 결정하는 중요한 요인 중의 하나다(Kim et al., 2011, 2014, 2015; Shanahan, 2006).

아동의 언어 능력은 작문 실력을 결정하는 중요한 요인 중의 하나다.

- **자기조절 능력**: 글짓기는 무엇을, 누구를 상대로 쓸 것인가에 대한 목표를 정하고 그 목표를 성취하기 위해 계획하며 집중해야 한다. 즉, 산만해지지 않고 글짓기에 전념하여 집중하고 자신의 글짓기 목표를 달성하기 위해서는 언제, 어떤 책략이 필요한지를 알고 실천하는 것이 자기조절 능력이다. 대부분의 글짓기는 주제가 주어지면 바로 연필을 들고 짧은 시간 안에 한 번에 쓸 수 있는 것이 아니다. 생각을 창출하여 정리하고, 필요한 자료를 찾고, 이것들을 어떻게 조리 있게 표현하고 구성할지 등을 계획하고, 초고를 쓰고 수정과 편집의 여러 과정을 거친다. 그러므로 자기조절 능력이 있는 저자는 글쓰기에 필요한 책략들, 즉 글쓰기 전, 도중, 후 그리고 글 수정 또는 교정에 필요한 책략들을 효과적으로 사용한다(Berninger & Winn, 2006; Graham & Harris, 2000; Harris, Santangelo, & Graham, 2010).
- **담화 지식**: 담화 지식은 글 목적과 독자에 따라 글을 어떻게 써야 하는지, 그리고 글의 종류에 따른 구조에 대한 지식이다. 글의 종류에 따라 구성 방식과 사용 어휘, 표현 방식 등이 고유하게 다르므로, 이런 특성을 잘 인지하고 글에 반영해야 한다. 이야기체나 서술적 글의 구성 방식과 흐름은 어떤 것인지, 그리고 정보체 글은 어떤 구조와 언어적 특성이 주제를 전달하는 데 효과적인지에 대한 지식이다. 아무리 훌륭한 내용이라 하더라도, 글 종류에 적합한 구성 방식과 논리적 구성, 효과적이고 정확한 언어로 표현하지 않으면

그런 글은 좋은 글이라고 평가받지 못한다. 이를 반영하듯 아동의 담화 지식은 작문에서 중요하다고 여러 연구에서 밝혀졌다(Englert, Raphael, Fear, & Anderson, 1988; Olinghouse & Graham, 2009).

표기 유창성

표기(transcription) 능력은 철자나 표기를 정확하게 자동적으로 할 수 있는 능력이다. 창출된 아이디어를 언어로 번역한 후에는 이것을 연필이나 펜으로 필기를 하든지 컴퓨터 키보드를 사용해서 표기해야 한다. 이 표기 능력에 포함되는 것은 필기 자동성(handwriting fluency)과 철자 능력이다.

표기 능력은 철자나 표기를 정확하게 자동적으로 할 수 있는 능력이다.

필기 자동성은 글자를 제 모양대로 정확하게 재빨리 쓰는 능력으로, 필기 효율성 또는 유창성으로도 불린다. 글짓기는 글을 '쓰는' 능력이므로 표기 능력은 당연한 필수 요소다. 그러면 표기 능력은 어떻게 작문에 영향을 미칠까? 표기 능력은 작문에 '제약적' 역할을 한다. 표기 능력이 자동화되지 못해 유창하지 않으면 글쓰기 과정에 다음과 같은 부정적인 영향을 미친다(Graham et al., 1997).

- 이미 생각해 둔 아이디어와 계획을 잊어버린다.
- 아이디어 창출과 창출된 아이디어를 기억해 내는 데 방해를 한다.
- 아이디어를 언어로 번역하는 과정에 제약을 가해 정확성과 풍부성이 떨어지는 언어로 표현된다.
- 글쓰기 계획 과정에 지장을 주어, 내용의 조직성과 통합성, 풍부성에 부정적 영향을 끼친다. 즉, 내용의 조직성과 응집력이 떨어진다.

표기 능력의 제약적 역할은 글 읽기 유창성에서의 자동성 이론과 같은 맥락이다. 다시 말해, 기본적인 하위 능력인 글자를 쓰고 철자를 하는 능력이 자동화되지 않으면 거기에 인지적 자원인 주의력과 작업기억이 소모되며, 이것은 결과적으로 글을 쓰는 동안 동시에 진행되는 다른 과정(아이디어 창출과 아이디어를 작업기억에 담아 두고 유지하는 과정, 그리고 아이디어를 언어로 표현하는 과정)에 사용할 주의력과 작업기억의 결핍을 초래한다. 이러한 제약적 역할을 좀 더 구체적으로 이해하기 위해 다음의 간단한 실험을 해 보자. 글짓기를 위해 다음 주제에 관해 생각해 보기 바란다.

"지난 주말에 있었던 일"

먼저 지난 주말에 있었던 일과 그중에서 글로 쓸 내용을 선택하라. 그리고 그 내용에 관해 자세히 생각을 하고 어떻게 표현할지를 생각하라. 생각한 내용을 적을 준비가 되었으면, 자신이 주로 쓰는 손에 연필이나 펜을 들어 보라. 그리고 그 펜을 다른 손으로 옮겨 글을 쓰기 시작하라. 즉, 오른손잡이는 왼손으로 왼손잡이는 오른손으로 생각해 놓은 내용, 주말에 있었던 일에 관해 써 보라.

주로 사용하여 능한 손이 아닌 다른 손으로 썼을 때 글의 내용에 영향을 미쳤는가? 대부분의 경우에는 부정적인 영향을 미친다. 오른손잡이가 왼손으로 글을 쓸 때에는 표기가 느리며 고되며 자동화되지 않아서, 글자 하나하나 제대로 형성하고 쓰는 데에 많은 정신적 노력과 주의력이 필요하다. 따라서 생각해 놓았던 내용을 잊어버리거나 훌륭하고 풍성하게 표현하고자 했던 문장도 표기의 어려움으로 인해 짧고 단순한 문장으로 표현하게 된다.

같은 원리로 아동이 맞춤법 실력이 저조하면, 철자의 어려움이 작문 과정에 같은 제약을 가하게 된다. 철자 능력이 떨어지면 철자하는 데에 신경을 쓰게 되고, 결국 글 내용에 신경을 쓸 정신적 여유가 없어진다. 즉, 철자와 필기 등의 표기 능력이 아직 자동화나 숙련이 되지 않은 학생들에게 표기자동화 능력은 작문의 질과 양을 결정하는 핵심적 요소 중의 하나가 된다(Abbott & Berninger, 1993; Graham et al., 1997; Kim et al., 2011, 2014, 2015).

> 철자와 필기 등의 표기 능력이 아직 자동화나 숙련이 되지 않은 학생들에게 표기자동화 능력은 작문의 질과 양을 결정하는 핵심적 요소 중의 하나가 된다.

작문 단순이론에 따르면 글짓기 또는 작문 실력은 아이디어 창출력과 필기 능력을 기본적으로 필요로 한다. 이처럼 단순해 보일 수도 있는 작문 단순이론에 관련된 여러 일련의 과정들을 나타내면 [그림 12-2]와 같다(Berninger et al., 2002).

앞 장에서 다루었듯이 철자 능력은 하위 범주에 발현 문해력이 뒷받침되어야 하며, 언어 능력 또한 어휘력, 구문력뿐만 아니라 덩이말 능력 같은 고차원적 인지력(예: 추론력, 마음이론)의 결과물이다. 결국, 작문 능력은 수많은 하위와 상위 범주의 능력이 발달하여 공동 작용한 산물이다([그림 12-2] 참조).

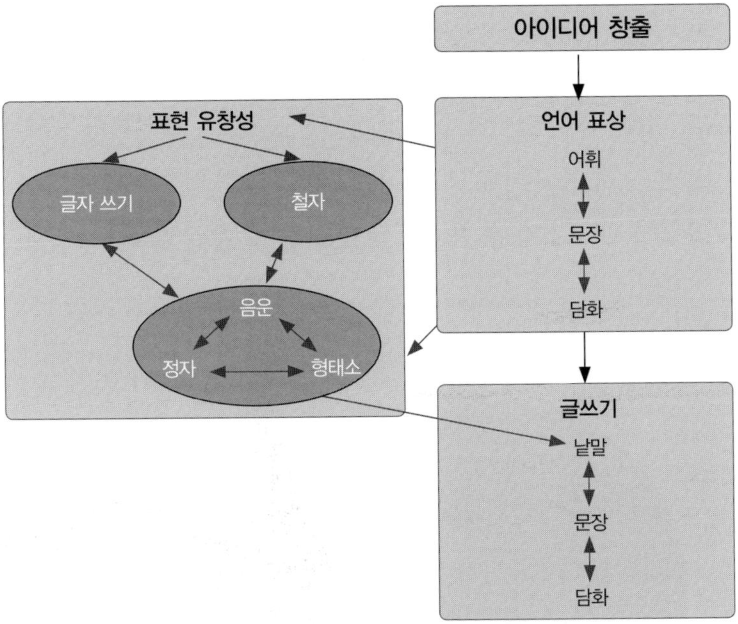

그림 12-2 글짓기에 필요한 요소적 능력의 구조적 모델
(Kim & Schatschneider, in press)

읽기와 쓰기의 관계

읽기와 쓰기 능력은 상호작용적으로 영향을 주며 동시에 발달한다.

읽기와 쓰기 능력은 단독적으로 별개의 능력으로 발달하는 것이 아니라 서로 상호작용적으로 영향을 주며 동시에 발달한다. 즉, 읽기 발달은 쓰기 발달에 영향을 미치고 쓰기 발달은 읽기 발달에 영향을 미친다(Kim et al., 2015; Berninger & Abbott, 2010; Graham & Hebert, 2010). 이는 적어도 두 가지의 이유에 기인한다.

첫째, 읽기와 쓰기는 공통의 언어와 인지 능력을 바탕으로 한 것이다. [그림 12-3]에 제시되었듯이 읽기와 쓰기는 공유된 능력과 개별적 능력으로 나뉜다. 공통된 능력으로는 다음과 같은 것이 있다.

- 발현적 문해력: 낱말 읽기와 맞춤법 능력에 공통적으로 기여한다. 낱말 읽기는 읽기 이해력의 관건이며, 맞춤법 능력은 글짓기에 필수적인 능력이다.
- 언어 능력: 언어 능력(어휘, 구문력, 덩이말 또는 담화력)은 읽기 유창성과 독해에 아주 중요한 요소일 뿐 아니라 글짓기에서도 매우 중요한 요소다.

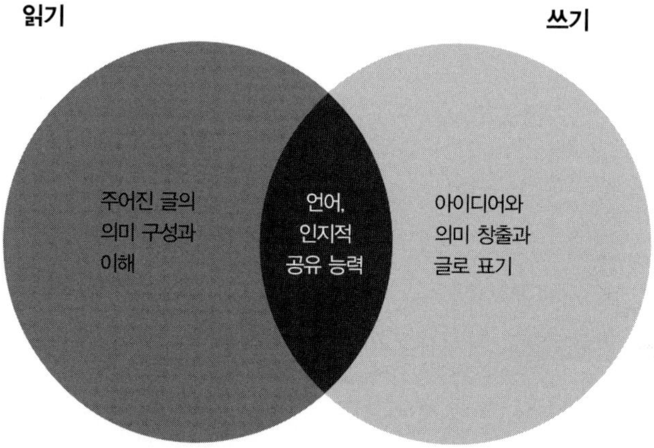

그림 12-3 읽기와 쓰기의 공통점과 차이점

- 인지 능력: 작업기억, 주의 집중력, 자기조절 능력, 추론력 등은 읽기 이해력과 쓰기에 모두 기여한다. 이 능력들은 모든 학습의 기초적 능력이다.

이러한 많은 공통적 능력 이외에 글짓기에는 필기 능력과 아이디어 생성이 고유하게 필요하다.

작문 발달 지도

앞서 언급한 요소적 능력에 대한 지도가 명시적이고 체계적으로 이루어져야 한다. 또한 글짓기 발달은 읽기 발달보다 더 오랜 시간을 거쳐 발달되는 능력이므로 장기적으로 꾸준한 지도가 필요하다.

- 많은 학생, 특히 작문 발달 초기의 학생들은 글짓기를 어떻게 시작해야 할지 모르는 경우가 많다. 글의 주제에 맞는 아이디어를 어떻게 생각해 내고 주제의 어느 면에 초점을 둘지 결정하고, 창출된 아이디어를 어떻게 정리하고 어떻게 표현하는지의 일련의 과정을 교사가 시범을 보여야 한다. 교사는 이 일련의 과정에서 각 단계마다 자신의 생각과 결정 과정을 학생들에게 표현해 줌으로써(think aloud) 글짓기 과정에 관련된 일련의 과정을 시범보여야 한다.
- 맞춤법과 필기 자동성을 명시적이고 체계적으로 지도한다.
- 여러 장르의 글을 쓰도록 지도한다. 이야기체, 실용문(일기, 편지), 여러 가지 문예문(시, 수필, 소설), 정보체 글은 구성 방식과 자주 사용되는 어휘, 용어, 표현 방식이 다르므로 여러 장르의 글을 소개하고 각 장르의 글을 쓰는 방법을 명시적으로 지도해야 한다.
- 작문 지도를 국어 시간으로만 제한하지 않고 모든 교과 과정에 두루 적용하

여야 한다. 가령, 과학 시간에는 정보체 글 중 하나인 보고서 쓰는 것을 지도하고, 사회 시간에는 보고서, 논설문, 설득문 등의 글을 쓰도록 지도할 수 있다. 수학에서 또한 문제 풀이 과정과 정답을 설명한 문제-해결의 정보체 글을 지도할 수 있다.

- 작문 지도는 읽기와 언어 지도와 함께 병행되어야 한다. 앞서 지적했듯이 언어, 인지, 읽기, 쓰기 능력은 별개의 능력으로 발달하지 않으며 공동으로 동시에 상호작용적으로 발달한다. 언어 능력은 작문의 한 중요한 요소다. 읽기 이해력 또한 글짓기에서 중요한 역할을 한다. 예를 들어, 논술에는 문제와 함께 제시문이 주어진다. 그러므로 제시문을 깊이 이해하는 읽기 이해력은 논술에서 선행조건이다.

글짓기 교육이 아동의 철자 능력이 숙련될 때까지 기다려야 한다는 것은 잘못된 생각이다.

언제 글짓기 교육이 아동의 철자 능력이 숙련될 때까지 기다려야 한다는 것은 잘못된 생각이다. 그 이전부터 이야기를 그림과 글로 전달하는 것에 대해 지도해야 한다. 즉, 소리-글자의 관계를 익히기 전이나 이를 학습 중인 아동에게 그림을 통해 아동이 전하고자 하는 내용을 전달하도록 지도함으로써 글이나 그림이 자신의 감정이나 생각을 표현하고 전달하는 매체라는 것을 인지하게 도와준다. 또한 소리-글자 관계에 대한 기본적인 이해가 있고 글자를 조금씩 쓸 줄 아는 아동은 한 문장씩 글을 쓰도록 지도한다. 다음은 글쓰기의 초기 단계에 있는 미국 아동이 발명적 철자를 사용해 쓴 글이다.

I love to eat candy.

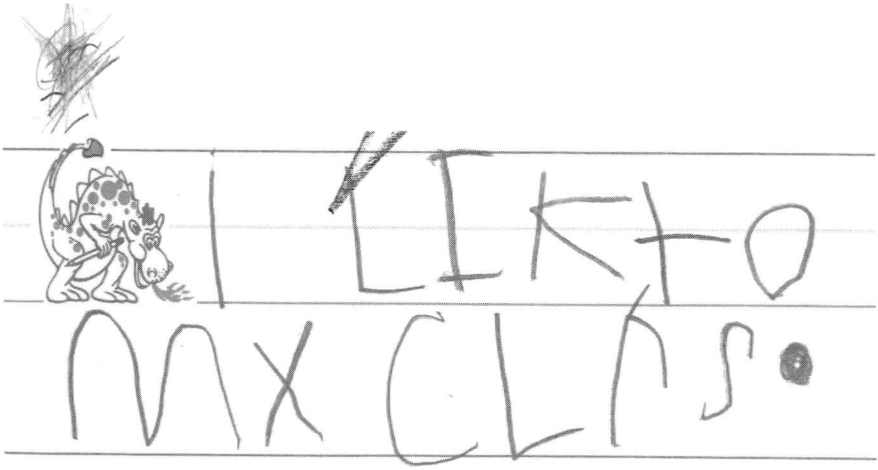

I like to mix colors.

이 아동은 발명적 철자를 사용해 한 문장을 성공적으로 썼고, 자신의 생각을 전달했다. 아동은 이 경험을 통해 글이 자신의 생각과 의견을 표현할 수 있다는 것을 깨닫게 된다. 즉, 작문의 목적과 글짓기의 기능을 경험하게 되는 것이다. 아동의 철자 능력 발달이 초기일 때도 글짓기 지도는 가능할 뿐만 아니라 지도가 되어야 한다.

아동의 철자 능력 발달이 초기일 때도 글짓기 지도는 가능할 뿐만 아니라 지도가 되어야 한다.

초등학교 글짓기 지도

초등학교 학생들 글짓기 지도는 앞에서 언급한 원리에 다음의 개괄적 지침을 중심으로 지도한다(Graham et al., 2012).

- 매일 글쓰기를 할 수 있는 시간을 제공한다.
- 학생들에게 글을 쓰는 과정을 지도한다.
  - 글짓기에 관련된 능력들과 책략들을 지도한다.
  - 학생이 적절한 책략을 유연성을 가지고 사용하도록 지도한다.
  - 교사의 도움을 점차적으로 줄여 학생이 점진적으로 혼자서 글을 쓸 수 있도록 지도한다.
- 다양한 목적의 글을 쓰게 한다.
  - 작문의 다양한 목적을 소개한다.
  - 독자에 대한 개념을 설명하고 독자에 따라 글을 어떻게 쓰는지 지도한다.
  - 훌륭한 글의 특징이 무엇인지 그리고 그런 특징을 살리는 글을 쓸 수 있도록 지도한다.
  - 다른 종류의 글을 효과적으로 쓰는 방법을 지도한다.
- 필기 자동성, 철자, 문장 표현력, 타이핑하기, 워드나 한글 소프트웨어 사용 등에 유창하도록 지도한다.

- 학습 초기 아동은 글자를 제대로 쓰고 유창하게 쓰는 법을 명시적으로 지도한다.
- 맞춤법을 명시적으로 지도한다.
- 의미를 정확하게 전달하고 유창한 문장을 구사하는 법을 지도한다.
- 키보드로 타이핑 기술을 지도한다.

• 글짓기에 매료된 공동체를 만든다.
- 교사는 자신이 쓴 글을 학생들과 공유한다.
- 학생들에게 글짓기 주제 선택권을 준다.
- 학생들이 글짓기 과정에서 서로 협력하도록 지도한다.
- 글짓기 과정 동안 학생들이 서로의 글에 대한 피드백을 주고받을 수 있는 기회를 제공한다.
- 학생의 글을 학급뿐 아니라 학급 이외의 공동체와 공유한다.

필기 자동성 지도

필기 자동성은 작문에서 토대적 역할을 한다. 학생의 필기 자동성을 향상하는 것으로 입증된 지도 방법은 다음과 같다(Berninger et al., 1997).

먼저, 자모 글자나 낱말을 아동에게 잠시 보여 준 후 그 글자와 낱말을 아동이 보지 못하도록 덮는다. 아동에게 본 글자나 낱말을 기억을 바탕으로 적도록 한다. 이것을 여러 글자와 낱말을 가지고 반복해서 지도한다. 이 지도는 하루에 약 5~10분씩 짧게 자주 지도하는 것이 효과적이며, 초기에는 자모 글자 필기 자동성에서 철자 유창성 지도로 이어져야 한다. 철자 유창성은 초등학교 저학년뿐 아니라 초등학교 고학년에서도 지속적으로 이루어져야 한다.

상호작용적/상보적 글짓기(interactive writing)

글짓기 능력 발달 초기에는 표기 자동성이 아동의 글짓기에 많은 제약을 가하므로 아동이 혼자서 여러 문장으로 이루어진 글을 쓰는 것은 어렵다. 그러나 이 기간에도 글짓기가 어떤 것인가를 아동이 경험하는 것은 중요하다. 이것을 도모하는 지도 방법의 하나는 아동과 교사가 함께 글을 적는 상호작용적 작문/글짓기다. 상호작용적 글짓기에서는 교사와 학생이 함께 글의 내용을 창작하고 쓰는 것이다. 다음은 상호작용적 글짓기 지도의 예다.

주제가 놀이터의 즐거움이라고 하자. 교사는 아동들에게 그날의 주제를 알리고 함께 글을 쓸 것이라고 알린다. 교사와 아동이 글을 쓸 수 있는 공간과 준비물(칠판 또는 커다란 종이와 펜 등)을 준비한다. 아동들과 함께 놀이터에 관련된 생각들을 서로 교환하고 정리한다. 예를 들어, 놀이터에 언제 가는지, 누구와 같이 가는지, 어느 놀이터에 가는지, 놀이터에서 무엇을 하는지, 놀이터에서 무엇이 가장 즐거운 것인지 등등에 관해 아동들과 이야기를 나눈다. 이 중 어느 것에 관해 쓸 것인지를 함께 결정하고 그 내용을 교사가 주가 되어 칠판에 적는다. 아동들이 학습한 소리-글자 지식으로 철자할 수 있는 낱말들은 어떤 글자를 사용할지에 관해 아동에게 도움을 청해 가며 적는다. 음운 인식과 글자 음가를 지적해 가며 글자한다. 예를 들어, '놀이터'를 철자할 경우, 놀이터라고 한 음절씩 또박또박 조음하고 들어 있는 낱소리(음소)를 말하며, 각 소리에 해당하는 자모자를 상기시키며 적는다. 또한 이미 학습한 쉬운 낱말의 경우 아동이 앞에 나와서 직접 쓰게끔 도와준다. 글을 다 쓴 후에는 아동들에게 쓴 글을 읽어 주고 글을 교실 벽에 전시한다.

작문 워크숍(Writer's workshop)

글쓰기가 숙련된 사람들 또는 작가들은 글쓰기에서 다음의 일련의 반복적 과정을 거친다.

- **계획**: 생각을 모으고 다듬는 단계다. 논의, 아이디어 창출, 개념 지도 만들기, 관련된 내용에 관한 자료 조사 등이 포함된다.
- **초고 쓰기**: 구두법이나 철자법에 상관없이 생각을 거침없이 글로 표현하는 단계다. 계획 단계에서 준비한 아이디어 목록과 개념 지도 등을 사용해 주제에 관련된 모든 것을 종이에 옮겨 적는 과정이다.
- **수정**: 표현에 관련된 어휘, 문장 구조, 내용의 순서, 내용의 구체적 내용 가감, 철자법 등 수정 단계다. 모든 문장이 주제와 긴밀히 관련이 있는지, 앞뒤 이치가 맞는지를 확인하고 수정한다.
- **편집**: 글의 내용뿐 아니라 구두점이나 철자 등 표면적인 면을 편집하는 과정이다. 체크리스트를 만들어 확인할 내용을 체크한다.
- **출판**: 공동체와 글을 공유한다.

이 일련의 과정을 글짓기 지도에 적용한 것이 작문 워크숍 지도다. 이 교수방법은 글짓기의 '과정'에 주로 중점을 두며, 글짓기에 필요한 기술과 책략 지도는 미니 레슨(mini lesson)에서 짧게 다룬다. 작문 워크숍 교수법은 미국 초 · 중 · 고와 대학에서 가장 널리 쓰이는 글짓기 지도 방법이다. 가장 널리 쓰이기는 하지만, 또 가장 그 형태가 변이되어 교수되는 방식이기도 하다. 다시 말하면, 명목상으로는 작문 워크숍으로 지도를 한다지만 그 실제 수업 형태는 천차만별이며, 작문 워크숍 교수 질은 교사에 따라 상당한 차이가 난다. 이것이 교수방법의 효과를 정확하게 입증하기가 힘든 이유 중의 하나다(Pritchard & Honeycutt, 2006). 따라서 이 교수방법을 사용한다는 자체보다는 어떻게 효과적으로 지도하는가가 중요하다. 여기서는 작문 워크숍 기본 교수법을 간략하게 소개한다.

작문 워크숍 지도는 주로 앞의 쓰기 과정들을 일주일 단위로 지도한다. 각 지도 차시에는 미니 레슨과 앞서 기술한 글짓기 과정을 명시적으로 지도한다. 미니 레슨은 약 5~10분 동안 한 두 가지의 목표 내용에 대해 짧게 지도를 하는 것이다. 예를 들어, 주제에 관련된 아이디어를 생각하고 만드는 방법, 주제에 관련된 주된 아이디어를 발달시키는 법, 도식 등을 사용해 생각을 정리하고 글의 구성을 계획하는 법, 주된 내용에 자세한 내용을 붙이는 방법, 수정하는 방법, 짝꿍의 글을 읽고 피드백을 제공하는 법, 띄어쓰기, 접속어(전이어: 이렇듯이, 그렇지만, 반면, 뿐더러, 결과적으로), 편집하는 방법 등을 미니레슨에서 지도한다. 미니 레슨 후에는 다음 내용을 지도한다.

- **첫째 날**: 주제를 제시하고, 주제에 관련된 생각을 창출하고 모은다. 아이디어 창출에서는 먼저 주제에 관련되어 떠오르는 아이디어를 모두 열거하고, 이 아이디어들을 유사한 것들과 다른 것들로 따로 모아 정리한다. 아이디어를 교사나 다른 학생과 토론하고 피드백을 받는다. 아이디어 목록으로 나열하거나 도식 등을 사용해 정리하며 작문의 기본적 구성 조직을 구상한다.
- **둘째 날**: 첫째 날에 생각하고 정리한 아이디어를 바탕으로 하여 초고를 작성한다.
- **셋째 날**: 교사와 아동이 초고의 내용을 상의한다. 교사는 초고의 내용에 관해 주제와의 관련성, 구체적 부연성 덧붙이기, 저자의 의도 전달의 효율성, 독자에게 합당한 문체 사용 등에 관해 피드백을 제공한다. 또한 어휘 사용, 구문과 어법, 맞춤법과 구두법에 관한 피드백도 제공한다. 물론 이 모든 것에 관해 한꺼번에 동시에 피드백을 제공하는 것은 효과적이지 않으며, 아동의 발달 단계에 적합한 몇 가지에 초점을 두고 피드백을 제시한다.
- **넷째 날**: 아동은 교사의 피드백을 바탕으로 초고를 수정한다.
- **다섯째 날**: 글을 편집하고, 반 친구들에게 편집한 글을 읽어 주고 공유한다.

짝이나 조별로 글을 읽을 수도 있고, 반 전체로 주마다 몇 명의 아동이 돌아가면서 작문한 글을 읽을 수도 있다. 아동이 글을 읽고 난 후에는 학급의 아동이 들은 글에 대해 긍정적인 평가나 좀 더 보완해야 할 부분에 관해 토의한다.

〈표 12-1〉은 훌륭한 글에 필요한 것을 정리해 놓은 체크리스트다. 이것은 아동이 글을 쓰고 난 후 스스로 확인할 수 있는 체크리스트의 한 예다. 이 체크리스트는 아동이 초고, 수정 그리고 편집 시에 적용 가능하며, 아동은 이 리스트에 나오는 각 항목을 확인하고 체크한다. 물론 이 목록은 학생의 글짓기 발달 단계에 따라 수정되고 응용이 되어야 한다. 가령, 작문 능력 초기의 초등학교 1학년 학생과 중학교 학생의 작문에서 추구하는 능력과 해당 사항들이 다르므로 학생의 발달 정도에 따라 수정하여 사용해야 한다.

표 12-1 글짓기 체크리스트

어휘와 구문 사용	체크
주제와 관련이 있는 단어를 사용했는가?	
각 문장이 주제와 관련이 있는가?	
각 문장이 명확하고 이해하기 쉬운가?	
다양한 종류의 문장을 사용했는가?	
묘사를 위해 다양하고 정확한 형용사를 사용했는가?	
흔한 고빈도의 동사가 아니라 흥미롭고 활동감이 넘치는 동사를 사용했는가?	
불필요한 말은 없는가?	
독자에게 적합한 언어를 사용했는가?	
글의 목적에 적합한 언어를 사용했는가?	
문장과 문장의 앞뒤가 맞는가?	
문장과 문장의 연결이 자연스러운가?	

맞춤법과 구두점	
낱말들을 맞춤법에 맞게 철자했는가?	
마침표를 바르게 사용했는가?	
물음표를 바르게 사용했는가?	
느낌표를 바르게 사용했는가?	
쉼표를 바르게 사용했는가?	
띄어쓰기가 올바른가?	
문단 시작 시 들여쓰기는 했는가?	
글자가 알아보기 쉽고 깨끗하게 쓰였는가?	
내용과 조직	
제목이 주제와 관련이 있는가?	
글의 목적이 명확한가?	
첫 문단이 독자의 관심과 흥미를 유발하는가?	
한 문단에는 하나 또는 두 개 정도의 생각만 들어 있는가?	
글의 끝부분/결론이 명확하고 효과적인가?	

자기조절 책략 발달 교수법

자기조절 책략 발달(Self-Regulated Strategy Development: SRSD) 교수법은 작문 발달에 필요한 기술과 책략을 명시적으로 지도하는 데에 초점을 둔다. 스티브 그레이엄(Steve Graham)과 캐런 해리스(Karen Harris) 박사가 개발한 작문교수법으로, 초등학교부터 고등학교 학생을 대상으로 한 글짓기 지도 방법인데 글짓기 향상에 큰 효과가 있는 교수방법으로 인정되었다(Baker et al., 2009; Graham & Perin, 2007; Graham et al., 2012). 원래는 글짓기에 어려움이 있는 학생이나 학습부진 학생을 대상으로 개발되었으나, 모든 아동에게 공통적으로 효과가 있는 것으로 밝혀졌다. SRSD교수는 작문에 전반적으로 필요한 책략들(예: 어휘 선택, 흥미로운 서문 쓰기), 장르별 고유한 책략들, 자기조절 책략(목표 선정, 자기 모니터링) 등에 관해 명시적으로 지도한다. SRSD의 개관에 필요한 내용들은 http://www.thinksrsd.com 웹 사이트를 참조하기 바란다. 또한 그레이엄과 해리스 박사가 재직하는 애리조나주립대학교(Arizona State University)의 웹 사이트에 SRSD교수에 유용한 여러 가지 정보와 자료가 게재될 예정이다.

SRSD는 ① 작문에 대한 배경 지식 쌓기, ② 책략 토의하기, ③ 책략 시범하기, ④ 책략 암기하기, ⑤ 학생의 시행 도와주기, ⑥ 독립적으로 글쓰기의 6단계로 구성되어 있다(Harris, Graham, Mason, & Friedlander, 2008). 이 단계들은 정해진 순서가 있는 것이 아니라 필요에 따라 아동의 발달 단계에 따라, 바꾸거나 삭제하거나, 결합 등이 가능하다.

① 작문에 필요한 배경 지식 쌓기

- 동화, 시, 설득, 논설, 설명, 묘사 등이 무엇인가, 이 각 장르의 필요한 구성적 요소는 무엇인가, 글짓기 과정과 단계 등에 대해 지도한다.
- 학습하게 될 작문과 자기조절 책략을 소개한다.

② 책략 토의하기

- 학생들의 현 작문 능력과 자기조절 능력에 관해 논한다.
- 학생의 글짓기를 예로 사용해 글짓기 능력을 진단하고, 목표를 설정한다. 목표는 각 과제에 필요한 일련의 하위 요소들과 각 요소들을 달성하는 데에 필요한 시간을 구체적이며 명시적으로 정한다. 구체적 목표 목록을 만들면, 학생이 목표 성취 정도를 체크할 수 있어서 성취감을 느끼고 진전을 눈으로 확인할 수 있다.
- 학생이 현재 가지고 있는 글짓기에 대한 의견과 태도를 논한다.
- 학습할 책략과 학습의 이유와 효과, 지도 방법에 관해 설명한다. 자기조절 책략 중 자기 통제는 학생 자신이 목표 과제에 집중하는 정도와 책략 사

용 정도를 스스로 평가하고 기록하는 것이다.

③ 책략 시범하기

- 각 책략들을 교사가 시범하여 보여 준다.
- 글짓기 과제들을 통해 학생의 작문 책략과 자기조절 책략 사용의 발달을 도모하고, 향상을 평가하고 논의한다.

④ 책략 암기하기

- 작문에 필요한 책략과 자기조절 책략을 학생이 연상기호(mnemonics) 등을 통해 암기하도록 돕는다.

⑤ 학생의 시행 도와주기

- 학생이 작문책략과 자기조절 책략을 글짓기 과정에서 적용하는 것을 도와준다.
- 처음에 세웠던 목표를 재평가하고 학생의 발달 속도에 적합한 새로운 목표를 세운다.
- 학생의 글짓기 능력이 발달함에 따라 교사의 도움 또는 보조를 서서히 줄여 학생이 혼자서 독립적으로 글짓기 과제를 수행할 수 있도록 한다.
- 독립적으로 사용할 단계에 이른 책략들은 이를 다른 글짓기 과제에서 사용하고 유지할 수 있도록 도와준다.

⑥ 독립적으로 글짓기

- 학생이 독립적으로 여러 책략을 사용할 수 있으므로 교사는 이를 점검하고 유지하도록 도와준다.
- 학습한 책략을 다른 과제에 전이해서 사용하도록 도와준다.

지도 시간은 상황과 대상에 따라 변이가 있으나 일반적으로 일주일에 세 번, 20분에서 1시간 정도가 소요된다. 이 정도의 시간을 정기적으로 따로 글짓기 지도에 할애하기에는 많은 교육현장에서 부담스러울 수 있다. 그러므로 기존 교과과정 내용에 글짓기 지도 부분을 통합하는 것이 효과적이고 현실적일 것이다.

SRSD 작문 책략의 예

SRSD에서 사용되는 책략은 글의 장르에 따라 조금씩 다른데, 대표적 장르에서 사용되는 몇 가지를 여기에서 소개한다. 자세한 내용은 http://www.thinksrsd.com을 참조하기 바란다. 다른 장르별로 필요한 요소적 내용을 머리글자(acronym)를 따서 암기하기 쉽게 되어 있다. 영어 알파벳으로 머리글자를 따서 만들었으므로 한글로 옮겼을 때는 머리글자의 효과가 떨어지는 아쉬움이 있다.

⊙ 이야기체 또는 동화: 영어 머리글자로는 POW+WWW What = 2, How =2

- P = Pick your ideas 주제에 관련된 아이디어 선택하기
- O = Organizes your ideas 아이디어 정리하기
- W = Write and say more 글쓰기와 덧붙여 쓰기

먼저 훌륭한 글이란 어떤 글인가에 대해 토의한다(흥미롭고 앞뒤의 이치가 맞는 글). 머리글자로 딴 POW는 영어로 '펑' 하고 힘차게 큰 소리가 난다는 것을 표현한 것인데 장르에 관계없이 작문에 필요한 과정이므로 이 세 가지 과정을 암기해 기억하도록 지도한다. 한국어로는 POW를 **선택, 정리, 덧붙여 쓰기**로 표현하는 것이 어떨까 한다. www what=2, How=2는 다음과 같다.

- who 누구 = 주인공은 누구인가?
- when 언제 = 이야기가 일어나는 시간은?
- where 어디 = 이야기가 일어나는 장소는?
- what 무엇을 = 주인공은 무엇을 하는가? 다른 인물들은 무엇을 하는가?
- then what 그다음엔 = 그다음에는 무슨 일이 일어나는가? 다른 인물들은 무엇을 하는가?
- how 결말 = 이야기는 어떻게 종결되는가?

• how 감정 = 주인공의 생각과 감정은 어떤가? 다른 인물들은 어떤 느낌인가?

'누구'부터 '감정'까지의 요소들은 육하원칙에 상응하는 것으로 이야기체에 필요한 구조적 요소를 정리한 것이다.

'누구'부터 '감정'까지의 요소들은 육하원칙에 상응하는 것으로 이야기체에 필요한 구조적 요소들을 정리한 것이다. 이 육하원칙을 작문에 바로 적용하는 것이 처음에는 생소할 것이다. 그러므로 지도 초기에는 학생들과 동화나 이야기를 같이 읽고 그 이야기에서 육하원칙에 입각한 요소를 찾아내는 것을 지도한다. 그리고 난 후 각 요소들이 글짓기에 적용되는 것을 지도할 때에는, 앞에서 언급한 단계, 즉 '3. 책략 시범하기'부터 '6. 독립적으로 글짓기'의 순서에 따라 지도한다. 글에서 육하원칙 요소들을 찾고, 이 요소들을 바탕으로 글짓기를 준비할 때에는 11장에 나오는 구조 도표 등을 사용하는 것이 효과적이다. 예를 들어, 작문 계획 단계에서 쓸 이야기에 관련된 요소들을 도식에 적어 계획하고 이것을 초고 작성에 사용할 수 있다.

⊙ 설득문: POW + TREE

• P = 주제에 관련된 아이디어 선택하기
• O = 아이디어 정리하기
• W = 글쓰기 또 덧붙여쓰기
• Topic sentence 주제 = 주제/중심 문장을 통해 자신의 의견을 제시한다.
• Reason 이유 = 의견의 이유를 세 가지 이상 제시한다.
• Explain 설명 = 의견의 이유를 설명한다.
• End 결론 = 결론을 제시한다.

앞서 언급한 바와 같이 **선택, 정리, 덧붙여 쓰기**(POW)는 모든 장르에 해당한다. '주제'부터 '결론'까지는 설득문 지도에 필요한 요소들이다. 설득문 지도는 설득문 예문을 사용해 학생들이 예문에서 각 요소들—주제문, 이유, 설명, 결론—을 찾게 한다. 그리고 설득문 쓰기에 이 네 가지 요소를 적용하도록 지도한다. 다음 〈표 12-2〉를 사용해 계획 단계에서 글짓기에 사용할 내용을 정리한 후 이 내용을 초고 작성에 사용한다.

표 12-2 설득문 쓰기 요소

주제		
이유와 설명	이유 1	설명
	이유 2	설명
	이유 3	설명
결론		

⊙ 논설문: STOP and DARE

- Suspend judgement 판단 유예 = 다른 주장들을 고려한다. 여러 주장의 논거를 나열하고 빠진 것이 없나 살핀다.
- Take a side 입장 선택하기 = 나열된 주장과 논거들을 읽고 어느 주장이 가장 설득력이 있는지 선택하고 자신의 입장을 정한다.
- Organize ideas 아이디어 정리 = 설득력 있는 주장의 아이디어들을 정리한다.
- Plan more as you write 글 쓰는 동안 계획하기 = 다음의 네 가지 요소를 중심으로 글을 쓰는 과정에서 자신의 주장과 아이디어들을 지속적으로 정리하고 재조직한다.
- Develop your topic sentence 주제/중심 문장 발달 = 자신의 의견을

명확히 제시한다.

- Add supporting ideas 구체적 뒷받침 내용 = 이유, 부연 설명, 예시 제시, 통계자료 등을 이용해서 자신의 의견을 뒷받침해 줄 구체적 내용을 제시한다.
- Reject arguments for the other side 반대 의견 거부 = 이유, 부연 설명, 예시 제시, 통계자료 등을 이용해서 논리적으로 반대 의견 거부를 뒷받침해 줄 구체적 내용을 제시한다.
- End with a conclusion 결론 = 자신의 의견을 요약하여 명료하게 결론 내린다.

논설문은 어려운 장르다. 앞에서 보듯이 논설문 작문에서 고려해야 할 요소들은 여러 가지가 있는데 중요한 점은 STOP 과정에서 깊이 생각을 하고 계획해야 한다는 것이다. 예를 들어, 제시문과 함께 문제가 주어질 때에는 제시문에 나오는 내용에 대한 충분한 이해가 선제 조건이다. 즉, 주어진 문제와 제시문을 여러 각도로 분석하고 정리해야 한다. DARE 단계에서는 STOP 단계에서 준비한 것을 조리 있게 구성하고 구체적이고 정확한 내용을 풍부하고 정확한 어휘와 구문으로 표현해야 한다. 구조는 DARE에 나오는 순서로 자신의 입장과 의견을 뒷받침하고 난 후 왜 반대 의견을 거부하는지에 대해 설득력 있게 부연해야 한다.

청소년 작문 지도

작문 워크숍과 자기조절 책략 교수법은 초등학생이나 중 · 고등학생에 제한된 교수법이 아니며, 초등학생부터 대학생까지 효과적으로 사용되는 교수법이다. 이 교수법을 사용하면서 다음의 권고 내용을 지침으로 사용할 수 있다(Graham & Perin, 2007). 이 내용은 청소년을 대상으로 한 작문교수법 연구들을 검토한 후 청소년 작문 지도에 효과가 있다고 밝혀진 것이다.

- 작문을 계획, 수정, 편집하는 과정에서의 쓰기 책략을 지도한다.
- 덩이글을 요약하는 법을 명시적 · 체계적으로 지도한다.
- 작문할 내용을 계획하고 초고를 쓰고, 수정하고, 편집하는 데에서 학생들이 서로 협력할 수 있도록 지도한다.
- 학생들이 현실적으로 성취할 수 있는 구체적인 글짓기 과제를 부여한다.
- 컴퓨터를 사용해 워드나 한글 소프트웨어를 사용해 글을 쓰도록 지도한다.
- 적절하고 세련된 표현을 위해 구문력을 키우도록 지도한다. 문장을 어떻게 조합하는지에 관해 명시적으로 지도한다.
- 글쓰기 전 단계에서 생각을 창출하고 정리하는 법을 지도한다.
- 자료를 분석하고 자료를 바탕으로 해서 아이디어와 내용을 개발할 수 있도록 지도한다.
- 학생들에게 훌륭한 글을 읽고, 분석하고, 그런 글의 특징을 자신의 글에 적용해서 쓸 기회를 제공한다.
- 글쓰기를 교과학습 또는 지식 습득의 도구로 사용하도록 지도한다. 즉, 글쓰기를 교과학습과 별개의 능력으로 생각하는 것이 아니라, 글쓰기를 학습을 도와주는 도구로 활용하는 법을 지도한다.

맺으면서

읽기와 쓰기 능력은 현대인의 일상생활, 학교생활, 직장생활에서 반드시 필요한 능력이다. 수많은 정보가 문자로 공유되므로 읽기가 되지 않을 때 일상생활에서의 불편함은 사실 상상하기 어렵다. 대부분의 성인은 읽기가 숙련되고 자동화되어, '발달'에 필요한 여러 과정과 능력에 대해 거의 인식하지 못한다. 이 책에서는 심리, 교육, 언어치료 등 여러 분야의 왕성한 연구 결과를 정리해서 읽기와 쓰기에 관련된 능력을 하나씩 풀어 보았다.

읽기와 쓰기에 관련해 최근 한국에서 학습부진에 관한 관심이 증가하고 있다. 이것은 매우 고무적인 현상이며, 저자는 이 관심이 한때의 유행이 아니라 지속적인 관심으로 유지되며, 이 관심을 바탕으로 한국 아동의 문식성 발달과 이에 관련된 요소에 대한 과학적인 지식 탐구로 계속 이어지기를 바란다.

여기서 잠시 학습부진, 특히 학습장애의 80% 이상을 차지하고 있는 읽기 부진에 관한 미국의 정책에 관해 언급하고자 한다. 미국은 학습장애가 있는 아동의 지도에 관한 법이 IDEA(Individuals with Disabilities Education Act) 법령으로 지정되는데, 가장 최근의 2004년 IDEA 재승인은 학습장애 아동의 판별과 지도의 원칙을 학습지도 또는 학습중재반응(Response to Instruction 또는 intervention)으로 바꾸었다. 2004년 이전에는 학습장애의 가장 큰 부류인 난독증 분별을 아동의 지능과 낱말 읽기 실력의 격차로 분별했다. 즉, 지능 대비 기대되는 만큼의 읽기 실력이 뒤따라 주지 못하는 것을 난독증으로 정의하고, 난독증이 있는 아동의 분별을 이것을 기준으로 했다. 그러나 이 접근법은 몇 가지 약점이 있다. 지능이 평균보다 다소 낮거나, 집중력 결핍(ADHD), 또는 여러 가지 다른 이유로 읽기가 부진한 아동들은 난독증에 해당되지 않게 되고, 결과적으로 학습장애의 서비스를 받지 못하게 된다. 또한 많은 연구가 지능 대비 읽기 격차의 잣대로 선별된 아동과 다른 여러 이유로 인해 읽기가 부진한 아동을 효과적으로 중재하는 방법은 다르지 않다는 것을 증명하였다.

새 접근 방식인 학습중재반응은 지능–실력 격차가 아니라, 과학적인 문식성(읽기와 쓰기) 지도를 받았음에도 아동이 읽기나 쓰기에 어려움을 겪는 것을 학습장애로 지정한다(김우리, 연준모, 2014; Jenkins, Hudson, & Johnson, 2007). 학생들은 필요에 따라 1차, 2차, 3차의 심도가 다른 여러 단계의 학습을 받게 된다. 1차 단계는 모든 학생이 학급 단위로 체계적이고 명시적인 지도를 받는다. 이 1차 단계 지도에 반응하지 않는(실력이 향상되지 않는) 아동은 따로 소규모 지도를 통해 좀 더 심도 있는 2차 단계의 지도가 진행된다. 그리고 2차 단계 지도에도 반응하지 않으면 더 심층적인 지도인 3차 단계가 진행된다. 통상적으로는 3차 단계 지도가 필요한 아동들은 특수교육에 해당된다. 이 지도 정책은 현재 미국 전역에 적용되고 있다.

여기에서 짧게나마 학습지도 반응을 소개하는 이유는 이 접근법의 원칙은 이 책에서 지속적으로 언급한 개별화 지도와 관련 있으며, 지도에서 중요한 개념이기 때문이다. 즉, 읽기와 쓰기 지도를 체계적으로 하되, 이것만으로 충분하지 않은 학생은 평가를 통해 취약한 부분을 알아낸 후 좀 더 집중적으로 심도 있게 지도해야 한다.

저자는 이 책을 통해서 다음 세 가지 메시지가 독자에게 전해졌으면 한다.

- 읽기와 쓰기 발달은 다양한 언어, 인지 과정을 포함한 복잡한 정보처리 과정이다. 읽기와 쓰기 발달을 위해서는 다양한 언어와 인지 능력이 함께 발달해야 하며, 단지 한두 개가 미약하더라도 읽기와 쓰기 발달은 어려움을 겪을 수 있다. 읽기와 쓰기 발달은 '저절로' 쉽게 이루어지는 것이 아니다.
- 이러한 복잡한 정보처리 과정을 필요로 하는 읽기 쓰기 학습은 과학적 연구를 바탕으로 한 명시적이고 체계적인 지도가 필요하다.
- 읽기와 쓰기를 지도하는 교육자는 이에 관한 전문적 지식이 필요하다. 그러므로 아동의 언어와 문식력 발달을 책임지는 교사는 이러한 복잡한 인지 과정에 관한 지식뿐 아니라 이를 위한 지도 방법 또한 숙지해야 한다.

참고문헌

김경선, 김동일(2013). 읽기장애 위험아동의 읽기 이해력 발달 특성에 관한 연구. **특수교육학연구**, 48(3), 207-225.

김미배, 배소영(2011). 낱말읽기에서의 초등학생 음운해독력 발달. **언어청각장애연구**, 16, 143-153.

김우리, 연준모(2014). 한국 중재반응모형 연구 분석: 단계별 중재구성요소와 비반응 정의를 중심으로. **특수교육학연구**, 48(4), 275-298.

김중훈(2013). 학습부진과 학습장애, 그 대안을 제안한다. http://hateduk.tistory.com/1020

김중훈(2014). '학습 부진 예방 및 지원에 관한 법을 제안합니다.' 좋은 교사 모임.

배승아, 김영태, 오소정(2012). 수용어휘 수준에 따른 다문화가정 아동과 일반가정 아동의 표현어휘 및 구문 오류 특성 연구. **유아특수교육연구**, 12(2), 81-104.

유영미, 박순길, 김혜인(2013). 읽기장애 아동의 읽기 오류 분석. **초등특수교육연구**, 15(1), 47-72.

이숙, 김화수(2013). 음운인식 검사도구 개발을 위한 국내 음운인식 연구에 관한 문헌분석(2001-2012년). **유아특수교육연구**, 13(2), 127-153.

이영자, 이종숙(1990). 유아의 문어 발달과 비지시적 지도 방법이 문어 발달에 미치는 영향에 관한 연구. **교육학 연구**, 14, 2.

이정모, 이재호(1997). **인지심리학의 제문제(II): 언어와 인지**. 서울: 학지사.

최소영, 고성룡(2012). 글 읽기에서 세상사 지식 및 조사 정보가 의미 관계 처리에 미치는

영향: 안구운동 추적 연구. **한국심리학회지: 인지 및 생물, 24**(2), 89-105.
한찬숙, 정윤경, 윤혜경(2009). 학령초기 한국아동의 영어단어 읽기와 읽기 관련 변인들과의 관계. **한국심리학회지: 발달, 22**(2), 149-167.

Abbott, R. D., & Berninger, V. W. (1993). Structural equation modeling of relationships among development skills and writing skills in primary- and intermediate-grade writers. *Journal of Educational Psychology, 85*, 478-508.

Adams, M. J. (1990). *Beginning to Read: Thinking and Learning About Print.* Cambridge, MA: MIT Press.

Adlof, S. M., Catts, H. W., & Little, T. D. (2006). Should the simple view of reading include a fluency component? *Reading and Writing, 19*, 933-958.

Baddeley, A., Eysenck, M. W., & Anderson, M. C. (2009). *Memory*. New York: Psychology Press.

Badian, N. A. (2005). Does a visual-orthographic deficit contribute to reading disability? *Annals of Dyslexia, 55*, 28-52.

Baker, L., & Stein, N. (1981). The development of prose comprehension skills. In C. Santa & B. Hayes (Eds.), *Children's prose comprehension: Research and practice* (pp. 7-43). Newark, DE: International Reading Association.

Baker, L. (1984). Children's effective use of multiple standards for evaluating their comprehension. *Journal of Educational Psychology, 76*, 588-597.

Baker, S. K., Chard, D. J., Ketterlin-Geller, L. R., Apichatabutra, C., & Doabler, C. (2009). Teaching writing to at-risk students: The quality of evidence for Self-Regulated Strategy Development. *Exceptional Children, 75*, 303-318.

Beal, C. (1990). The development of text evaluation and revision skills. *Child Development, 61*, 247-258.

Bear, D. R., Invernizzi, M., Templeton, S., & Johnston, F. (2000). *Words their way: Word study for phonics, vocabulary, and spelling instruction* (2nd ed.). Upper Saddle River, NJ: Prentice Hall.

Beck, I. L., McKeown, M. G., & Kucan, L. (2002). *Bringing words to life: Robust vocabulary instruction*. New York: The Guilford Press.

Berninger, V. W., & Abbott, R. D. (2010). Listening comprehension, oral expression, reading comprehension, and written expression: Related yet unique language systems in grades 1, 3, 5, and 7. *Journal of Educational Psychology, 102*, 635-651.

Berninger, V. W., Abbott, R. D., Abbott, S. P., Graham, S., & Richards, T. (2002). Writing and reading: Connections between language by hand and language by eye. *Journal of Learning Disabilities, 35*, 39-56.

Berninger, V. W., Vaughn, K. B., Graham, S., Abbott, R. D., Abbott, S. P., Rogan, L., et al. (1997). Treatment of handwriting problems in beginning writers: Transfer from handwriting to composition. *Journal of Educational Psychology, 89*, 652-666.

Berninger, V. W., & Winn, W. D. (2006). Implications of advancements in brain research and technology for writing development, writing instruction, and educational evolution. In C. MacArthur, S. Graham, & J. Fitzgerald (Eds.), *Handbook of writing research* (pp. 96-114). New York: Guilford.

Biemiller, A. (2005). Size and sequence in vocabulary development: Implications for choosing words for primary grade vocabulary instruction. In E. H. Hiebert & M. L. Kamil (Eds.), *Teaching and learning: Brining research to practice*. Mahwah, NJ: Erlbaum.

Binks-Cantrell, E., Washburn, E. K., Joshi, R. M., & Hougen, M. (2012). Peter effect in the preparation of reading teachers. *Scientific Studies of Reading, 16*, 526-536.

Branum-Martin, L., Tao, S., & Garnaat, S. (2015). Bilingual phonological awareness: Reexamining the evidence for relations within and across languages. *Journal of Educational Psychology, 107*, 111-125.

Byrne, B. (2005). Theories of learning to read. In M. J. Snowling & C. Hulme (Eds.), *The science of reading: A Handbook* (pp. 104-119). Oxford, UK: Blackwell.

Cain, K., & Oakhill, J. V. (1999). Inference making and its relation to comprehension failure. *Reading and Writing: An Interdisciplinary Journal, 11*, 489-503.

Cain, K., Oakhill, J., & Bryant, P. (2004). Children's reading comprehension ability: Concurrent prediction by working memory, verbal ability, and component skills. *Journal of Educational Psychology, 96*, 31-42.

Carlisle, J. F. (1995). Morphological awareness and early reading achievement. In L.

B. Feldman (Ed.), *Morphological aspects of language processing* (pp. 189-209). Hillsdale, NJ: Erlbaum.

Carlisle, J. F. (2000). Awareness of the structure and meaning of morphologically complex words: Impact on reading. *Reading and Writing: An Interdisciplinary Journal, 12*, 169-190.

Cho, J.-R., & McBride-Chang, C. (2005). Correlates of Korean hangul acquisition among kindergartners and second graders. *Scientific Studies of Reading, 9*, 3-16.

Cho, J.-R., McBride-Chang, C., & Park, S.-G. (2008). Phonological awareness and morphological awareness: Differential associations to regular and irregular word recognition in early Korean Hangul readers. *Reading and Writing: An Interdisciplinary Journal, 21*, 255-274.

Connor, C. M., Morrison, F. J., Fishman, B., Crowe, E. C., Al Otaiba, S., & Schatschneider, C. (2013). A longitudinal cluster-randomized controlled study on the accumulating effects of individualized literacy instruction on students' reading form first through third grade. *Psychological Science, 24*, 1408-1419.

Connor, C. M., Piasta, S. B., Fishman, B., Glasney, S., Schatschneider, C., Crowe, E., et al. (2009). Individualizing student instruction precisely: Effects of child x instruction interactions on first graders' literacy development. *Child Development, 80*, 77-100.

Coyne, M. D., McCoach, D. B., & Kapp, S. (2007). Vocabulary intervention for kindergarten students: Comparing extended instruction to embedded instruction and incidental exposure. *Learning Disability Quarterly, 30*, 74-88.

de Villiers, J. G., & Pyers, J. E. (2002). Complements to cognition: A longitudinal study of the relationship between complex syntax and false-belief-understanding. *Cognitive Development, 17*, 1037-1060.

Dickinson, D. K., & Tabors, P. O. (2001). *Beginning literacy with language: Young children learning at home and school*. Paul H. Brookes: Baltimore, Maryland.

Duke, N. (2000). 3.6 minutes per day: The scarcity off informational text in first grade. *Reading Research Quarterly, 35*(2), 202-224.

Eden, G. F., Jones, K. M., Cappell, K., Gareau, L., Wood, F. B., Zeffiro, T. A., Dietz, N.

A., Agnew, J. A., Flowers, D. L. (2004). Neural changes following remediation in adult developmental dyslexia. *Neuron, 44*, 411-422.

Ehri, L. (2000). Learning to read and learning to spell: Two sides of a coin. *Topics in Language Disorders, 20*, 19-36.

Ehri, L. (2005). Development of sight word reading: Phases and findings. In M. J. Snowling & C. Hulme (Eds.), *The science of reading: A handbook* (pp. 135-154). Oxford: Blackwell.

Englert, C. S., Raphael, T. E., Fear, K. L., & Anderson, L. M. (1988). Students' metacognitive knowledge about how to write informational texts. *Learning Disability Quarterly, 11,* 18-46.

Florit, E., Roch, M., & Levorato, M. C. (2014). Listening text comprehension in preschoolers: A longitudinal study on the role of semantic components. *Reading and Writing: An Interdisciplinary Journal, 27*, 793-817.

Foorman, B. R., Francis, D. J., Fletcher, J. M., Schatschneider, C., & Mehta, P. (1998). The role of instruction in learning to read: Preventing reading failure in at-risk children. *Journal of Educational Psychology, 90*, 37-55.

Foulin, J. N. (2005). Why is letter-name knowledge such a good predictor of learning to read? *Reading and Writing: An Interdisciplinary Journal, 18,* 129-155.

Francis, D. J., Santi, K. L., Barr, C., Fletcher, J. M., Varisco, A., & Foorman, B. F. (2008). Form effects on the estimation of students' oral reading fluency using DIBELS. *Journal of School Psychology, 46*, 315-342.

Gambrell, L. B., & Koskinen, P. (2002). Imagery: A strategy for enhancing comprehension. In C. C. Block & M. Block (Eds.), *Comprehension instruction: Research-based best practices* (pp. 305-318). New York: Guilford.

Gernsbacher, M. A., Varner, K. R., & Faust, M. E. (1990). Investigating differences in general comprehension skill. *Journal of Experimental Psychology: Learning, Memory, & Cognition, 16*, 430-445.

Goodman, K. S. (1967). Reading: A psycholinguistic guessing game. *Journal of the Reading Specialist, 6,* 126-135.

Goodman, K. S., & Goodman, Y. M. (1979). Learning to read is natural. In L. B. Resnick & P. A. Weaver (Eds.), *Theory and practice of early reading* (Vol. 1, pp.

137-154). Hillsdale, NJ: Erlbaum.

Gough, P. B., & Tunmer, W. E. (1986). Decoding, reading, and reading disability. *Remedial and Special Education, 7*, 6-10.

Graesser, A. C., Singer, M., & Trabasso, T. (1994). Constructing inferences during narrative text comprehension. *Psychological Review, 101*(3), 371-395.

Graham, S., Berninger, V. W., Abbott, R. D., Abbott, S. P., & Whitaker, D. (1997). Role of mechanics in composing of elementary school students: A new methodological approach. *Journal of Educational Psychology, 89*, 170-182.

Graham, S., Bollinger, A., Booth Olson, C., D'Aoust, C., MacArthur, C., McCutchen, D., & Olinghouse, N. (2012). *Teaching elementary school students to be effective writers: A practice guide* (NCEE 2012- 4058). Washington, DC: National Center for Education Evaluation and Regional Assistance, Institute of Education Sciences, U. S. Department of Education. Retrieved from http://ies.ed.gov/ncee/wwc/publications_reviews.aspx#pubsearch.

Graham, S., & Harris, K. (2000). The role of self-regulation and transcription skills in writing and writing development. *Educational Psychologist, 35*, 3-12.

Graham, S., & Hebert, M. A. (2010). *Writing to read: Evidence for how writing can improve reading. A Carnegie Corporation Time to Act Report*. Washington, DC: Alliance for Excellent Education.

Graham, S., & Perin, D. (2007). *Writing next: Effective strategies to improve writing of adolescents in middle and high schools – A report to Carnegie Corporation of New York*. Washington, DC: Alliance for Excellent Education.

Hanley, J. R. (2005). Learning to read in Chinese. In M. J. Snowling & C. Hulme (Eds.), *The Science of Reading: A Handbook* (pp. 316-335). Oxford: Blackwell.

Harris, T., & Hodges, R. (Eds.) (1995). *The literacy dictionary* (p. 207). Newark, DE: International Reading Association.

Harris, K., Santangelo, T., & Graham, S. (2010). Metacognition and strategy instruction in writing. In H. S. Waters & W. Schneider (Eds.), *Metacognition, strategy use, and instruction* (pp. 226-256). New York: Guilford.

Hart, B., & Risley, T. R. (1995). *Meaningful differences in the everyday experience of young American children*. Baltimore, MD: Paul H. Brookes Publishing.

Hirsch, E. D. (1996). *The schools we need and why we don't have them*. New York: Doubleday.

Holm, A., & Dodd, B. (1996). The effect of first written language on the acquisition of English literacy. *Cognition, 59*, 119-147.

Howlin, P., Baron-Cohen, S., & Hadwin, J. (1999). *Teaching children with autism to mind read*. Chichester: Wiley.

Jenkins, J. R., Fuchs, L. S., van den Broek, P., Espin, C., & Deno, S. L. (2003). Sources of individual differences in reading comprehension and reading fluency. *Journal of Educational Psychology, 95*, 719-729.

Jenkins, L. M., Hudson, R. F., & Johnson, E. S. (2007). Screening for at-risk readers in a response to intervention framework. *School Psychology Review, 36*, 582-600.

Justice, L. M., & Ezell, H. K. (2002). Use of storybook reading to increase print awareness in at-rick children. *American Journal of Speech-Language Pathology, 11*, 17-29.

Justice, L. M., Kaderavek, J. N., Fan, X., Sofka, A., & Hunt, A. (2009). Accelerating preschoolers' early literacy development through classroom-based teacher-child storybook reading and explicit print referencing. *Language, Speech, and Hearing Services in Schools, 40*, 67-85.

Kellogg, R. (2008). Training writing skills: A cognitive developmental perspective. *Journal of Writing Research, 1,* 1-26.

Kim, Y.-S. (2007). Phonological awareness and literacy skills in Korean: an examination of the unique role of body-coda units. *Applied Psycholinguistics, 28,* 67-93.

Kim, Y.-S. (2009a). Crosslinguistic influence on phonological awareness for Korean-English Bilingual children. *Reading and Writing: An Interdisciplinary Journal, 22,* 843-861.

Kim, Y.-S. (2009b). The foundation of literacy skills in Korean: The relationship between letter-name knowledge and phonological awareness and their relative contribution to literacy skills. *Reading and Writing: An Interdisciplinary Journal, 22,* 907-931.

Kim, Y.-S. (2010). Componential skills of spelling in Korean. *Scientific Studies of*

Reading, 14, 137-158.

Kim, Y.-S. (2011). Considering linguistic and orthographic features in early literacy acquisition: Evidence from Korean. *Contemporary Educational Psychology, 36*, 177-189.

Kim, Y.-S. (2015a). Developmental, component-based model of reading fluency: An investigation of word reading fluency, text reading fluency, and reading comprehension. *Reading Research Quarterly, 50*, 459-481.

Kim, Y.-S. (2015b). Language and cognitive predictors of text comprehension: Evidence from multivariate analysis. *Child Development, 86*, 128-144.

Kim, Y.-S. G. (2016). Direct and mediated effects of language and cognitive skills on comprehension or oral narrative texts (listening comprehension) for children. *Journal of Experimental Child Psychology, 141*, 101-120.

Kim, Y.-S., Al Otaiba, S., Puranik, C., Folsom, J. S., Gruelich, L., & Wagner, R. K. (2011). Componential skills of beginning writing: An exploratory study at the end of kindergarten. *Learning and Individual Differences, 21*, 517-525.

Kim, Y.-S., Al Otaiba, S., Sidler, J. F., Greulich, L., & Puranik, C. (2014). Evaluating the dimensionality of first grade written composition. *Journal of Speech, Language, and Hearing Research, 57*, 199-211.

Kim, Y.-S., Al Otaiba, S., Wanzek, J., & Gatlin, B. (2015). Towards an understanding of dimension, predictors, and gender gaps in written composition. *Journal of Educational Psychology, 107*, 79-95.

Kim, Y.-S., Apel, K., & Al Otaiba, S. (2013). The relation of linguistic awareness and vocabulary to word reading and spelling for first-grade students participating in response to instruction. *Language, Speech, and Hearing Services in Schools, 44*, 1-11.

Kim, Y.-S., Park, C., & Wagner, R. K. (2014). Is oral/text reading fluency a "bridge" to reading comprehension? *Reading and Writing: An Interdisciplinary Journal, 27*, 79-99.

Kim, Y.-S., & Petscher, Y. (2013). Language general and specific factors in letter acquisition: Considering child and letter characteristics in Korean. *Reading and Writing: An Interdisciplinary Journal, 26*, 263-292.

Kim, Y.-S., & Phillips, B. (2014). Cognitive correlates of listening comprehension. *Reading Research Quarterly, 49*, 269-281.

Kim, Y. S. G., & Schatschneider, C. (in press). Expanding the developmental models of writing: A direct and indirect effects model of developmental writing (DIEW Journal of Educational Psychology).

Kim, Y.-S. G., & Wagner, R. K. (2015). Text (Oral) reading fluency as a construct in reading development: An investigation of its mediating role for children from Grades 1 to 4. *Scientific Studies of Reading, 19*, 224-242.

Kim, Y.-S., Wagner, R. K., & Foster, L. (2011). Relations among oral reading fluency, silent reading fluency, and reading comprehension: A latent variable study of first-grade readers. *Scientific Studies of Reading, 15*, 338-362.

Kim, Y.-S. G., Petscher, Y., & Park, Y.-H. (in press). Development of Spelling – Acquisition of conditional sound-spelling consistencies. Scientific Studies of Reading.

Kim Y.-S. G., & Phillips, B. (in press). 5 minutes a day: An exploratory study of improving comprehension monitoring for prekindergartners from low income families. Topics in Language Disorder.

Kim, A.-H., Vaughn, S., Wanzek, J., & Wei, S. (2004). Graphic organizers and their effects on the reading comprehension of students with LD: A synthesis of research. *Journal of Learning Disabilities, 37*, 105-118.

Kintsch, W. (1988). The use of knowledge in discourse processing: A construction-integration model. *Psychological Review, 95*, 163-182.

Kintsch, W. (1994). Text comprehension, memory, and learning. *American Psychologist, 49*, 294-303.

Kintsch, W., & Rawson, K. A. (2005). Comprehension. In M. J. Snowling & C. Hulme (Eds.), *The science of reading: A handbook* (pp. 209-226). Oxford: Blackwell.

Krafnick, A. J., Flowers, D. L., Luetje, M. M., Napoliello, E. M., & Eden, G. F. (2014). An investigation into the origin of anatomical differences in dyslexia. *Journal of Neuroscience, 34*, 901-908.

Krafnick, A. J., Flowers, D. L., Napoliello, E. M., & Eden, G. F. (2011). Gray matter volume changes following reading intervention in dyslexic children.

Neuroimage, 57, 733-741.

Kuhn, M. R. (2005). A comparative study of small group fluency instruction. *Reading Psychology, 26*, 127-146.

Kuhn, M. R., Schwanenflugel, P. J., Morris, R. D., Morrow, L. M., Woo, D., & Meisinger, B. (2006). Teaching Children to become fluent and automatic readers. *Journal of Literacy Research, 38*, 357-387.

Kuhn, M. R., Schwanenflugel, P. J., & Meisinger, E. B. (2010). Aligning theory and assessment of reading fluency: Automaticity, prosody, and definitions of fluency. *Reading Research Quarterly, 45*, 230-251.

Kuhn, M. R., & Stahl, S. A. (2003). Fluency: A review of developmental and remedial practices. *Journal of Educational Psychology, 95*, 3-21.

Lepola, J., Lynch, J., Laakkonen, E., Silvén, M., & Niemi, P. (2012). The role of inference making and other language skills in the development of narrative listening comprehension in 4- to 6-year old children. *Reading Research Quarterly, 47*, 259-282.

Lesaux, N. K., Kieffer, M. J., Faller, S. E., & Kelley, J. G. (2011). The effectiveness and ease of implementation of an academic vocabulary intervention for linguistically diverse students in urban middle schools. *Reading Research Quarterly, 45*, 196-228.

Leslie, L., & Caldwell, J. A. (2011). *Qualitative reading inventory: 5*. Boston, MA: Pearson/Allyn & Bacon. Chicago.

Markman, E. M. (1977). Realizing that you don't understand: A preliminary investigation. *Child Development, 48*, 986-992.

McBride-Chang, C. (1998). The Development of invented spelling. *Early Education and Development, 9*, 147-160.

McMurray, B., Horst, J. S., & Samuelson, L. K. (2012). Word learning emerges from the interaction of online reference selection and slow associative learning. *Psychological Review, 199*, 831-877.

Moats, L. C. (1999). *Teaching reading is rocket science: What expert teachers of reading should know and be able to do*. Washington, DC: American Federation of Teachers.

National Early Literacy Panel (2008). *Developing early literacy: Report of the early national literacy panel*. Washington, DC: National Institute for Literacy.

National Research Council (1998). *Preventing reading difficulties in young children*. Washington, DC: National Academy Press.

National Institute of Child Health and Human Development (2000). Report of the National Reading Panel. Teaching children to read: An evidence-based assessment of the scientific research literature on reading and its implications for reading instruction (NIH Publication No. 00-4769). Washington, DC: U. S. Government Printing Office.

Oakhill, J. V. (1984). Inferential and memory skills in children's comprehension of stories. *British Journal of Educational Psychology, 54*, 31-39.

Olinghouse, N. G., & Graham, S. (2009). The relationship between discourse knowledge and the writing performance of elementary-grade students. *Journal of Educational Psychology, 101*, 37-50.

Palinscar, A., & Brown, A. (1984). Reciprocal teaching of comprehension-fostering and comprehension monitoring activities. *Cognition and Instruction, 1*, 117-175.

Perfetti, C., & Stafura, J. (2014). Word knowledge in a theory of reading comprehension. *Scientific Studies of Reading, 18*, 22-37.

Petscher, Y., & Kim, Y.-S. (2011). The utility and accuracy of oral reading fluency score types in predicting reading comprehension. *Journal of School Psychology, 49*, 107-129.

Piasta, S. B., Connor, C. M., Fishmann, B. J., & Morrison, F. J. (2009). Teacher's knowledge of literacy concepts, classroom practices, and student reading growth. *Scientific Studies of Reading, 13*, 224-248.

Pinnell, G. S., Pikulski, J. J., Wixson, K. K., Campbell, J. R., Gough, P. B., & Beatty, A. S. (1995). *Listening to children read aloud: Data from NAEP's Integrated Reading Performance Record (IRPR) at grade 4* (NCES 95-726). Washington, DC: National Center for Education Statistics, U. S. Department of Education.

Pressley, M., & Block, C. C. (2002). Summing up: What comprehension instruction could be. In C. C. Block & M. Block (Eds.), *Comprehension instruction:*

Research-based best practices (pp. 383-392). New York: Guilford.

Pritchard, R. J., & Honeycutt, R. L. (2006). The process approach to writing instruction: Examining its effectiveness. In C. A. MacArthur, S. Graham, & J. Fitzgerald (Eds.), *Handbook of writing research* (pp. 275-290). New York: Guilford.

Pugh, K. R., Mencl, W. E., Jenner, A. J., Katz, L., Frost, S. J., Lee, J. R., Shaywitz, S. E., & Shaywitz, B. A. (2000). Functional neuroimaging studies of reading and reading disability (developmental dyslexia). *Mental Retardation and Developmental Disabilites Review, 6*, 207-213.

Pullen, P. C., & Justice, L. M. (2003). Enhancing phonological awareness, print awareness, and oral language skills in preschool children. *Intervention in School and Clinic, 39*, 87-98.

Rasinski, T. V. (2003). *The fluent reader: Oral reading strategies for building word recognition, fluency, and comprehension*. New York: Scholastic.

Read, C. (1975). *Children's categorization of speech sounds in English*. Urbana, IL: National Council of Teachers of English.

Schwanenflugel, P. J., Hamilton, A. M., Kuhn, M. R., Wisenbaker, J. M., & Stahl, S. A. (2004). Becoming a fluent reader: Reading skill and prosodic features in the oral reading of young readers. *Journal of Educational Psychology, 96*, 119-129.

Schwanenflugel, P. J., Kuhn, M. R., Morris, R. D., Morrow, L. M., Meisinger, E. B., Wood, D. G., Quirk, M., & Sevik, R. (2009). Insights into fluency instruction: Short- and long-term effects of two reading programs. *Literacy research and Instruction, 48*, 318-336.

Seymour, P. H. K., Aro, M., & Erskine, J. M. (2003). Foundation literacy acquisition in European orthographies. *British Journal of Psychology, 94*, 143-174.

Shanahan, T. (2006). Relations among oral language, reading, and writing development. In C. A. MacArthur & S. Graham (Eds.), *Handbook of writing* (pp. 171-183). New York: Guilford.

Shanahan, T., Callison, K., Carriere, C., Duke, N. K., Pearson, P. D., Schatschneider, C., & Torgesen, J. (2010). (NCEE 2010-4038). Washington, DC: National Center for Education Evaluation and Regional Assistance, Institute of Education Sciences, U. S. Department of Education. Retrieved from whatworks.ed.gov/publications/

practiceguides.

Shaywitz, S. E. (2003). *Overcoming dyslexia: A new and complete science-based program of reading problems at any level*. New York: Vintage Books.

Silva, C., & Martins, M. A. (2003). Relations between children's invented spelling and the development of phonological awareness. *Educational Psychology: An International Journal of Experimental Educational Psychology, 23*, 3-16.

Snow, C. E., & Sweet, A. P. (2003). Reading for comprehension. In A. P. Sweet & C. E. Snow (Eds.), *Rethinking reading comprehension* (pp. 1-11). New York: Guildford.

Stanovich, K. E. (1980). Toward an interactive-compensatory model of individual differences in the development of reading fluency. *Reading Research Quarterly, 16*, 32-71.

Stanovich, K., Cunningham, A., & Feeman, D. (1984). Relation between early acquisition and word decoding with and without context: A longitudinal study of first-grade children. *Journal of Educational Psychology, 76*, 668-677.

Sulzby, E. (1996). Roles of oral and written language as children approach conventional literacy. In C. Pontecorvo, M. Orsolini, B. Burge, & L. B. Resnick (Eds.), *Children's early text construction* (pp. 25-46). Mahwah, NJ: Erlbaum.

Tangel, D. M., & Blachman, B. A. (1992). Effect of phoneme awareness instruction on kindergarten children's invented spellings. *Journal of Reading Behavior, 24*, 233-258.

Tompkins, V., Guo, Y., & Justice, L. M. (2013). Inference generation, story comprehension, and language in the preschool years. *Reading and Writing: An Interdisciplinary Journal, 26*, 403-429.

Torgesen, J. K., Wagner, R. K., & Rashotte, C. A. (1997). The prevention and remediation of severe reading disabilities: Keeping the end in mind. *Scientific Studies of Reading, 1*, 217-234.

Treiman, R. (1998). Why spelling? The benefits of incorporating spelling into beginning reading instruction. In J. L. Metsala & L. C. Ehri (Eds.), *Word recognition in beginning literacy* (pp. 289-313). Mahwah, NJ: Lawrence Erlbaum Associates.

Treiman, R., & Kessler, B. (2003). The role of letter names in the acquisition of literacy. In R. Kail (Ed.), *Advances in child development and behavior* (Vol. 31, pp. 105-135). San Diego, CA: Academic Press.

Tunmer, W. E., Nesdale, A. R., & Wright, A. D. (1987). Syntactic awareness and reading acquisition. *British Journal of Developmental Psychology, 5,* 25-34.

van den Broek, P., Kendeou, P., Kremer, K., Lynch, J., Butler, J., White, M. J., et al. (2005). Assessment of comprehension abilities in young children. In S. G. Paris & S. A. Stahl (Eds.), *Center for improvement of early reading achievement, Children's reading comprehension and assessment* (pp. 107-130). Mahwah, NJ: Lawrence Erlbaum Associates Publishers.

van den Broek, P., Lorch, R. F., Linderholm, T., & Gustafson, M. (2001). The effects of readers' goals on inference generation and memory for texts. *Memory & Cognition, 29,* 1081-1087.

van Dijk, T. A., & Kintsch, W. (1983). *Strategies of discourse comprehension.* New York: Academic Press.

Vellutino, F. R., Tunmer, W. E., Jaccard, J. J., & Chen, R. (2007). Components of reading ability: Multivariate evidence for a convergent skills model of reading development. *Scientific Studies of Reading, 11,* 3-32.

Wang, M., Park, Y., & Lee, K. R. (2006). Korean-English biliteracy acquisition: Cross-language phonological and orthographic transfer. *Journal of Educational Psychology, 98,* 148-158.

Wasowicz, J., Apel, K., Masterson, J., & Whitney, A. (2004). *SPELL-Links to reading and writing.* Evanston, IL: Learning By Design, Inc.

Whitehurst, G. J., Arnold, D. S., Epstein, J. N., Angell, A. L., Smith, M., & Fischel, J. E. (1994). A picture book reading intervention in day care and home for children from low-income families. *Developmental Psychology, 30,* 679-689.

Yoon, Y.-B., & Derwing, B. (2001). A language without a rhyme: Syllable structure experiments in Korean. *Canadian Journal of Linguistics, 46,* 187-237.

Ziegler, J., & Goswami, U. (2005). Reading acquisition, developmental dyslexia, and skilled reading across languages: A psycholinguistic grain size theory. *Psychological Bulletin, 131,* 3-29.

저자 소개

김영숙(Kim Young-Suk, 그레이스)은 현재 University of California at Irvine 교육/사범대학에서 교수로 재직하고 있으며, 아동의 읽기, 쓰기, 언어발달과 장애를 연구하고 가르치고 있다. 하버드 대학교에서 언어와 문식성 교육심리 전공으로 석사와 박사학위를 받았다. Florida State University의 교육/사범대학 부교수로 읽기 쓰기 교육 프로그램을 담당했으며, 세계적으로 저명한 문식성 발달 연구소인 Florida Center for Reading Research(FCRR)의 부원장을 겸임했다. 또한 샌프란시스코 초등학교에서 영어-한국어 이중언어 프로그램 교사로 재직하였으며, 샌프란시스코 City College에서 외국어로서의 한국어를 수년간 가르쳤다.

연구 분야는 아동의 언어, 읽기, 쓰기 발달 및 효율적 교수방법이며, 영어와 한국어뿐 아니라 스페인어, 스와힐리어(아프리카 동부에서 사용) 등 여러 언어의 문식성 발달에 관해 왕성하게 연구하고 있다. 미국 교육부 산하 교육과학연구소(IES), 국립보건원 산하 국립아동보건인간발달연구소(NICHD), USAID, 한국연구재단으로부터 연구비를 수여받아 여러 연구 프로젝트를 진행 중이다. 연구 공헌을 인정받아 오바마 대통령으로부터 소장상(Presidential Early Career Award for Scientists and Engineers), 그리고 플로리다 주립대학교에서는 연구자상과 University Teaching Award를 받았다. 미국 심리학회 저명 학술지 *Journal of Educational Psychology* 부편집장을 맡고 있다.

찬찬히 체계적·과학적으로 배우는
읽기&쓰기교육
Systematic and Precise Instruction of Reading and Writing

2017년 5월 10일 1판 1쇄 발행
2024년 8월 20일 1판 6쇄 발행

지은이 • 김영숙
펴낸이 • 김진환
펴낸곳 • (주) 학지사
04031 서울특별시 마포구 양화로 15길 20 마인드월드빌딩
대표전화 • 02)330-5114 팩스 • 02)324-2345
등록번호 • 제313-2006-000265호

홈페이지 • http://www.hakjisa.co.kr
인스타그램 • https://www.instagram.com/hakjisabook

ISBN 978-89-997-1119-0 93370

정가 17,000원

저자와의 협약으로 인지는 생략합니다.
파본은 구입처에서 교환해 드립니다.